本书受到国家社科基金一般项目（2015）、上海市哲学社会科学规划"改革开放40周年研究系列"一般课题（2017）、上海理工大学马克思主义学院出版基金（2021）的资助。

今日马克思主义研究丛书

市场与
社会主义

金瑶梅————著

天津出版传媒集团

天津人民出版社

图书在版编目（CIP）数据

市场与社会主义 / 金瑶梅著. -- 天津 : 天津人民
出版社，2021.12
（今日马克思主义研究丛书）
ISBN 978-7-201-17579-9

Ⅰ. ①市… Ⅱ. ①金… Ⅲ. ①中国经济－社会主义市
场经济－研究 Ⅳ. ①F123.9

中国版本图书馆 CIP 数据核字 (2021) 第 174067 号

市场与社会主义
SHICHANG YU SHEHUIZHUYI

出　　版	天津人民出版社	
出 版 人	刘　庆	
地　　址	天津市和平区西康路 35 号康岳大厦	
邮政编码	300051	
邮购电话	(022)23332469	
电子信箱	reader@tjrmcbs.com	
责任编辑	王佳欢	
特约编辑	郭雨莹	
封面设计	明轩文化·李晶晶	
印　　刷	天津新华印务有限公司	
经　　销	新华书店	
开　　本	710 毫米×1000 毫米　1/16	
印　　张	15.75	
插　　页	2	
字　　数	220 千字	
版次印次	2021 年 12 月第 1 版　2021 年 12 月第 1 次印刷	
定　　价	78.00 元	

前　言

　　转眼之间，中国的改革开放在世人瞩目中走过了四十多年的历程，站在当下"两个一百年"奋斗目标历史交汇的重要时间节点上来回顾这段经历，我们可以用"风雨兼程"四个字来形容，其中的体会可谓五味杂陈。既有作为探路者前行的孤独，又有化身榜样受到竞相报道的喧闹；既有面对世界社会主义运动陷入低谷的忧虑，又有在中国特色社会主义取得一系列重大突破后的喜悦；既有遭遇地区性军事冲突升级时的紧张，又有看到中国国内局势稳定后的欣然；既要回应中国大国崛起是否威胁世界的质疑，又要直面中国的改革开放如何往纵深推进的难题；既要在中美贸易战的压力下转型优化我国的经济发展模式，又要在遭遇重大疫情的突发事件中继续保持经济上行的趋势。无可辩驳的事实让我们再一次明确地认识到：改革开放是我国走向经济发达、政治昌明、文化繁荣、社会和谐、环境美丽的必由之路，尽管在这条道路上潜藏着各种各样的困难与挑战，我们也义无反顾。我们对社会主义现代化国家的强烈诉求，已转化为全面建设社会主义现代化国家的强大助推力。

　　回顾新中国成立以后的经济发展道路，我们一开始主要效仿苏联采用单一的计划经济体制，如此导致经济形式单一，缺乏活力，在很大程度上严重阻碍了生产力的解放与发展，而改革开放的任务就是去掉将生产力限制起来的那把枷锁。在不断地进行改革开放，尤其是在推动经济改革的过程之中，呈现在我们面前的核心问题是，社会主义制度下如何运用市场机制？换言之，如何看待社会主义与市场的关系？这是我国的经济改革必须要解决的一个问题，由此我们在理论与实践两个方面进行了长达四十多年关于两者关系的探索。当然,这是一个逐步深入的过程。毫无疑问,四十多年来,我国关于市场与社会主义这两者关系的探索是非常成功的,尽管当前仍然处于探索过程之中,在今后较长一段历史时期内也仍将继续探索,实践发展已然证明,我国坚持在社会主义制度框架内走市场化取向的改革是正确的历史选择,不仅成功抵御了诸如亚洲金融危机、美国次贷危机、欧洲债务危机及难民危机等外部危机的冲击,而且通过在外交领域的"韬光养晦",为本国争取到了飞速发展的平稳政治环境。四十多年来,我国在改革开放基本国策的指引下,一心一意谋发展,结合本国的经济特色,创造了世界经济领域的"中国奇迹",人均国内生产总值迅速增加,人民群众生活质量稳步提升,由过去的温饱不足到如今的总体小康再到全面小康,这一切都足以说明我国将市场机制与社会主义基本政治制度相结合的做法是非常成功的,为广大发展中国家树立了榜样。

国外探讨市场与社会主义关系问题的重要思潮是市场社会主义。它属于国外马克思主义的理论阵营。近年来,随着我国改革开放事业的不断向前推进,我们的学术视野得以不断拓宽,越来越多的中青年学者加入对国外马克思主义的研究队伍中来,这是一件令人欢欣鼓舞的事情。市场社会主义旨在将生产资料公有制与市场经济体制结合起来以实现社会主义。这股理论思潮最早出现于20世纪30年代,以波兰经济学家奥斯卡·兰格(Oskar Lange)提出"兰格模式"为标志。其诞生背景与欧美经济学家之间发生的一场大争论密不可分,这场争论的焦点是社会主义应当与计划经济相结合还是应当与市场经济相结合,社会主义能否接纳市场经济并运用市场杠杆。大部分欧美经济学家倾向于走社会主义与市场经济相结合的道路,因而形成了这样一种别具一格的社会主义理论模式。它试图摸索出一条将生产资料社会所有制与市场经济体制结合起来,从而实现社会主义的具体路径,其关注的重点是社会主义是否能合理地配置资源、市场机制是否与社会主义制度相矛盾等一系列问题。20世纪80年代末、90年代初发生东欧剧变以后,世界社会主义运动暂时陷入低谷,但市场社会主义却异军突起,西方左翼学者在反思东欧剧变,重构社会主义未来的过程中,重新掀起了对"市场"与"社会主义"关系问题的探讨,从而重新掀起了一股对市场社会主义的研究热潮,并进一步将这一流派的理论往纵深推进,使市场社会主义这一世界社会主义理论中的一个分支更具有现实性和前沿性的特征,其研究的空间与张力随着现实世界经济生活的快速变化得到了持续的拓展与延伸。

这方面的代表性著作有:约翰·罗默(John E. Roemer)的《平等股份:推动市场社会主义运作》一书和《社会主义的未来》一书,论述了公有制与私有制、计划与市场的关系问题等;詹姆斯·扬克(James A. Yunker)的《经济公平:市场社会主义的视野》一书,论述了如何促进经济领域的公平性问题;伯特尔·奥尔曼(Bertell Ollman)等人的《市场社会主义——社会主义者之间的争论》一书,围绕市场与社会主义能否结合及怎样结合等问题进行了诸多争论;W. 布鲁斯(Wlodzimierz Brus)等人的《从马克思到市场——社会主义对经济体制的求索》一书,论述了市场社会主义面对的挑战及应对的措施等问题;克里斯托弗·皮尔森(Christopher Pierson)的《新市场社会主义》一书,论述了市场社会主义的可行方案等。此外,21 世纪以来,尤其是在西方资本主义国家遭遇金融危机及债务危机之后,《新左派评论》(*New Left Review*)及《每月评论》(*Monthly Review*)等杂志发表的相关论文逐渐增多,比如戴维·施韦卡特(David Schweickart,也译作戴维·斯威卡特)的《债务与欺骗》。在这些相关成果的基础上,形成了"经济民主的市场社会主义""合作制的市场社会主义""实用的市场社会主义"及"虚拟证券的市场社会主义"等各种理论模式。

总体而言,国外对于市场与社会主义关系的研究呈现出各种理论模式百花齐放、各种理论观点相互争鸣、多角度、深层次的特点。近年来,西方市场社会主义者越来越关注社会主义的价值目标,与市场这种资源配置的方式能否结合及如何结合上。除此之外,还有一些市场社会主义者从着重研究经济关系逐步转变为研究上层建筑,即研究社会主义市场经济的实施对上层建筑,尤其是对国家治理会产生什么影响及提出什么要求。西方市场社会主义关于市场与社会主义关系问题的研究,有助于我们拓宽理论视角,但是国外的这些左翼学者主要是进行理论模型的建构,具有一定的乌托邦色彩,对其我们要正确地进行价值判断。此外,随着近年来中国特色社会主义实践的不断成功,西方左翼学者在研究市场与社会主义关系的过程中,增加了对中国特色社会主义,尤其是对中国社会主义市场经济的关注。一些杂志,如《中国季刊》(China Quarterly)、《近代中国》(Modern China)、《新左派评论》(New Left Review)等都发表了相关成果,如约翰·安德拉斯(Joel Anderas)的《上海模式?》一文等。此外,还有一些相关著作,如罗纳德·哈里·科斯(Ronald H. Coase)与王宁合著的《变革中国——市场经济的中国之路》等。

从20世纪50年代起,国内一些学者开始关注西方市场社会主义,在东欧剧变,尤其是在邓小平南方谈话提出建立社会主义市场经济以后,逐步展开重点研究。主要的著作有:余文烈等人的《市场社会主义研究》一书,全面分析了市场与社会主义的关系问题,并论述了西方市场社会主义的历史轨迹、典型模式及价值判断等;景维民等人的《经济转型中的市场社会主义——国外马克思主义的分析与实践检验》一书,及《经济转型的理论假说与验证——市场社会主义的传承与超越》一书,介绍了西方市场社会主义产生及发展的理论背景、演进逻辑及制度方面的经验与教训;王文臣等人的《市场社会主义与人本社会主义研究》一书,论述了西方市场社会主义的经济制度、实验与创新等。

从1978年改革开放以来,我国社会发生了翻天覆地的新变化,经济的快速发展使中国特色社会主义呈现出欣欣向荣的发展态势。一方面,改革使我们的思维变得不再僵化,而是更加敏锐地紧跟时代发展的最新趋势;另一方面,开放又使我们国家的经济发展快速融入了世界经济体系之中。随着观念层面的不断更新与实践层面的不断推进,国内对市场与社会主义关系问题的探讨呈逐年上升的趋势。值得一提的是,自党的十八届三中全会、十九大、十九届四中全会及十九届五中全会以后,国内学者结合如何推进全面深化改革的探讨进一步深化了对市场与社会主义关系的研究。

主要著作有:张维迎的《通往市场之路》一书,探讨了市场的力量、改革的逻辑、增长的转型、企业的生命、国企的前景及中国未来市场化改革面临的选择等问题;厉以宁的《中国经济双重转型之路》一书,围绕中国改革开放的双重转型,即从计划经济体制向市场经济体制转变和从农业社会向工业社会转变等问题进行了探讨;顾钰民的《社会主义市场经济论》一书,论述了构成社会主义市场体制基本框架的五大制度的基本理论和实践发展;陈锦华、江春泽等人的《论社会主义与市场经济兼容》一书,在充分汲取世界社会主义运动特别是苏联社会主义历程中的经验和教训的基础上,着眼于中国改革开放以来关于社会主义与市场经济相兼容的实践,从社会主义国家经济体制模式抉择审视、市场经济在新中国前三十年的命运、邓小平开辟了社会主义与市场经济兼容的新阶段、向市场经济过渡的国际比较、对社会主义与市场经济兼容若干问题的探索五大方面展开宏观与微观两个维度的深入考察和探讨,阐释了人们对于社会主义与市场经济为什么要兼容、能否兼容、怎样兼容及兼容中的理论创新等根本性的问题;石冀平的《市场化改革的社会主义价值取向问题研究》一书,探讨了中国市场化改革全面启动以后,如何消除思想上的困惑,在改革中坚持社会主义价值取向,使马克思主义政治经济学在中国的市场化进程中发挥主导作用的问题;肖文海等人的《中国社会主义市场经济理论》一书,对改革开放的历史进程与社会主义市场经济的理论体系进行了系统研究等。

　　总体而言,国内的相关研究较多,这些研究主要立足对中国社会主义市场经济本身的研究,较少凸显对市场与社会主义关系问题的重点研究,若能结合党的十八届三中全会、十九大、十九届四中全会及十九届五中全会以后中国大力推进市场化进程这一最新的社会现实,以及围绕市场与社会主义的关系问题来展开研究,将会使这方面的研究更具有现实意义、更为深入。因此,本书的研究是很有必要的。深入探讨市场与社会主义的关系问题是中国特色社会主义有关社会主义市场经济的重要理论创新之处,也是习近平新时代中国特色社会主义思想的重要组成部分,从更大的意义上来说,本书在这方面的相关探究也会为中国特色社会主义理论体系的创新与发展提供理论支持。中国特色社会主义自1978年踏上改革开放的奋斗之路之后取得了一系列历史性重大成就,又在新时代肩负起更艰巨的任务,以富强、民主、文明、和谐、美丽的现代化强国为目标开启了一段新的历史征程,我们的道路自信、理论自信、制度自信与文化自信来源于新时代中国特色社会主义伟大实践的顺利展开,这一切令西方世界刮目相看,尤其是引起了当今西方很多左翼学者的高度关注与热议。中国特色社会主义建设事业在新时代的繁荣昌盛无疑使世界社会主义运动走出了东欧剧变的阴霾,迎来了新的曙光。

发展社会主义市场经济是中国特色社会主义建设事业的重要内容之一,能否进一步推进中国特色社会主义在新时代获得更大的发展,在一定意义上取决于能否把社会主义的价值目标与市场经济更好地、更有机地结合起来,这既要靠我们的实践,并在此基础上进行理论的探索,也需要借鉴他人好的理论成果。以往我们较多地借鉴了西方主流经济学的理论,这是有必要的,但是西方主流经济学主要以资本主义社会现实生活中的经济活动为研究对象,并大都在资本主义理论家的视野框架内探讨社会的经济运行和经济规律的发展,缺乏对社会主义元素的考量。而这一点恰恰是分析中国社会主义市场经济发展状况所必不可少的。按照一些西方主流经济学家的观点,"中国经济早该崩溃了",而现实发展是中国的社会主义市场经济不断呈现出新的强劲发展趋势。西方主流经济学所缺乏的部分正好是西方市场社会主义所擅长的地方。严格地来讲,西方市场社会主义并不属于西方主流经济学的范围之内,其理论彰显出独特性:处于当代资本主义制度之下,而以社会主义的立场、方法去批判和反思资本主义;面对世界社会主义运动在现实境遇中陷入低谷,而坚持对社会主义前途与命运的探索。从社会主义与市场的视角出发,西方市场社会主义的理论更加符合我国的具体国情,与我国的社会主义市场经济更具有相关性,也更具有借鉴意义。当然,我们在借鉴的时候不能全盘照抄,而是有所批判,有所借鉴,中国社会主义市场经济发展的具体路径还是得靠我们自己一步一个脚印往前摸索。本书的研究意义具体如下:

第一,对西方市场社会主义的理论进行深层次、全方位剖析,弄清其"精华"与"糟粕",对其进行恰当的价值评判与理论定位,推进对西方市场社会主义的整体研究。西方市场社会主义按照时间顺序可以大致分为两个主要发展阶段:一是以兰格、布鲁斯等人为代表的传统西方市场社会主义,二是以罗默、扬克等人为代表的当代西方市场社会主义。其中值得一提的是当代西方市场社会主义,它是东欧剧变以后西方马克思主义、社会主义研究中的一个丰硕理论成果,主要从学理上对社会主义的市场运行进行构想,与中国社会主义市场经济存在着本质的区别。中国社会主义市场经济是马克思主义在当代的最新发展成果,无论在实践还是理论层面都取得了极大的成功。因此,我们必须要对西方市场社会主义的缺陷进行准确研判,特别是要以一手外文资料为基础,对西方市场社会主义在东欧剧变以后的最新发展进行系统梳理和深入剖析,即密切关注当代西方市场社会主义的最新发展,旨在进一步推进当前国内理论界对西方市场社会主义的研究,使人们对其理论内涵、最新发展状况、历史定位、实质及意义等有更深层次的把握,从而更好地推进国内对于当代国外马克思主义前沿问题的研究,并使对当代国外马克思主义的研究与中国在新时代背景下所呈现的最新社会现实紧密结合在一起。

第二,在深化对西方市场社会主义的研究的基础上,充分利用好这一理论资源,挖掘出其在正、反两方面对中国社会主义市场经济的启示,拓展中国社会主义市场经济的国际视野,为中国社会主义市场经济的理论创新提供借鉴。本书的研究具有强烈的实用性。自党的十八届三中全会、十八届四中全会、十九大、十九届四中全会及十九届五中全会召开以后,进一步推进中国的市场化进程、破解实施中国社会主义市场经济过程中出现的一系列难题,如市场与社会主义、市场与所有制的关系等,是当前中国的最新社会现实。以往对西方市场社会主义的研究,侧重于对这一理论流派本身的阐释,将其与中国的实践结合起来论述的则不多。本书立足于当前中国的社会现实,以当今中国社会主义改革实践中的现实问题为导向,通过深入挖掘西方市场社会主义对中国社会主义市场经济的启示作用,旨在为进一步完善中国社会主义市场经济体系,全面深化改革,破解当前改革过程中的一系列难题提供政策建议,从而推进中国社会主义市场经济的理论创新与实践发展,进而推进中国特色社会主义建设事业在新时代向纵深发展,同时使对西方市场社会主义的研究与世界社会主义运动的现实发展紧密结合在一起。

第三,随着世界形势的风起云涌,当代世界社会主义运动已发生了新的变化。本书的研究,为目前国内外针对世界社会主义运动的研究开拓出理论新视野,并做好相关实践经验的总结与概况,进而推进整个世界社会主运动的理论创新与实践发展,在此基础上进一步增强人们对世界社会主义运动的信心,激励大家为创造世界社会主义运动更加灿烂的发展前景而努力。

本书共分为"上篇""中篇"与"下篇"三部分内容。一方面,旨在对西方市场社会主义的概念界定、产生背景、发展演变、主要代表人物的理论模式等进行全面把握和深入分析,同时依据国外一手资料,对西方市场社会主义的最新发展趋势进行跟踪研究及评析;另一方面,旨在全面回顾并梳理自党的十一届三中全会以来中国特色社会主义关于市场与社会主义关系的探索,尤其是新时代中国特色社会主义对于市场与社会主义关系的探索,具体包括对市场、社会主义及资本主义之间关系的定位、对社会主义的价值目标的看法等,在此基础上,重点分析包括传统西方市场社会主义及当代西方市场社会主义在内的整个西方市场社会主义理论流派对中国社会主义市场经济的启示。全书的主要框架如下:

第一章名为"西方市场社会主义的产生与发展"。这一章对西方市场社会主义的产生与发展演变,尤其在我国的传播情况进行了较为系统的梳理,共分为四个小节。第一小节名为"西方市场社会主义的概念界定",这一小节介绍了几种对"市场社会主义"的概念界定,既有权威词典上的释义,又有学者的不同定义。目前国内外学术界对"市场社会主义"的概念界定存在很大的争议,尚没有一个完全统一的定义,只能说学者各自有各自的侧重点。从这一点上就可以反映出在市场社会主义的研究领域中理论争鸣非常激烈。第二小节名为"西方市场社会主义的理论缘起",这一小节回顾了西方市场社会主义这一理论流派产生的时代背景、理论形成的具体原因等,在此过程中,回顾分析了马克思主义创始人及自由主义经济学家对市场与社会主义两者之间关系的看法,并结合现实社会主义运动的发展,对东欧剧变以后西方市场社会主义研究的再次兴起进行了原因探究。第三小节名为"西方市场社会主义的主要发展阶段",这一小节介绍了学者对西方市场社会主义主要发展阶段的不同划分,在这方面,无论是国外的学者还是我们国内的学者,都根据自己研究的不同侧重点进行了不同的划分。对于本书而言,在将西方市场社会主义进行粗略划分的基础上,即在大致分为"传统西方市社会主义"与"当代西方市场社会主义"的基础上,分别对两者的主要代表人物的典型理论模式进行介绍及评论。第四小节名为"西方市场社会主义在我国的传播",这一小节从整体上概括了我国研究西方市场社会主义的四种类型及其主要特点,并结合最新的时代特征,总结了西方市场社会主义近年来在我国传播的四大特点。

　　第二章名为"传统西方市场社会主义的典型理论模式"。西方市场社会主义包含多种理论模式,在了解这些理论模式基本特征的基础上,本书以东欧剧变为时间界限,将其粗略地分为"传统西方市场社会主义"与"当代西方市场社会主义"两种类型,显然,在时间顺序上前者早于后者。传统西方市场社会主义有许多理论模式,本章选取了其中颇具典型性的四种理论模式进行一一述评。第一小节名为"奥斯卡·兰格的'竞争的市场社会主义模式'"。这一小节主要介绍了被公认为是西方市场社会主义开山鼻祖的兰格的相关理论模式。在 20 世纪 30 年代,兰格在与西方自由主义的经济学家希·冯·米瑟斯(Ludwig Von Mises)及其学生弗里德里克·冯·哈耶克(Friedrich August von Hayek)等人的理论大争论中,不断丰富自己的市场社会主义理论,从而使西方市场社会主义作为一个理论流派被正式提出,由此可见兰格对于西方市场社会主义的重大贡献。第二小节名为"弗·布鲁斯的'导入市场机制的计划经济模式'"。这一小节介绍了波兰市场社会主义者弗·布鲁斯的市场社会主义理论,弗·布鲁斯在中国也经常被译为"W.布鲁斯",他的"导入市场机制的计划经济模式"实质上是一种分权模式,既利用了计划经济的长处,例如国家可以根据国内国际形势发展的需要,将资源集中分配到重要部门等,又在此基础上结合了市场机制的灵活性,是在社会主义计划经济的基础上对市场运用的一种初步探索,在实践中产生了较大影响。第三小节名为"奥塔·锡克的'以市场机制为基础的分配计划模式'"。奥塔·锡克(Ota Sik)是捷克著名的经济学家,被称为 20 世纪 60 年代捷克斯洛伐克"经济改革之父"。他是较早对社会主义的经济改革提出建议的市场社会主义理论家,在充分反思"现实社会主义"在经济体制方面存在的弊端的基础上,提出了"中立资本"的设想,试图走计划与市场相结合的"第三条道路"。第四小节名为"亚诺什·科尔内的'宏观控制下的自由市场模式'"。亚诺什·科尔内(János Kornai)是匈牙利著名的经济学家,他立足本国经济改革的现实基础之上,在传统社会主义制度的框架内,深入思考了当时社会主义经济体制的改革问题。众所周知,匈牙利的经济改革在20世纪五六十年代的时代背景下处于东欧各国的前列,科尔内对于短缺经济、社会所有制等的论述富有理论创新的特点,对当时匈牙利的经济改革产生了一定的影响。

第三章名为"当代西方市场社会主义的典型理论模式"。本章选取了当代西方市场社会主义的四种颇具代表性的理论模式,进行了主要内容的介绍及初步评价,这一章共分为四个小节。第一小节名为"约翰·罗默的'虚拟证券的市场社会主义模式'"。约翰·罗默是美国著名的市场社会主义者,多次来中国进行学术交流,他尤其强调对"平等"这一社会主义价值目标的追求,力图从源头上解决资本主义社会收入分配的不平等状况,这一小节重点剖析了罗默的市场社会主义理论模式。第二小节名为"戴维·米勒的'合作制的市场社会主义模式'",这一小节具体分析了英国市场社会主义者戴维·米勒(David Miller)的理论模式建构,包括其提出理论的初衷、理论模式的主要内容及学者对其理论的相关评价等。第三小节名为"詹姆斯·扬克的'实用的市场社会主义模式'",这一小节介绍了美国又一位著名的市场社会主义研究者詹姆斯·扬克的相关理论。他的理论自成特色,但是又体现出较为明显的改良主义色彩。第四小节名为"戴维·施韦卡特的'经济民主的市场社会主义模式'",这一小节介绍的戴维·施韦卡特来自美国,他对经济民主与政治民主的关系问题进行了详细的论述,他的理论模式具有较强的实践操作性。

第四章名为"关于西方市场社会主义的争论及评价"。本章主要介绍国外的部分学者围绕西方市场社会主义展开的各种争论及做出的相应评价,在此基础上,介绍了国内的部分学者对西方市场社会主义所做的评价。这一章共分为三个小节。第一小节名为"伯特尔·奥尔曼等人的争论"。奥尔曼是美国著名的马克思主义理论家,他与戴维·施韦卡特、詹姆斯·劳勒(J. Lawler)及希勒尔·蒂克庭(H. Ticktin)一起围绕西方市场社会主义展开了激烈的理论争鸣。在这场争论中,既有为西方市场社会主义进行辩护的一方,又有对西方市场社会主义展开批判的一方。四位学者希望通过自己的发声,来唤醒仍然沉溺在虚幻的资本主义美梦中的人们,并将人们从资本主义的道路上引导到社会主义、共产主义的道路上去。通过这场理论争鸣,学者们对西方市场社会主义的优点与缺点看得更加清晰,进一步强化了西方市场社会主义的问题意识。第二小节名为"克里斯托弗·皮尔森的评价"。这一小节主要介绍了皮尔森对西方市场社会主义所做的评价。他是英国诺丁汉大学政治系教授,出版了《新市场社会主义——对社会主义命运和前途的探索》一书,该书非常具有代表性,对西方市场社会主义的各种理论模式进行了详细介绍、概括及评价,观点独到,分析到位,加深了人们对西方市场社会主义的全景式了解。第三小节名为"中国学者的评价"。这一小节主要阐述了我国学者对西方市场社会主义所做的评价,这些评价分为两类:一类是对其正面效应的肯定性评价,一类是对其负面效应的深度反思。从总体上来看,我国学者对西方市场社会主义的诸多优点进行了充分的肯定,在此前提下,揭示了西方市场社会主义所具有的一些理论缺陷,比如改良主义、乌托邦主义的倾向等。我国学者对西方市场社会主义展开研究与做出评价的最终目的,是为了更好地挖掘其蕴含的对我国社会主义市场经济的借鉴意义。

第五章名为"市场、资本主义与社会主义"。这一章对市场与资本主义及社会主义之间的关系进行了较为系统的梳理,共分为三个小节。第一小节名为"市场是资本主义的代名词",这一小节首先回顾了我国从1949年新中国成立到1956年社会主义三大改造基本完成这段历史时期对市场的基本看法,这段时期所处的社会形态属于过渡时期性质的新民主主义社会,存在的社会经济成分比较复杂,既有社会主义的经济成分,又有资本主义的经济成分,人们对于市场的排斥不是非常强烈。在此基础上,本小节进一步回顾了从社会主义三大改造基本完成到1978年党的十一届三中全会召开这段历史时期对市场的价值判断,这一时期我国主要效仿苏联采取单一的计划经济模式,所以人们将市场视为资本主义的代名词和社会主义的异己的力量加以强烈地排斥。第二小节名为"社会主义可以运用市场",这一小节回顾了从党的十一届三中全会决定实施改革开放政策到1992年党的十四大提出建立社会主义市场经济体制这一历史时期,国家对于市场在社会主义中的定位问题,社会主义与市场相结合这一经济改革的基本原则在我国经历了一个被人们逐步接受再到普遍接受的过程。第三小节名为"市场是社会主义发展经济的重要手段",这一小节回顾了从1992年党的十四大提出建立社会主义市场经济体制至今,人们对市场、社会主义及资本主义这三者之间关系的看法,我国在理论探索与实践探索两方面的成果都已经证明市场是社会主义发展经济的重要手段,应当积极发挥市场在社会主义中的正面效应,使社会主义的生产力得到快速发展。

第六章名为"市场与计划"。市场与社会主义的关系具体化为市场与计划的关系问题,这一章结合我国的历史发展与现实发展,详细分析了市场与政府计划之间的关系问题,可以说,这两者之间的关系决定着经济运行的张力与活力。实践证明,无论是市场机制还是计划机制,都是经济运行的一种机制,它们本身是中性的,并不代表政治制度的根本属性,都可以为不同性质的社会制度服务。资本主义与市场经济之间不能简单地画上等号,资本主义与市场运行之间也没有必然的联系,资本主义社会也可以运用国家的宏观调控。同理,社会主义与计划经济之间不能简单地画上等号,社会主义与国家供给之间没有必然的联系,社会主义社会也可以运用市场机制。本章探究市场与计划的关系问题,主要将其分为三个不同的历史阶段:第一个阶段的特点是"计划为主、排斥市场",第二个阶段的特点是"计划为主、市场为辅",第三个阶段的特点是"市场为主、计划为辅"。

第七章名为"市场与社会主义的价值目标"。市场最主要的价值目标在于提高效率,失去了效率的市场机制必然丧失了运作的活力,而社会主义的主要价值目标恰恰是追求公平,若没有了对公平的孜孜以求,社会主义就不是真正的社会主义。因此,探讨市场与社会主义的关系问题,常常涉及效率与公平的问题,两者分别是市场与社会主义的价值目标。本章对"效率"与"公平"这对范畴的辩证关系进行了剖析,并全面回顾了学者在新中国成立后关于这两者关系的探索。本章共分三个小节:第一小节名为"注重公平,忽视效率",这一小节对"平等"与"公平"这两个词的意义进行了详细的区分,并用唯物辩证法的观点对"效率"与"公平"这对范畴之间相辅相成、相互依存的辩证关系进行阐述。在此基础上,重点提出1956年社会主义三大改造基本完成以后确立起社会主义制度到1978年改革开放之前这段时间内,我国主要采用了单一的计划经济体制,在计划占绝对的统治地位而忽视市场的状况下,片面地强调公平而排斥效率。第二小节名为"效率优先,兼顾公平",论述了从1978年党的十一届三中全会至1993年党的十四届三中全会这段时间内,我国对于效率与公平问题的探索,主要表现为由过去的排斥与对立转变为注重两者的相互结合。1993党的十四届三中全会明确提出了"效率优先,兼顾公平"的收入分配原则,此后较长一段时间内,我国都以此为原则来看待效率与公平的关系问题。第三小节为名"两者兼顾,注重公平",论述了从党的十八大至今,我国强调效率与公平兼顾,并逐步有意识地强化对社会公平的考虑。

第八章名为"市场与社会主义所有制"。所有制是社会经济制度的核心内容,涉及社会经济运行的动力问题,它也是市场在社会主义中的主要运行途径,采用何种所有制形式直接关系市场与社会主义力量的相互对比,甚至关系整个社会政治制度的根本属性。本章共分三个小节:第一小节名为"单一公有制阶段",这一小节回顾了我国正式进入社会主义社会之后到党的十一届三中全会召开之前这段历史时期内,在所有制方面对单一公有制的坚持,并分析了其中存在的许多方面的原因,比如教条式地理解马克思主义经典思想、受到苏联模式的社会主义很大影响等。第二小节名为"公有制为主体,非公有制经济为补充阶段",这一小节论述了从党的十一届三中全会到1987年党的十三大,这一历史阶段可以说是"公有制为主体,非公有制经济为补充阶段"。实际上,在党的十一届三中全会召开以后,国家开始致力于从马克思主义基本原理和中国具体国情相结合的原则出发,而不是机械地按照教条主义来建设中国的社会主义,积极开展了社会主义所有制结构层面的勇敢探索,并强调促进非公有制经济的发展,随后相应地出台了这方面的一系列政策法规,并在实践领域取得了较大的成就。第三小节名为"公有制为主体,多种所有制经济共同发展阶段",这一小节主要回顾了1987年党的十三大至今我国的所有制结构。党的十三大明确提出鼓励发展个体经济、私营经济的方针,这一方针的影响力一直持续到今天。2013年11月党的十八届三中全会提出积极发展混合所有制经济,这是我们在坚持原有方针的基础上的又一个亮点,自党的十八届三中全会以后,我国已经把建立混合所有制作为深化经济体制改革的一项重大举措。

第九章名为"西方市场社会主义对中国社会主义市场经济的正面启示"。这一章结合西方市场社会主义的相关理论,尝试挖掘这些理论对于中国社会主义市场经济的正面启示意义,共分四个小节。第一小节名为"市场机制与社会主义相结合",这一小节主要围绕市场机制与社会主义之间的关系问题,探讨西方市场社会主义为中国社会主义市场经济提供的两点正面启示:一是社会主义尽管在现阶段遭遇挫折,但依然是人类需要不懈追求的美好理想,社会主义可以通过恰当地利用市场机制而弥补自己的缺陷,从而使自身变得更好、更完善;二是无论是市场机制还是计划机制,都只是一种经济运行的具体机制,并不代表政治制度的根本性质。此外,还回顾与分析了我国的市场化改革过程,通过理念上的引导澄清及实践上的逐步推动,实现从社会主义计划经济体制向社会主义市场经济的过渡。第二小节名为"处理好市场、计划与政府的关系",这一小节围绕市场、计划与政府这三者之间的关系问题,阐述了西方市场社会主义对中国社会主义市场经济的正面启示作用,并探讨了如何有效转变政府职能的问题,比如由一个全能型的政府转变为一个有限职能的政府、增强政府的办事效能,提高网上服务能力等。第三小节名为"处理好效率与公平的关系",这一小节围绕效率与公平的关系问题,探究了西方市场社会主义相关理论对于中国社会主义市场经济具有的正面启示作用:一是市场与社会主义的结合是为了更好地实现效率与公平的"双赢";二是完善制度设计可以监管以追求效率为主旨的市场,公平更重要的是机会享有上的公平而不是收入分配上的公平。只有更好地实现效率与公平的"双赢",才能真正实现社会主义的价值目标,在与资本主义制度的较量过程中,充分体现社会主义制度无可比拟的优越性。第四小节名为"公有制经济与其他所有制经济相结合",这一小节重点从西方市场社会主义者所普遍主张的社会所有制那里,挖掘其中对于中国社会主义市场经济具有的正面启示作用,比如社会所有制体现了混合经济的特色,对于中国社会主义市场经济既要确保公有制经济的主体地位以体现社会主义社会的性质,又要拓宽非公有制经济的生存及发展空间,积极发展混合所有制经济,具有启迪作用。

第十章名为"西方市场社会主义对中国社会主义市场经济的反面启示"。这一章在对西方市场社会主义的一些理论进行深入分析的基础上,尝试概括出其隐含的理论缺陷,其中最为典型的是乌托邦主义倾向和改良主义倾向,这两大理论的不足之处经常受到不同学者的批判。对于西方市场社会主义的乌托邦主义倾向,国外学者反思得较多;而改良主义倾向则更多地被我国国内研究国外马克思主义的学者所批判。此外,西方市场社会主义的新自由主义倾向也受到了国内学者的批判。这一章共分为三个小节。第一小节名为"避免乌托邦主义倾向",这一小节结合西方市场社会主义的相关理论指明了其乌托邦主义的倾向,并较为详细地分析了产生这一倾向的主观及客观方面的原因,这些原因既有来自西方市场社会主义理论本身的漏洞,又有时代的局限性,还有西方市场社会主义者本身所处的制度环境、社会环境等原因。这些因素相互交错在一起,形成了一股强有力的"合力",造就了西方市场社会主义"重理论模型建构、轻实践具体操作"的特点,使西方市场社会主义往往呈现出理论与现实相脱节的状况,即出现该理论学派整体上的乌托邦主义色彩。第二小节名为"注意改良主义倾向",这一小节主要分析概括了西方市场社会主义的改良主义倾向,这与绝大部分西方市场社会主义者长期生活在资本主义制度之下密切相关,他们不可避免地从小就受到资本主义意识形态的教化,在理论提出的过程中也难免会遭遇到资本主义统治阶级各种形式的打压,这就导致他们试图通过以"市场社会主义"的方式为现实中的资本主义社会寻找一种"可替代方案"之时,往往没有触及资本主义经济制度的核心部分,也常常局限在资本主义经济制度统治之下的社会经济领域内,而没有提出与经济制度改革相配套的政治制度改革及其他一系列制度改革。第三小节名为"警惕新自由主义倾向",这一小节分析了西方市场社会主义的新自由主义倾向。大多数西方市场社会主义者过分依赖市场,从而在他们的学说中带有新自由主义的烙印。本章在反思西方市场社会主义的乌托邦主义倾向、改良主义倾向及新自由主义倾向的同时,指出了中国社会主义市场经济理论与其存在本质区别,中国社会主义市场经济理论是以马克思主义的相关原理、原则为指导,在中国共产党领导中国人民进行广泛实践的基础上形成发展起来的,并在现实世界中具体实施,接受实践对理论真理性的检验,因此有效地避免了理论与实践相脱节的困境。我们在借鉴西方市场社会主义的相关理论之时,要对其不良倾向保持高度警醒,并引以为戒。

目　录

上篇　西方市场社会主义

中篇　中国特色社会主义市场经济

下篇　西方市场社会主义对中国社会主义市场经济的启示

上 篇

西方市场社会主义

国外马克思主义是马克思主义理论一级学科下的一个二级方向,随着近年来我国改革开放事业的不断深入拓展,国外马克思主义因其开放性、包容性、丰富性等特征早已成为我国马克思主义理论研究的一块"热土"。国外马克思主义内含众多理论学派,其中一股探究如何实现"市场"与"社会主义"两者最佳结合的理论流派,被称为"西方市场社会主义"。这一理论流派诞生于 20 世纪 30 年代,缘起于经济学领域的一场大争论。自诞生以来,西方市场社会主义就因其浓郁的争鸣色彩和强烈的现实性,吸引了分属资本主义阵营及社会主义阵营的众多学者的关注。自 20 世纪 80 年代末、90 年代初发生震惊世界的东欧剧变以来,学者们不断反思其原因所在,尤其是西方的左翼学者,他们在寻找社会主义在实践领域遭遇重大挫折的原因之时,进一步思考了"社会主义往何处去"这一问题。在此过程中,西方市场社会主义不断进行理论探索与创新,尝试将市场机制与社会主义元素两者有机结合,希望通过走市场社会主义的道路来为资本主义社会找到一种切实可行的"替代方案"。他们的努力使西方市场社会主义的研究掀起了新一轮高潮。西方市场社会主义的形成与发展从一个侧面反映了世界社会主义运动的起伏变化,其自身包含众多的理论模式,对这些各具特色的理论模式进行梳理概括,弄清楚其来龙去脉、主要内容、基本特征等,有助于我们推进对当代国外马克思主义的研究,并从其身上获取相关启示,拓展中国社会主义市场经济的国际视野,为进一步完善中国的社会主义市场经济体制发挥借鉴作用。

第一章　西方市场社会主义的产生与发展

　　社会中的经济活动往往与人们的日常生活息息相关,随着时代的变迁和科技的快速发展,经济活动与人们生活的关联度不断得以提升。不得不说,在现代工业社会,能否对经济规律进行深刻把握与有效运用,在很大程度上是人与人之间产生贫富差距的一个关键性因素,也是国与国之间发展程度存在很大差距的一个关键性因素。因此,在学术研究领域各种经济学理论总是层出不穷,经济学家的讲座也几乎场场爆满。现代西方经济学是以 20 世纪 30 年代凯恩斯主义的诞生为契机逐步形成和发展起来的。在此过程中,涌现了一大批各种各样的经济学理论,其中也包括一股探讨市场与社会主义关系问题的思潮,即"市场社会主义"。诚如其名,市场社会主义既研究市场,也研究社会主义,并探究两者相互结合的最佳路径。本章重点介绍西方市场社会主义的相关概念、发展演变及在我国的传播等。

第一节　西方市场社会主义的概念界定

　　本书重点探讨西方市场社会主义及其对中国社会主义市场经济的启示作用,这里提到的"西方"是相对于东方国家而言的,在地理位置上指欧洲全境、美国、加拿大、澳大利亚和新西兰。市场社会主义这一理论流派中的研究者大都为西方国家的学者,因此冠以"西方"二字,同时更能够与中国的社会主义市场经济相区别。在国外相关左翼学者的视域中,他们的研究领域被称为"市场社会主义"。虽然关于市场与社会主义关系问题的讨论出现于

20世纪30年代,以"兰格模式"的提出为诞生标志,但是兰格本人并没有把自己创建的模式称为"市场社会主义",而是称为"社会主义竞争的解决方案"。最早正式使用"市场社会主义"这一称谓的是英国经济学家戴维·米勒。何谓"市场社会主义"?仅仅从字面上来看,这个称谓似乎是"市场"与"社会主义"这两个词的简单叠加,而在实际运用过程中它则是一个相对比较宽泛的范畴,对此理论家有多种不同的解释。《不列颠百科全书》所下的定义是:"市场社会主义也称自由的社会主义,是一种使社会主义的计划与自由的企业相协调的经济制度。企业属于公有,但生产和消费不受政府计划的控制,而是受市场力量的支配。20世纪60年代南斯拉夫实行了有别于苏联中央计划经济模式的市场社会主义。60年代末70年代初匈牙利也有类似的发展。"①《新帕尔格雷夫经济学大辞典》所下的定义为,"市场社会主义是一种经济体制的理论概念(或模式),在这种经济体制中,生产资料公有制或集体所有,而资源配置则遵循市场(包括产品市场、劳动市场和资本市场)规律。对于现有的种种社会主义经济来说,这一名词往往是更广泛地概括这样两种体制:在严格意义上趋于接近这一定义的那种体制(像南斯拉夫1965年后所形成的体制),以金融调节和种种刺激作为中央计划的手段来替代命令和对生产商品进行实物分配的那种体制(即受调节的市场,像匈牙利1968年改革后的'新经济机制')"②。

以上仅仅是两种关于市场社会主义的定义,学者对市场社会主义的定义诠释非常多。举例来说,克里斯托弗·皮尔森认为:"最简单地说,市场社会主义是把经济的社会所有制原则与继续通过市场机制配置商品(包括劳动)的做法结合起来的一种经济和社会制度。"③另外,英国的两位学者索尔·埃斯特林(Saul Estrin)与尤里安·勒·格兰德(Julian Le Grand)认为:"我们希望证明市场是能够用来实现社会主义的目的的,运用市场来实现社

---

① 《不列颠百科全书》(第七卷),中国大百科全书出版社,1994年,第322页。
② 《新帕尔格雷夫经济学大辞典》(第三卷),经济科学出版社,1996年,第363页。
③ [英]克里斯托弗·皮尔森:《新市场社会主义》,姜辉译,东方出版社,1999年,第104页。

会主义的目的便是我们所指的市场社会主义。"①而美国著名的市场社会主义者约翰·罗默从平等与效率的角度对市场社会主义下了这样一个定义："所谓市场社会主义,我指的是大多数物品包括劳动通过价格系统来分配,企业(不论是否由工人管理)利润在居民中非常公平地进行分配的各种各样的经济安排。关键的问题是通过什么机制才能实现利润的这种分配,同时又不至于在效率方面造成不可接受的损失。"②美国另外一位著名的经济学家、诺贝尔经济学奖获得者约瑟夫·E.斯蒂格利茨(Joseph Eugene Stiglitz)指出:"市场社会主义指的是一种经济组织形式,在该形式下,政府占有生产资料(所有社会主义体制均是如此),但是和市场经济一样运用价格对资源进行配置。"③匈牙利学者则认为他们国家曾经实施的经济体制改革实践就是市场社会主义。在他们看来,市场社会主义是这样一种经济体制:日常的经济管理主要由市场机制发挥作用,以兰格在20世纪30年代提出的理论设想为代表,社会生产中基础性的资源配置由中央以及发达的中央计划体系决定,而其余的经济活动则由市场来决定。④

戴维·米勒对关于市场社会主义的定义争论做了一个总结:"没有一个关于市场社会主义的确切概念,它只是这样一个具有共同特征的范畴,即市场机制的广泛运用与生产性资本的社会所有制相结合。"⑤

除此之外还有其他很多种不同的解释,包括我们国内学者对市场社会主义的定义也是仁者见仁,智者见智。举例来说,纪军认为:"市场社会主义有两个基本要素,一是计划与市场相结合,在公有制基础上尽量利用市场机制,提高经济效率;二是实行经济民主,赋予劳动者参与企业和国家经济管

---

① [英]索尔·埃斯特林、尤里安·勒·格兰德:《市场社会主义》,邓正来、徐泽荣译,经济日报出版社,1993年,第1页。

② 转引自蒲国良:《当代国外社会主义概论》,中国人民大学出版社,2006年,第285页。

③ [美]约瑟夫·E.斯蒂格利茨:《社会主义向何处去——经济体制转型的理论与证据》,周立群、韩亮、于文波译,吉林人民出版社,2011年,第10页。

④ 参见景维民、孙景宇、张慧君等:《经济转型的理论假说与验证——市场社会主义的传承与超越》,经济科学出版社,2011年,第120页。

⑤ David Miller, Equality and Market Socialism, in *Market Socialism: The Current Debate*, Edited by Pranab Bardhan and John Roemer, New York: Oxford University Press, 1993, p. 304.

理的权利。"①另外值得一提的是,余文烈等人在《市场社会主义:历史、理论与模式》一书中结合对市场社会主义的分类进行了更加详细的界定。他们认为,对所有历史阶段的市场社会主义给出一个通用的界定会显得过于简化,而应当根据两个主要的不同历史时期,将市场社会主义划分为传统市场社会主义和当代市场社会主义来分别加以界定:"传统市场社会主义是探索革新传统社会主义经济制度的替代模式,寻找传统的生产资料公有制和计划经济与运用市场配置资源争取效率的有机结合,发展社会主义经济。当代市场社会主义以超越当代资本主义为己任,提倡以某种形式的公有制或限制资本权力为基础,运用市场去实现社会主义的价值目标(如经济民主、分配平等、选择自由、消灭剥削等等),培育社会主义因素。"②这一观点为我们从时代发展的特点来重新定义西方市场社会主义提供了不同的角度。从处理好理论传承与创新的关系这方面来讲,传统西方市场社会主义的理论具有很多闪光点,对于如何妥当地处理好国家对经济的宏观调控及市场发挥作用的问题很有启发意义,从与当今时代现实发展的关联度来讲,当代西方市场社会主义的发展,即东欧剧变以后市场社会主义的发展趋势及主体特征,对我们当前新时代语境下中国社会主义市场经济的创新更有借鉴意义。

第二节　西方市场社会主义的理论缘起

西方市场社会主义在 20 世纪 30 年代的兴起,源于经济学家之间的一场理论大争论,而它在 20 世纪 80 年代末、90 年代初东欧剧变之后的又一次兴盛与现实世界社会主义运动的潮起潮落密切相关,东欧剧变之后西方左翼学者对市场社会主义研究的青睐,促使其发展到当代西方市场社会主义阶段,希望今后随着中国特色社会主义伟大事业在新时代的进一步发展,尤其

---

① 纪军:《匈牙利市场社会主义之路》,中国社会科学出版社,2000 年,第 9 页。
② 余文烈等:《市场社会主义:历史、理论与模式》,经济日报出版社,2008 年,第 32 页。

是随着中国社会主义市场经济的进一步发展,能够为当代西方市场社会主义的研究者提供更多可供参考的鲜活经验,以及更多可供研究的现实范本,从而使当代西方市场社会主义的研究取得更加丰硕的理论成果。

从称谓上可以看出,西方市场社会主义重点研究两大内容:一是市场,二是社会主义。社会主义制度下究竟能否运用市场机制? 西方学者为此争论不休,他们的争论直接催生了西方市场社会主义的诞生。否定社会主义制度下能运用市场机制的西方学者认为,社会主义的拥护者主张消灭私有制,而消灭私有制之后就没有了生产要素市场、价格系统等市场元素,因而不能有效合理地配置资源。这一主张不是空穴来风,回溯世界社会主义运动的发展史可以看到,自托马斯·莫尔(Thomas More)于1516年发表《关于最完美的国家制度和乌托邦新岛的既有益又有趣的金书》(简称《乌托邦》)一书以来,几乎所有的空想社会主义者都强调了对私有制的憎恨和对公有制的推崇。无论是托马斯·莫尔,还是克劳德·圣西门(Comte de Saint - Simon)及罗伯特·欧文(Robert Owen)等人,在他们所设想的理想社会形态中,社会物质财富的分配实行公有制,社会成员平均占有物质财富,没有私有财产的存在。

作为科学社会主义的三大理论来源之一,空想社会主义的这一观点对马克思与恩格斯也产生了一定的影响。在马克思主义创始人那里,商品交换的出现伴随着市场关系的确立,而商品交换、商品生产都是私有制的产物,私有制需要予以消灭。马克思和恩格斯虽然没有直接表明反对市场,但其态度显而易见。恩格斯指出:"一旦社会占有了生产资料,商品生产就将被消除,而产品对生产者的统治也将随之消除。社会生产内部的无政府状态将为有计划的自觉的组织所代替。"①不难看出,在马克思和恩格斯所设想的未来理想型的社会中,取消商品生产,实现计划经济是必然的。马克思除了旗帜鲜明地反对私有制之外,还从他所处时代的社会现实出发,认为市场经济与资本主义制度密切相连,在市场机制的作用之下,资本主义的生产方

---

① 《马克思恩格斯选集》(第三卷),人民出版社,1995年,第633页。

式得以周而复始地进行,资本家对工人的剥削不断持续下去,因此他所设想的未来社会主义社会意味着市场经济的消亡及计划经济的大行其道。马克思和恩格斯对资本主义生产方式的批判与他们所处时代的特征有关。

对于马克思主义创始人的观点我们不能进行教条式、简单化、片面化的理解,而应当用发展的、整体的观点来分析。实际上,马克思和恩格斯所设想的取消商品生产、实现计划经济,即"去市场化"并完全依靠国家计划组织一切经济活动,是建立在一个人类历史上从未出现过的、特定的社会中的,这是一个"自由人的联合体",具有生活资料极大丰富的物质基础,而对于现实世界中还未具有相应前提的社会主义国家来说,只能根据现存的经济社会发展状况来不断探索,找到具体的实施途径。从时代背景来看,当时马克思和恩格斯所处的时代,资本主义生产方式还处在并不完善的阶段,市场机制在运用的过程中暴露了许多弊端,如经济危机不时爆发、工人阶级一无所有等,虽然马克思和恩格斯也看到了资本主义生产方式在代替封建专制过程中所表现出的先进之处,但是出于对广大劳苦大众处境的深深同情与对公平、正义等价值目标的追求,他们对资本主义私有制进行了深刻批判。从现实发展来看,商品经济的充分发展这一历史阶段对于那些经济相对落后、生产力欠发达的社会主义国家而言,是不能逾越的必经阶段,当然,商品经济的充分发展离不开市场机制的有效运用。

19 世纪与 20 世纪之交,意大利著名经济学家维尔弗雷多·帕累托(Vilfredo Pareto)和其学生恩里科·巴罗内(Enrico Barone),以及一般均衡理论的提出者法国经济学家莱昂·瓦尔拉(Léon Walras)等人陆陆续续表达了同样一个观点:社会主义条件下也可以建立完全竞争机制,实现一般均衡价格体系,实现资源的有效分配。与这些左翼经济学家的观点相对,西方著名的自由主义经济学家米瑟斯与其学生哈耶克等人提出了相反的观点,他们认为在社会主义制度框架下没有商品经济、没有市场、没有货币价格,甚至还有其他很多不利于市场机制发挥作用的限制,因此是不可能进行合理的经济计算与资源的有效配置的。以哈耶克为例,他在其著作《通往奴役之路》中认为,所有的集体主义社会,从希特勒的国家社会主义到斯大林的共产主义,都无可避免地会迈向专制集权,实行中央计划的经济体制必须有一个小团体(统治阶级)决定资源和产品的分配和发放,由于没有市场机制和自由价格机制,这个小团体无从得知正确的情报,也因此根本无法做出正确的决策来分配资源和产品,对于经济计划在实践上的不同意见,加上中央计划者在分配物资上的不断失败,最后将导致计划者开始运用高压的强迫力量以维持计划的实行。对哈耶克而言,"通往奴役之路"代表了国家进行中央计划的开端,随着自由市场制度的瓦解,所有个人的经济自由和人身自由都将化为乌有。

这两派理论家各自为营,从自己的研究角度出发力争自己观点的正确性。在这样的背景下,波兰左翼经济学家兰格于20世纪30年代提出了标志西方市场社会主义诞生的"兰格模式"。这一模式认为,社会主义制度下完全可以实现资源的合理配置。这一模式假定,在社会主义经济中,存在着消费品市场和劳动力市场,由于生产资料归社会所有,因而不存在生产资料市场,但中央计划机构可以根据"试错法"模拟市场,制定和调整生产资料的价格,通过不断"试错",中央计划当局最终能制定出一套不仅使一种产品,而且使所有产品都相等的均衡价格体系。由于中央计划机构对整个经济体制动态的了解要比私人企业广泛得多,所以通过"试错法"实现的经济均衡,不会比真正的市场调节差,甚至是更快。兰格对社会主义经济的分析有力地回击了米瑟斯及哈耶克等人的观点,"兰格模式"的提出宣告了这场围绕"市场"与"社会主义"这两个关键词展开的大争论暂时告一段落。但是随着现实社会主义运动的不断发展,无论在理论层面还是在实践层面,对市场与社会主义这两者之间关系的探究依然没有停止,直至发生东欧剧变之后,对社会主义制度下能否运用市场机制的探讨再次占据了理论热点的位置。在此期间,苏联模式的社会主义成为人们研究的主要对象。

苏联模式的社会主义教条化地秉承了马克思主义创始人反对私有制、反对商品生产的思路并将之作为行动纲领,在现实中加以夸大。在将社会主义从理论转变为现实的过程中,苏联做出的贡献众所周知。1917年俄国十月革命之后,诞生了苏维埃政权,这是以列宁为首的布尔什维克带领人民建立的世界上第一个无产阶级专政的国家,终于使马克思主义关于社会主义的论述从理论走向了现实。即使是一贯反对社会主义的经济学家米瑟斯也这样形容社会主义思想在他所处时代所获得的成功:"社会主义是我们这个时代很走红的口号。社会主义思想主导着时代精神。公众赞成它,它表达着全体人民的思想和情感,它是我们这个时代的象征。当后人把我们的故事载入史册时,这一章的标题将是'社会主义时代'。"①

作为现实社会主义运动的"先行者"与"探路者",新生的苏维埃政权面临着巨大的挑战。毕竟在落后国家建设社会主义,这是从理想到现实的巨大转变,谁也不知道会面临何种复杂局面及如何有效地去解决随之而来的种种问题。正如列宁所说:"对俄国来说,根据书本争论社会主义纲领的时代也已经过去了,我深信已经一去不复返了。今天只能根据经验来谈论社会主义。"②新生的苏维埃政权不久便面临内忧外患的局面,在 1918 年的夏天陷入了外国武装力量干涉和国内反革命分子联合进攻的困境。在当时严峻的国内外局势下,列宁果断采用了"战时共产主义政策",即"军事共产主义政策",实施国家对资源的统一配置,以支援前线,捍卫苏维埃政权,如此,在很短的时间内迅速走上了一条反对市场经济、经济关系实物化、消灭商品货币关系、消灭私有制、推行生产资料公有制及指令性计划经济的道路。它的主要内容具体包括:在农村实行余粮征集制度,强制农民除了家庭的口粮和留作种子的粮食可以自己保留,其他的粮食一概上缴国有以保证军队和城市工人的口粮供应;实行贸易国家垄断,限制市场流通和私人贸易,取消商品生产;倡导经济关系实物化,实行实物交换和单位间停止货币结算等。

虽然"战时共产主义政策"这一大力发展计划经济的政策在战争环境下具有一定的必然性,它在特定的历史时期发挥了一定的功能,客观上保护了在资本主义力量包围之下的、诞生不久的苏维埃政权,成功地守住了十月革命的伟大成果,但是在实施的后期已经明显与苏联当时的发展现状不相适应。它使市场经济的发展被完全遏制住,成为生产力发展的严重阻力。值得一提的是,"战时共产主义政策"所推行的余粮征集制度,强行要求农民将除去家庭口粮和播种用的种粮之外的粮食上交给国家,再由国家分配给工人和士兵。这一政策在实施的过程中难免有简单粗暴的一面,导致的结果是农民的生产积极性受到严重破坏,粮食减产,整个国家陷入经济崩溃的边缘,为随后发生的大饥荒埋下了隐患。

"战时共产主义政策"从 1918 年下半年开始执行到 1920 年春天结束,随着时局的变化越来越不合时宜。现实的发展使列宁意识到了问题的症结之所在,他在全俄政治教育委员会第二次代表大会上的报告中对"战时共产主义政策"进行了反思:"当时在某种程度上由于军事任务突然压来,由于共和国在帝国主义战争结束时似乎已经陷于绝境,由于这一些和其他一些情况,我们犯了错误:决定直接过渡到共产主义的生产和分配。当时我们认定,农民将遵照余粮收集制交出我们所需数量的粮食,我们则把这些粮食分配给各个工厂,这样,我们就是实行共产主义的生产和分配了……这种构想是错误的,是同我们以前关于从资本主义到社会主义的过渡的论述相抵触的,以前我们认为,不经过一个实行社会主义的计算和监督的时期,即使要走到共产主义的低级阶段也是不可能的……我们上层制定的经济政策同下层脱节,它没有促成生产力的提高,而提高生产力本是我们党纲规定的紧迫的基本任务。"[1]

在总结经验教训的基础上,列宁及时纠正了"战时共产主义政策",改为采用"新经济政策",以允许一部分市场元素存在。列宁指出:"国家必须学会这样经营商业,即设法使工业能满足农民的需要,使农民能通过商业满足自己的需要。"[2]"新经济政策"的一项重要内容是以征收粮食税代替余粮收集制,如此调动了人民群众生产的积极性,并且允许外资企业和国家暂时管理无力经营的企业,恢复商品货币关系进行调节生产的作用。这一新政策

① 《列宁专题文集:论社会主义》,人民出版社,2009 年,第 251～253 页。
② 同上,第 262 页。

促进了生产力的发展,使人们对于商品、货币及市场的排斥有所改观。可惜列宁去世以后,斯大林废弃了"新经济政策",再次回到了拒斥市场的老路上来。斯大林充分发挥了传统社会主义者的观念,实施由国家统一分配所有社会资源,将市场视为资本主义制度的产物加以排斥,以更加单一、高度发达的指令性计划经济为社会经济运行的唯一模式,这一模式基本上由 20 世纪 20 年代末一直持续至 20 世纪 90 年代初苏联解体,对周边的社会主义国家产生了直接的影响,我国亦深受其影响。

20 世纪 80 年代末、90 年代初苏东地区接连发生剧变,致使国际政坛风云动荡。先是东德、匈牙利、罗马尼亚、捷克斯洛伐克及保加利亚等东欧地区社会主义国家发生大规模易帜行为,由斯大林模式的社会主义制度转变为欧美模式的西方自由民主制度。紧随其后,在 1991 年 12 月 25 日,发生了更加震惊世界的时局变换,曾经强盛一时的社会主义大国——苏联一夜之间宣布易帜,由社会主义制度变更为资本主义制度,这一剧变给予世界社会主义运动以严重的打击。一时之间,仿佛所有现实中的社会主义国家都显得发展前景黯淡,包括中国在内。西方的右翼政客及右翼学者为此欢欣鼓舞、额手称庆,而左翼政客及左翼学者则难以相信、忧心忡忡。经历短暂的震荡与迷茫之后,东西方阵营的人开始思考同一个问题:究竟是什么原因导致了苏东地区发生剧变?苏东地区这些曾经的社会主义国家无一例外效仿了苏联的社会主义模式,这一社会主义模式之所以失败,一定有其客观必然性,也就是说,不管这一模式曾经在历史上取得过多少成功与辉煌,也无论其在与资本主义的传统抗衡中发挥了多大的效应,现在它已经在现实中被证明不合时宜了。有学者这样评价道:"应当说,苏联的计划经济模式,作为社会主义初创时期的产物,作为人们对社会主义发展道路初步探索的结果,基本上反映了相当长的历史时期内共产党人对于社会主义的理解。从这个意义上讲,我们可以把它视为社会主义发展的初步模式或传统模式。我们也应当承认,由于历史条件的限制和缺乏经验,当时人们对社会主义的理解还具有肤浅的一面。从实践来看,传统社会主义经济模式既取得令人瞩目的成就,也包含着深刻的弊端和矛盾。随着时代主题的转换和社会历史条件的变化,对传统社会主义经济模式进行改革和更新是必然趋势,因为理论的生命力存在于实践之中,生活的公式高于书本的公式,当实践证明某些原理不适用时,就应当毫不犹豫地根据实践的需要加以扬弃和修正。"①

人们对东欧剧变的反思随之又引发了对另一个关键性问题的思考:为什么落后国家可以跨越资本主义的"卡夫丁峡谷"而建立社会主义政权,但却无法建设好社会主义? 其中又牵涉对如何定位社会主义与市场经济、资本主义与市场经济的关系等一系列重要问题的思考:社会主义制度是否天然地排斥市场经济? 市场经济是否是资本主义制度的代名词? 作为一种根本政治制度的社会主义能否与只是作为一种经济运行的机制、而非资本主义政治制度专属经济模式的市场经济和谐共处? 简言之,即如何看待市场与社会主义的关系问题。这些深入的思考使西方市场社会主义再一次掀起理论研究的高潮,成为当代国外马克思主义中的"显学"。

第三节　西方市场社会主义的主要发展阶段

西方市场社会主义的产生与发展始终伴随着激烈的思想交锋,也就是说,不同立场观点的学者的相互争论促使了西方市场社会主义的诞生,后面持续的争论促进了西方市场社会主义自身的发展,这些理论争鸣呈现"百花齐放"的局面,甚至有些西方市场社会主义者将围绕市场与社会主义展开的形形色色的争论本身写成了一本书,比如伯特尔·奥尔曼所编的《市场社会主义——社会主义者之间的争论》一书。此书并没有对争论的结果进行归纳和评价,而是一反常态地将争论本身直接呈现在读者面前,使读者多角度地了解市场社会主义者的不同观点,从而可以根据自己的体会做出评价。

回顾西方市场社会主义产生以来的历史,不难发现其中包含了为数众多的理论派别,对于这些流派的概括和分类,每一位学者又有自己的独到见解,这也显示出西方市场社会主义本身包含的多样性与复杂性。美国西伊

---

① 张传平:《市场逻辑和社会主义》,人民出版社,2002年,第2~3页。

利诺斯大学经济学教授詹姆斯·扬克认为市场社会主义包含五个派别。他这样说道,"自从30年代奥斯卡·兰格在其《社会主义经济理论》中提出市场社会主义概念后至90年代,总共出现了五种不同的市场社会主义:第一种是兰格的市场社会主义;第二种是服务的市场社会主义,即非营利性生产;第三种是本杰明·沃德(Benjamin Ward)的合作市场社会主义;第四种是实用的市场社会主义;第五种是勒兰德·斯托贝尔(Leland Stauber)的区域所有的市场社会主义"①。

上述划分只是一家之言,也有一些学者并不同意这一分法。不管在具体的归类上有哪些差异,西方市场社会主义的各个流派总体上呈现出一些共同的特征。美国学者戴维·施韦卡特在《市场社会主义:一个辩护》中提出,不管这些理论派别是否存在这样或那样的区别,他们至少在以下四点上都持赞同的态度:第一,市场不应被等同于资本主义;第二,中央计划作为一种经济机制有极大的缺陷;第三,不存在任何可以替代市场社会主义的可行的、合乎要求的社会主义形式,这就是说,在短缺的情况下,市场是组织一种可行的经济的必不可少的(尽管不是完美的)机制;第四,市场社会主义的一些形式在经济上是可行的,并且远比资本主义更可取。②

这些派别在相互争锋、相互促进中使市场社会主义呈现出特定的几个阶段。美国的市场社会主义者罗默在其代表作之一《社会主义的未来》一书中,将其归纳为五大阶段。第一个阶段:社会主义者认识到,在社会主义制度下,必须把价格运用于经济测算,若用原先的"自然单位"进行测算则无法达到目的。第二阶段:其特征是通过求解一系列复杂的联立方程式,测算这样一种价格是可以实现的,即按照这种价格,社会主义经济中一般均衡将会达到。第三阶段:其标志是承认真实市场。兰格等人认识到,要找到社会主义经济的均衡点,要有真实市场的介入。第四阶段:其与20世纪50年代以

---

① James A. Yunker, *Capitalism versus Pragmatic Market Socialism: A General Equilibrium Evaluation*, Kluwer Academic Publishers, Boston, 1994, p.5.

② 参见[美]戴维·斯威卡特:《市场社会主义:一个辩护》,载[美]伯特尔·奥尔曼编:《市场社会主义——社会主义者之间的争论》,段忠桥译,新华出版社,2000年,第7页。

后共产主义国家的系列市场改革紧密相连,如 1968 年引进"新经济机制"后的匈牙利、开始于 1978 年的农业非集体化的中国等。第五阶段:是"当前这一阶段",即 1990 年以来西方左翼理论家重新设想社会主义的时期。①

罗默这里较为细致地追溯了西方市场社会主义的发端阶段,他所分的五大阶段突出了以兰格等人为代表的传统的西方市场社会主义。但是我们国内研究西方市场社会主义的一些学者并不同意这样的划分。余文烈等人将西方市场社会主义划分为四个发展阶段:第一个阶段是 20 世纪 30 年代产生的计划模拟市场的"兰格模式"的市场社会主义,"兰格模式"的产生标志着市场社会主义的诞生;第二个阶段是 20 世纪六七十年代产生的计划与市场并存的"分权模式"的市场社会主义,包括南斯拉夫与匈牙利及其他东欧社会主义国家经济改革所产生的各种分权模式;第三个阶段是 20 世纪 80 年代中后期产生的"市场主导"的市场社会主义,这个阶段对市场与社会主义能否结合有了突破性的认识;第四个阶段是苏东社会主义国家解体后市场社会主义模式的新建构,这是"市场主导的社会主义"的深化与泛化。在划分这四个阶段的基础上,又可以粗略地将前面第一个阶段与第二个阶段合起来称为"传统市场社会主义",而将后面的第三个阶段与第四个阶段合起来称为"当代市场社会主义"。② 此外,余文烈等人还对这两个不同阶段的特征进行了概括解析。不难看出,这样两个阶段的划分是非常鲜明的,对当代西方市场社会主义的凸显表明,对西方市场社会主义的研究不仅仅是一项理论研究工作,还是一项为当代资本主义寻找可替代方案,培育社会主义因素的重要任务。

国内另外一位研究西方市场社会主义的学者张志忠则认为,要结合不同时期提出与解决的重大问题,来划定市场社会主义的主要发展阶段,由此他划分了三个阶段:第一个阶段是 20 世纪 20 至 30 年代兰格的市场社会主义理论;第二个阶段是 20 世纪 40 年代末至 80 年代东欧的市场社会主义理

---

① 参见[美]约翰·罗默:《社会主义的未来》,余文烈等译,重庆出版社,1997 年,第 28~34 页。

② 参见余文烈等:《市场社会主义:历史、理论与模式》,经济日报出版社,2008 年,第 22~23 页。

论;第三个阶段是 20 世纪 80 年代中期,特别是 90 年代以来的当代西方市场社会主义理论。① 可以说,这样的划分是相当简洁的,而另外几位国内学提出了不同看法,他们认为按照市场与社会主义的结合程度,市场社会主义在20 世纪 30 年代提出了"兰格模式"之后经历了四个阶段的发展:第一个阶段是 20 世纪 30 至 50 年代计划模拟市场模式,第二个阶段是 20 世纪 50 年代至 80 年代计划与市场并存的分权模式,第三个阶段是 20 世纪 80 年代市场主导的市场社会主义模式,第四个阶段是东欧剧变以后的新市场社会主义模式。②

以上国内外学者对西方市场社会主义主要发展阶段的划分各有各的道理,本书对西方市场社会主义理论的研究参照了余文烈等人的分法,主要以东欧剧变这一时间节点为界限,大致按照两个阶段展开:一是以兰格、布鲁斯、锡克等人为代表的传统西方市场社会主义,二是以罗默、米勒、扬克及施韦卡特等人为代表的当代西方市场社会主义。随着市场在现代社会发挥出越来越大的功效,关于市场与不同性质的社会制度之间的关系问题吸引了东西方众多学者的研究目光。目前国外学术界对当代市场社会主义的评价不尽相同,从总体上看,大部分学者将它当作对东欧剧变以后社会主义设想所遇到的各种困难的一种回应,它试图重新调整人们对于社会主义与市场之间关系的思考,以便能够在社会主义政治制度的复苏过程中作为一种核心的有机成分发挥力量,持这种态度的学者比如像英国的克里斯托弗·皮尔森。此外,有少数学者批判当代西方市场社会主义者的学说存在这样或那样的缺陷,这方面的例子有美国的约瑟夫·E. 斯蒂格利茨,他提出当代西方市场社会主义对激励问题不够重视,错误地看待分权化和竞争的作用,低估了资本配置的难度,以及忽视了创新在经济中的作用等。而我们国内的学者一般将当代市场社会主义认定为东欧剧变以后西方的主流社会主义学

① 参见张志忠:《当代西方市场社会主义思潮:模式、理论与评价》,内蒙古大学出版社,2006年,第 19 页。

② 参见景维民、田卫民等:《经济转型中的市场社会主义——国外马克思主义的分析与实践检验》,经济管理出版社,2009 年,第 55 页。

说之一,是左翼学者对社会主义理想的一种积极思考,并寄希望于从它身上吸收有益的成分来促进中国特色社会主义的理论创新与实践摸索。显然,西方市场社会主义并不是纯粹的经济学理论,它关注的不仅仅是社会经济规律的运行,而且是社会主义制度与市场机制的结合,将其视为一种社会思潮,或者说理论流派可能更加恰当。

第四节　西方市场社会主义在我国的传播

如前所述,西方市场社会主义的正式诞生可以从 20 世纪 30 年代"兰格模式"的提出算起,此后,在 20 世纪 50 年代至 80 年代苏联和东欧社会主义国家的经济体制改革中,它又被这些国家的经济学家有所发展。以匈牙利为例,在 20 世纪 50 年代初照搬苏联模式引发各方面严重危机的情况下,匈牙利的一些学者吸收了早期西方市场社会主义者的一些理论观点,探索如何在社会主义公有制为主体的框架内,运用一定的市场机制,发挥市场对资源分配的灵活作用,随后社会主义与市场相结合的举措也在具体的实践过程中得以展开。匈牙利在社会主义制度框架内对市场机制的灵活运用,使本国的经济在短时间内获得了快速的增长。东欧社会主义国家在实践中取得的成绩促使西方学者增强了对市场社会主义的研究旨趣。到了 20 世纪 80 年代末 90 年代初,发生了震惊世界的东欧剧变,虽然苏联与东欧社会主义国家纷纷易帜,但是对市场与社会主义两者关系的探索并没有因此而止步。

从我们国家的情况来看,自 20 世纪 50 年代开始,由于对东欧社会主义国家发生的经济改革实践的关注,开始对西方市场社会主义的理论加以关注,这种关注随着世界时局的变换不断强烈。在东欧剧变之后,西方很多左翼学者,尤其是具有一定经济学背景并对社会主义怀有很大热情的左翼学者,在对东欧剧变展开积极反思的过程中,加强了对市场与社会主义两者关系的研究,他们著书立作,一批市场社会主义的理论研究成果相继出版和发表。伴随着这一发展趋势,国内很多研究国外马克思主义的学者也开始更多地聚焦于西方市场社会主义的研究。从总体上来说,目前我们国内对西方市场社会主义的研究主要还停留在文献翻译、动态介绍上,虽不乏一些研究成果,但总体较宽泛,且较少重点阐述其对中国社会主义市场经济的启示。一些学者尝试用西方市场社会主义的相关理论来阐释党的十八届三中全会主旨精神中的一些相关方面,如让市场起决定作用、建立混合所有制等。一些学者从西方市场社会主义的相关理论出发,重新将效率与公平的关系作为重点来探讨。还有些学者借助于西方市场社会主义的某些成果,着重探讨如何在社会主义市场经济的基础上推进国家治理的现代化和协商民主的广泛、多层、制度化发展。简单来说,国内对西方市场社会主义的研究主要分为以下四种类型:

第一,在对国外马克思主义理论思潮进行整体介绍、综合概括时,将西方市场社会主义作为其中的一个理论分支进行论述。比如,陈学明的《西方马克思主义教程》一书全面、系统地介绍了西方马克思主义的产生与发展的时代背景、主要流派,以及重要代表人物和主要理论观点,其中在"苏东剧变后西方的马克思主义研究"这一部分中,专门阐述了西方学者关于市场社会主义的研究。再如,俞可平主编的《全球化时代的"社会主义"》一书对西欧民主社会主义、东欧及中亚的社会主义观、生态社会主义等各种社会主义理论进行了深入探讨,其中,专门列了一章介绍西方市场社会主义,具体包括对市场社会主义的定义及渊源的分析、对英国和欧美市场社会主义流派的分析、对东欧及俄罗斯的市场社会主义的分析等。在对西方市场社会主义进行总结的部分,该书特别指出:"市场社会主义在从资本主义向社会主义过渡的整个进程中,具有进步的历史价值。"①可以说,该书的这些分析都没有专门聚焦于西方市场社会主义这一流派本身来展开研究,而是将其作为西方左翼思潮中的一个部分予以一般性介绍。

第二,针对西方市场社会主义相关外文资料的专门翻译介绍。比如,邓正来、徐泽荣等人在20世纪90年代初翻译的《市场社会主义》一书中,主要

---

① 俞可平主编:《全球化时代的"社会主义"》,中央编译出版社,1998年,第157页。

对英国的市场社会主义者的理论进行了介绍,包括索尔·埃斯特林、戴维·米勒、尤利安·勒·格兰德、戴维·温特(David Winter)、雷蒙德·普兰特(Ramond Plant)及彼得·阿贝尔(Peter Abell)等人的相关理论。虽然此书的篇幅不大,但影响较大。此书的译者本着"他山之石,可以攻玉"的初衷在序言中指出:"正在从事伟大的改革事业、正在探索发展市场之路的中国,可以从'市场社会主义'中找到可资借鉴的东西。"①他们希望从西方市场社会主义的理论中获取理论借鉴之处,对正在探索市场发展之路的中国改革事业提供帮助。又如,段忠桥翻译的《市场社会主义——社会主义者之间的争论》一书,分为"赞同""反对""批判""答复"四个部分,对来自美国和英国各大高校的西方市场社会主义者,如伯特尔·奥尔曼、戴维·施威卡特、詹姆斯·劳勒及希尔·蒂克庭的相关理论进行了介绍。这本书通过叙述不同的西方社会主义者相互之间的理论争鸣,呈现了20世纪80年代以来西方市场社会主义的发展变化,使人们对于西方市场社会主义自身的创新发展有了进一步的了解。再如,余文烈等人翻译出版了美国的市场社会主义者约翰·罗默的代表作——《社会主义的未来》一书。此书系统地介绍了罗默关于"社会主义者需要什么""公共所有制""长远目标与短期计划"等主题的思考,通过本书的叙述,读者可以了解东欧剧变之后,以罗默为代表的西方左翼学者如何总结苏联模式的社会主义失败的原因,并在此基础上进一步思考社会主义往何处去的问题。他们依然坚持为社会主义辩护,认为社会主义在效率与公平的结合上优于资本主义,提出市场社会主义可以克服苏联模式的社会主义在经济领域的固有弊端,并以其公有制的优势获得比资本主义更多的机会平等,而这一点恰恰是资本主义制度框架内所难以真正实现的东西。此外,由姜辉翻译的克里斯托弗·皮尔森的《新市场社会主义——对社会主义命运和前途的探索》一书主要论述了市场社会主义的可行方案,并对市场社会主义进行了评价,探讨了如何向市场社会主义转变的

---

① ［英］索尔·埃斯特林、尤里安·勒·格兰德:《市场社会主义》,邓正来、徐泽荣等译,经济日报出版社,1993年,序言部分,第4页。

途径等。除了这些,还有一些相关的译著及论文,在此不一一列举。

第三,对西方市场社会主义代表人物的主要思想进行较全面、系统的梳理,尽量将西方市场社会主义的整个发展历程及发展现状立体地呈现在人们面前。比如,景维民等人的《经济转型中的市场社会主义——国外马克思主义的分析与实践检验》和《经济转型的理论假说与验证——市场社会主义的传承与超越》这两本书。前一本书重点介绍了西方市场社会主义的演进逻辑、当代西方市场社会主义的各种理论模式、西方市场社会主义的路径分化与制度探索及西方市场社会主义自身的兴衰等方面。后一本书重点介绍了西方市场社会主义的理论内涵、产生及发展的理论背景、体制实践、制度结构、运行机制、传承与超越等。再如,姜国权的《市场社会主义劳动产权理论研究》一书,论述了市场社会主义劳动产权理论的概念界定、产生渊源、内容实质、广泛影响及借鉴意义等。此外,还有一些学者将西方市场社会主义与其他一些理论思潮结合起来进行比较研究。

第四,在对西方市场社会主义进行全景式介绍的基础之上,揭示出其对中国社会主义市场经济的启示作用,将对西方市场社会主义的理论探究与中国社会主义市场经济的理论探索及改革实践相结合。比如,余文烈等人的《市场社会主义:历史、理论与模式》一书共分为"上、中、下"三篇内容,全面分析了市场与社会主义的关系问题,并论述了国外市场社会主义的历史轨迹、典型模式及价值判断等。在这本书中,作者详细介绍了西方市场社会主义的各种理论模型:经济管理型模式、泛市场社会主义模式、劳动者管理型与经济民主型模式等。除此之外,专门设置了一章分析西方市场社会主义与中国社会主义市场经济,探讨了两者共同的价值目标和两者的根本区别。又如,张志忠的《当代西方市场社会主义思潮:模式、理论与评价》一书,重点论述了西方市场社会主义的形成与模式构建、当代西方市场社会主义的基本理论问题、对当代西方市场社会主义的评价及当代西方市场社会主义对中国社会主义市场经济的借鉴意义等。张志忠认为:"从总体上来说,当代西方市场社会主义对社会主义与市场经济的'联姻'和向社会主义过渡等问题进行了新论证和新探索,具有积极的意义。"①

此外,随着时代的变迁和科学技术革命的不断发展,西方市场社会主义近年来在我国的传播还呈现出以下四个方面的主要特点:

第一,从时限上来看,东欧剧变以后国内对西方市场社会主义掀起了新一轮的研究高潮。东欧剧变使世界社会主义运动暂时陷入了低潮,但是令人意想不到的一点是,国内对西方市场社会主义的研究反而更加热衷。一方面,人们对苏联模式的社会主义之弊端有了很清晰的认识,希望通过另外一条不同的途径探索社会主义制度下经济的快速发展问题,这条路径离不开市场机制的积极运用;另一方面,当时无论是东方国家还是西方国家,都对曾经效仿苏联中央计划经济体制的中国在东欧剧变之后的走向拭目以待,当然这其中也包括我们对自己选择要走的道路的思考。经过一系列的思考与探究,我们发现要想解放和发展国内的生产力,就必须要直面市场机制、适当地运用市场机制。总的说来,以东欧剧变为分界线,在此之前,西方市场社会主义在我国的传播并不十分广泛,而东欧剧变使人们重新思考关于市场与社会主义这两者之间的关系,这恰恰涉及西方市场社会主义的研究领域,尤其是在邓小平南方谈话提出建立社会主义市场经济以后,国内对西方市场社会主义的研究越来越多。毋庸置疑,西方市场社会主义在东欧剧变之后由于一系列特殊的原因,成为国外马克思主义研究中的一个焦点。

第二,在 21 世纪全球化速度不断加快的大背景下,西方市场社会主义者将探索市场与社会主义的结合作为克服资本主义体制性弊端、替代资本主义制度的可行性方案之一。进入 21 世纪,整个世界发展的复杂性、多变性、不可预测性增强,尤其是资本主义世界中各种危机现象不断加重,以美国为首的西方发达资本主义国家除了在自身发展过程中遭遇了体制性弊端,如由次贷危机引发的金融危机,进而引发全世界范围内的经济下滑等,还遭遇了具有扩张性、强烈主导意识的西方文明与其他文明之间的相互冲突,这些

---

① 张志忠:《当代西方市场社会主义思潮:模式、理论与评价》,内蒙古大学出版社,2006 年,第275 页。

都使越来越多的左翼学者不断思考替代资本主义制度的可行性方案。以此为目的,致力于将市场与社会主义相结合的西方左翼研究者队伍日益扩大。他们的理论成果精彩纷呈,不断结合时代发展的最新特征推陈出新。

第三,随着互联网技术的不断发展,信息在全球范围内的快速传播,西方市场社会主义在当代的发展速度也越来越快。属于这一理论思潮范围内的各种学说层出不穷,不断有新的理论模型建构涌现出来,很多当代西方的左翼学者活跃在这一领域之中,他们之间也进行了一系列的理论争鸣。这一发展现状从另一个侧面反映了西方市场社会主义自身在理论创新上的勃勃生机,而国内在这方面翻译外文论著的速度显然有点儿跟不上。如果在这方面的工作投入更多的话,那么西方市场社会主义的最新发展趋势和动态就能及时地被国内相关的研究者所掌握。

第四,中国学者在对西方市场社会主义的各种理论进行研究分析的同时,越来越深入挖掘西方市场社会主义对中国社会主义市场经济的启示与借鉴。这一发展趋势充分说明,学者们越来越重视将理论研究与中国当下的社会现实密切联系在一起。一方面,为我国正在进行着的关于市场与社会主义关系的理论探索开拓视角,提供不同的思路;另一方面,为解决我国的现实问题提供借鉴方案。我国的实践探索已经证明,改革开放是中国生产力摆脱传统计划经济束缚、迈入快速发展正轨的逻辑起点,在如今的中国大地上,人们曾几何时对社会主义制度框架内是否可以运用市场机制的困惑早已一去不复返,当下的问题是如何在新时代的历史新方位中全面深化改革,尤其是经济体制的改革,为生产力发展释放出更加广阔的空间,使市场充分利用社会主义制度本身所具有的不可比拟的优越性,获得更加长远而有效的发展。

从1978年召开的党的十一届三中全会开始,我国踏上了改革开放之路,这条道路既是实践摸索之路,也是理论创新之路。可以毫不夸张地说,中国的改革开放事业真的是"前无古人,后无来者",一切都要靠我们一步一个脚印地往前走。回首过往,四十多年来的改革开放大大促进了我国社会生产力的发展,在我国从"站起来"到"富起来"的历史过程中可谓功不可没,立足当下，我国在世界舞台上正在扮演着越来越重要的角色，中国智慧、中国担当也正在被越来越多的人群所认可，其他国家重视中国的一个重要因素即中国经济的快速崛起，展望未来，我国的经济改革需要进一步发力，并通过进一步开放积极引进优良外资，为从"富起来"到"强起来"的历史性转变提供丰富的物质基础。毫无疑问，我国经济改革的一个核心问题就是如何处理好市场与社会主义的关系问题，在这方面，西方市场社会主义的理论可以起到拓宽理论视野、提供理论借鉴的重要作用。当然，由于西方市场社会主义的代表人物绝大多数身处西方发达资本主义国家，他们直接面对的是西方的资本主义制度，其理论研究背景主要是发达资本主义国家的社会现状，所以他们的理论与我国的社会主义性质的市场化改革具有本质的区别，我们在对其理论进行正确评价的基础上，结合我国的具体国情，可以对其合理之处和创新之处予以吸收利用，并对其不合理之处进行反思，起到警醒的作用。毕竟西方市场社会主义者绝大多数待在"象牙塔"之中埋头构建自己的理论模型，而在现实世界中却较少有"用武之地"，其中的原因既有客观方面，也有主观方面。在客观方面，主要是在当今英国、美国等西方发达资本主义国家中，右翼势力仍然占主导地位，其中包括右翼政党和右翼学者；在主观方面，西方市场社会主义者大多数属于改良派，他们寄希望于将自己的理论模型运用到现实资本主义社会中，通过对资本主义制度进行局部改变而达到对其性质的改变，实际上，这样的诉求是无法实现的。

从国外马克思主义的整体发展来看，以东欧剧变为界限，在东欧剧变之前，偏重学理性的研究居多，比如"乌托邦社会主义"及"人道主义的马克思主义"等，主要围绕学术问题展开探讨；而在东欧剧变之后，偏重理论与现实的结合居多，越来越多的研究走出了"学院派"的限定，直面社会现实难题，强调理论探究如何为解决现实难题提供智力支撑与解决思路。因此，国外马克思主义研究者的队伍中，有越来越多的人聚焦于西方市场社会主义与生态社会主义（或生态马克思主义）两大研究领域。针对前者的研究与现实社会主义国家的起伏兴衰紧紧相连，针对后者的研究与全球生态环境危机日益加剧密切相关。我国是当今世界上最大的发展中国家，对于具有这样特殊国情的一个快速发展中的社会主义大国而言,无论是对西方市场社会主义还是对生态社会主义(或生态马克思主义),都应当引起足够的重视。但是只要稍稍留意目前国内的国外马克思主义研究就不难发现,围绕生态社会主义(或生态马克思主义)的研究比比皆是,而关注西方市场社会主义的学者虽然不乏其人,但总体上不能与研究生态社会主义(或生态马克思主义)的学者队伍相比。从理论服务现实、服务社会的功能这一点来讲,本书以西方市场社会主义和中国社会主义市场经济为研究对象,紧密结合当前我国社会主义市场经济的改革现状,深入挖掘西方市场社会主义这一国外马克思主义的理论流派中蕴含的对中国社会主义市场经济的可借鉴之处,这是一项很有意义的学术研究工作。

第二章　传统西方市场社会主义的典型理论模式

西方市场社会主义包含着多种模式的理论派别,从时间跨度上来讲,一般而言,大家普遍认为从20世纪30年代兰格的市场社会主义理论发展至今,其中存在两个重要的阶段:一是从20世纪30年代到20世纪80年代末、90年代初发生东欧剧变之前,二是从东欧剧变发生至今。本书将前一个时间段内提出的市场社会主义理论称为"传统西方市场社会主义",包括兰格、布鲁斯、锡克的市场社会主义理论,也包含部分东欧社会主义国家的市场社会主义理论(此处重点分析匈牙利的市场社会主义理论),而将后一个时间段内提出的市场社会主义理论称为"当代西方市场社会主义",包含罗默、米勒、扬克、施韦卡特等人的相关理论。当然,这样的划分只是一种方法,实属一家之言。笔者认为东欧剧变是一个重要的分水岭,因此主要依据东欧剧变进行两个大的发展阶段的粗略划分;关于前一个时间段内的西方市场社会主义理论,有些学者特别将东欧的市场社会主义概括出来作为一个阶段进行重点阐述;关于后一个时间段内的西方市场社会主义理论,目前国内有些学者将其称为"新市场社会主义"或"现代西方市场社会主义"等,在具体称谓上有所不同。

第一节　奥斯卡·兰格的"竞争的市场社会主义模式"

奥斯卡·兰格是波兰著名的经济学家、政治家、外交家。他于1904年出生于明兹托马舒夫,1928年获法学博士学位,后在波兰克拉科夫大学讲授统计学和经济学,1938—1945 年在美国密歇根大学、芝加哥大学讲授统计学和经济学,1945—1946 年任波兰驻美国大使,1946—1947 年任波兰驻联合国安全理事会代表,在 1948 年以后一直担任波兰华沙大学的教授,讲授统计学和经济学。兰格的经济理论对观察和研究社会主义经济关系,探讨现代社会主义经济运行理论都具有十分重要的意义。其代表作有:《社会主义经济理论》《价格弹性和就业》《经济计量学导论》《社会主义政治经济学》《政治经济学》《最优决策》和《经济控制论导论》等。

兰格自青少年时期就开始接触马克思主义,他在研究西方主流经济学的过程中依然保持对马克思主义政治经济学的浓厚兴趣,是一位不折不扣的西方左翼学者,被弗·布鲁斯(即 W. 布鲁斯)和 K. 拉斯基形容为一个激进的社会主义者和信心坚定的马克思主义者,同时他也被认为是"现代福利经济学"的创始人之一。兰格以自己关于市场与社会主义关系的论述拉开了西方市场社会主义的序幕,他的这一理论被称为"竞争的社会主义经济模式",也就是通常人们所说的"兰格模式",诞生于他和西方著名的自由主义经济学家米瑟斯(也有译为"米塞斯")及其学生哈耶克的理论大辩论过程中。布鲁斯和拉斯基对这场辩论进行了肯定性评价——他们的争论在经济思想史上取得了持久的地位,并为"现实的社会主义"国家经济改革理论提供了有用的向导。值得一提的是,兰格于 1936 年 10 月和 1937 年 2 月的《经济研究评论》杂志上发表了《论社会主义经济理论》一文,该论文使市场社会主义的理论首次以较为系统化的方式呈现在众人面前。兰格市场社会主义理论的提出与米瑟斯有着直接的联系,《论社会主义经济理论》一文中兰格提到了米瑟斯关于社会主义经济问题的观点,可以在某种程度上这么认为,正是后者主导下的学术论战催生了兰格市场社会主义理论的正式面世。

米瑟斯是奥地利学派第三代的领军人物,1881 年出生于奥匈帝国伦贝格市(现为利沃夫市,属乌克兰)。他 1900 年考入维也纳大学,1906 年获法律与经济学博士学位,1909—1934 年任维也纳商会和奥地利政府经济顾问,其间,从 1913 年起任维也纳大学编外教授,1934—1940 年任日内瓦大学客座教授,1940 年移居美国,1945 年开始担任纽约大学教授直至 1969 年退休,于 1973 年在纽约去世。

　　米瑟斯对学术有着极大的兴趣,在从事理论研究及教学之余还组织开展了一系列学术研讨班,他在社会主义条件下的经济计算理论、货币理论、资本及利息理论等方面颇有建树。有学者这样形容米瑟斯的学术影响力:"就米瑟斯的学术影响而言,人们的评价或有不同,但有一点是公认的:他的关于社会主义经济计算的观点和论证,在 20 世纪经济学史中是占有一定地位的。"[①]促使兰格和米瑟斯及哈耶克等人产生理论纷争的社会现实语境是当时苏联模式的社会主义,这可以被认为是西方市场社会主义产生的现实契机。通过十月革命建立起苏维埃政权之后,列宁带领苏联人民先后经历了两种经济模式:第一种是"战时共产主义政策",又称"军事共产主义政策",这是在严峻的国内外形势逼迫下为了保护新生的苏维埃政权不被国内外反动势力扼杀在摇篮里所采取的应急经济策略,第二种是"新经济政策",这种经济策略则是顺应国内外形势变化及相应人民需求的产物。随着这一转变过程的完成,苏联在 20 世纪 30 年代基本形成了高度中央集权的计划经济体制。苏联模式社会主义事业的发展,在国际范围内引发了来自各个理论流派学者的关注,他们紧紧围绕苏联模式社会主义的经济制度展开讨论,并将这一讨论扩大到对整个社会主义制度,尤其是社会主义经济制度的讨论上。

　　米瑟斯认为,建设社会主义制度存在诸多实际中的挑战,尤其体现在经济领域中,他从静态与动态两个方面分析了这些困难。他指出:"社会主义社会没有经济核算的可能,所以它无法确定经济经营的成本和成果,或用核算的结果去检验经营。仅仅这一点就足以促使社会主义无法实行。但是,除此之外,它的道路上还有另一些无法克服的障碍。它不可能找到这样一种组织形式,使个人的经济活动脱离跟其他公民的合作但又不使其面对完全成为赌博的风险。不解决这两个问题,实现社会主义看来就是不可能的,

---

　　① ［奥地利］路德维希·冯·米瑟斯:《社会主义:经济与社会学的分析》,王建民、冯克利、崔树义译,中国社会科学出版社,2008 年,出版说明部分,第 3 页。

除非经济完全处于静止状态。"①从中可以看出,米瑟斯对于社会主义的经济运行总体上持悲观的态度,他看到了苏联模式的社会主义所包含的体制性弊端,即高度中央集权的计划经济过于强调国家对经济的决定性作用,而忽略了企业主体及职工个体在生产过程中的能动性。但是由此就对社会主义全盘否定的做法过于绝对了,显然是不正确的。

此外,米瑟斯运用自己擅长的经济计算理论及货币理论对社会主义制度下的经济运行规律进行了分析概括,根据他的观点,关键的问题在于社会主义的经济体制机制难以解决资源合理配置的问题,因为在社会主义制度框架内生产与分配之间没有关联,并且缺乏很多自由市场经济不可或缺的要素,比如自由市场、价格机制及必要的经济核算等。他这样说道:"没有核算就不可能有经济活动。社会主义制度下不可能进行经济核算,所以在社会主义制度下不可能有我们所说的那种经济行为。在一些无足轻重的小事情上仍然有可能存在理性行为,但说到合理的生产,大体可以免谈。没有合理的标准,就不可能自觉地从事经济的生产。"②关于货币,他认为在社会主义制度下和资本主义制度下其发挥的作用存在很大的差别,前者更小:"货币在自由经济的生产中发挥的会计功能,在社会主义社会将不存在。价值的货币计算是不可能的。"③他还进一步强烈地批判了马克思的劳动价值理论。

米瑟斯的学生、西方新自由主义的代表人物哈耶克也从经济计算的角度来阐述社会主义经济是行不通的。哈耶克为英籍奥地利经济学家,1899年出生于奥地利维也纳,先后获维也纳大学法学和政治学博士学位,1921—1926年担任奥地利政府执行凡尔赛和约的临时法律顾问,1927—1931年担任奥地利经济周期研究所所长,1931—1950年任教于英国伦敦经济学院,期间于1938年加入英国国籍,1949年获伦敦经济学院经济学博士学位,

<hr>

① [奥地利]路德维希·冯·米瑟斯:《社会主义》,王建民、冯克利、崔树义译,中国社会科学出版社,2008年,第175页。
② 同上,第85页。
③ 同上,第124页。

1950—1962年任职于美国芝加哥大学,1962—1968年担任德国弗莱堡大学政治学终身教授,1974年获诺贝尔经济学奖。他撰写了很多学术论著,其中的主要著作包括:《货币理论与商业周期》(1929)、《物价和生产》(1931)、《货币民族主义和国际稳定性》(1937)、《通往奴役之路》(1944)及《个人主义与经济秩序》(1948)等。1935年,哈耶克编译出版了《集体主义的经济计划》一书,他对兰格理论的批判主要体现在这本书中,尤其是集中在"问题的性质与历史"这篇文章中。他在批判苏联"战时共产主义"模式的基础上,再次强调了其老师米瑟斯对于社会主义经济运行进行否定的观点。他重点概括了两方面的原因,即社会主义缺乏开展经济核算的灵活的市场机制和强大的市场信息系统。他在《集体主义的经济计划》一书的最后一章中还多次强调激励问题,认为社会主义政权不能较好地解决激励问题。毫无疑问,哈耶克选择站在了否定社会主义经济运行并进而否定整个社会主义事业的理论阵营中。

针对以米瑟斯与哈耶克为代表人物的社会主义反对派对社会主义经济提出的诘难,兰格进行了有力驳斥。他认为米瑟斯断言社会主义制度框架下无法对资源进行合理配置,主要是因为米瑟斯对物价的性质混淆不清。兰格指出,价格可以区分为狭义价格和广义价格,前者是一般意义上的市场价格,后者泛指一切能向生产者和消费者提供选择条件的价格,而只有广义的价格才是解决资源配置问题所不可缺少的。[1] 对于来自哈耶克的理论挑战,兰格也从多方面进行了回应,举例来说,关于哈耶克所提出的社会主义条件下激励方面存在问题这一说法,兰格认为不足为虑,因为这样的问题不是经济学家应该研究的问题,而是社会学领域学者关注的问题,无论是社会主义社会还是资本主义社会,都会存在激励问题,这与官僚主义有关,而不是基本政治制度的问题。又如,关于米瑟斯与哈耶克都强调的社会主义条件下无法进行经济核算的问题,兰格认为也是不对的,因为在社会主义经济

---

① 参见[波兰]奥斯卡·兰格:《社会主义经济理论》,王宏昌译,中国社会科学出版社,1981年,第3页。

条件下,价格的决定过程与竞争市场中的类似,可以用试验错误的方法来确定均衡价格。具体而言,中央计划局可以随机选择一组产品给定物价,各部门在进行生产和消费方面的决策时可以将它们作为基础性价格的参考,再根据这些决策进行实际商品的供给。倘若在实际过程中一种商品的供应达不到需求量,价格自然而然会标高;反之,倘若在实际过程中一种商品的供应超过了需求量,那么该商品的价格就会显低。在这一基础上,中央计划局再根据实际情况决定一组新物价,如此反复循环,通过试验错误来最终决定商品的价格。兰格这样说道:"中央计划局不会需要求解几十万个(如同哈耶克教授预期的)或几百万个(如同罗宾斯教授设想的)方程。唯一需要'求解'的方程会是消费者和生产经理的那些方程,那些方程恰好就是在目前经济制度中'求解'的同样'方程',而做'求解'工作的人也是同样的。"①这里提及的"目前经济制度"指的是资本主义制度,也就是说,虽然社会基本政治制度不同,但是在社会主义经济运行过程中,仅就均衡价格这一点,就可以运用类似于"试错法"这样的方法来实现与资本主义制度下自由市场经济相一致的效果,米瑟斯与哈耶克所谓"社会主义不存在经济核算"这样的论断是站不住脚的。

以上论述的只是兰格市场社会主义理论的一个方面,实质上这一模式包含诸多方面,内容丰富,从各个角度逐条对以米瑟斯、哈耶克为代表人物的奥地利学派及其他一些学者针对社会主义经济运行提出的怀疑进行了有力反驳。有学者对兰格"竞争的社会主义经济模式"的主要思路和内容进行了概括:

> 社会主义制度能够有效地组织经济和合理地分配资源,因为它能够在一定程度上引入市场和价格机制。社会主义应该和能够利用竞争制度,它可以作为合理分配资源和组织生产的手段。社会主义也可以

---

① 参见[波兰]奥斯卡·兰格:《社会主义经济理论》,王宏昌译,中国社会科学出版社,1981年,第118~119页。

用计划体制履行市场职能以确保竞争市场"均衡条件"的实现。社会主义计划部门也能够模拟市场,从而在资源配置上达到与真正的完全竞争市场相同或相似的效果。所以,社会主义可以完全解决合理配置资源的问题。[①]

第二节　弗·布鲁斯的"导入市场机制的计划经济模式"

弗·布鲁斯(也有人将其译为 W. 布鲁斯)是著名的研究社会主义经济改革的经济学家,也是传统西方市场社会主义的一位典型人物。他 1921 年出生于波兰的帕劳克,第二次世界大战前,在华沙自由大学攻读经济学,在第二次世界大战期间大部分时间就读于苏联,并获经济计划硕士学位,战后在华沙计划统计大学取得经济学博士学位并在该校任教。他还在波兰统一工人党中央委员会附设社会科学研究所讲授过政治经济学,并担任波兰国家经济委员会副主席。1972 年以后,他移居英国,在格拉斯哥大学、牛津大学沃尔夫森学院和圣安东尼学院担任客座教授和研究员,曾于 1972 年和1982 年访问过我国做过专门的学术讲座。他的主要著作有:《价值规律和经济刺激问题》《社会主义经济运行的一般问题》《社会主义的所有制与政治体制》《民主的社会主义计划有何优点?》《东欧改革,它们的结果如何?》《经济制度变革的方向》《社会主义的政治与经济》(1972 年意文版、德文版,1973年英文版,1974 年西班牙文版,1978 年日文版,1981 年中文版)等。

作为左翼学者,布鲁斯与拉斯基从经济的角度对社会主义的优点进行了概括与凸显,以此达到为社会主义辩护的目的。他们这样说道:

首先,社会主义将具有自然的、而不是像私人利润追求下毫无节制

---

① 张志忠:《当代西方市场社会主义思潮:模式、理论与评价》,内蒙古大学出版社,2006 年,第29 页。

的倾向,来充分利用现有的经济发展潜力。广义的需求,包括质量方面,永远不会饱和;因此,受满足需求的欲望推动,就有一种强烈的投资倾向。其次,由于明显的原因,社会主义政府将承担劳动力充分就业义务,并因此在投资政策中(包括更换过时的设备),努力保持资本集约和劳动集约的适当的平衡。第三——这可能是最概括的论点,社会主义可以通过灵活地调整价格和工资,把国民产品和产出潜力很好地协调起来。

布鲁斯与拉斯基认为,这些方面都是普遍被认可的社会主义相对于资本主义而言所体现出的优点,这些优点能够消除资本主义社会中的那些体制性弊端,比如不合理的过剩资本、失业问题及无法满足人们普遍需求的问题等,他们还结合马克思主义政治经济学的相关理论进行了分析。

在前面小节中我们重点介绍了西方市场社会主义最早的理论家兰格与奥地利学派的米瑟斯及哈耶克的争论,这场争论的焦点之一就是社会主义能否实现资源的有效配置问题,兰格以精辟的见解成功对米瑟斯及哈耶克的怀疑进行了批判,布鲁斯与拉斯基在《从马克思到市场:社会主义对经济体制的求索》一书中毫不犹豫地站在了兰格一方,他们也紧紧围绕"社会主义能否实现资源的有效配置"这一重要问题展开了论述。他们指出:

> 马克思主义的政治经济学没有明确地提出配置资源效率概念,不过,它却显然暗示了社会主义在可选择的目的和手段间的配置资源方面的优越性……生产不再由相互竞争的企业家支配,这些企业家利用有力的劝说手段诱使公众购买其产品,不管有用与否;生产也不由"拥有主权"的消费者支配,这些消费者的总消费结构是由既与社会主义正义无关,也与所有者的经济贡献无关的收入和财富的分配决定的。在社会主义下,生产的增长将由满足需求的要求推动,在这里,需求由代表社会利益的计划者直接确定,而不会再受阶级冲突和购买力不平等分配的干扰。

　　布鲁斯等人除了在以经济为切入点探究社会主义的优越性之外,还重点研究了社会主义经济模式、社会主义经济运行与政治结构的关系、社会主义经济体制的改革等问题,尤其是布鲁斯,他提出了自己关于市场与社会主义关系问题的一系列独到见解,其市场社会主义理论被称为"导入市场机制的计划经济模式",也有学者将其理论称为"自治市场社会主义模式"。布鲁斯在1961年出版的《社会主义经济的运行问题》一书中,明确区分了"社会主义经济制度"和"社会主义经济模式"两个概念,认为经济制度指的是生产关系,而经济模式指的是经济运行机制。这一区分属于布鲁斯的理论创新,他认为在社会主义制度下,应当允许不同的经济模式存在。他指出:"计划和市场、集中决策和分散决策的并存,看来是社会主义的一个标志。至于多种理由,社会主义经济如果没有直接的中央计划决策以调节宏观的经济过程(增长速度和增长方向、收入分配结构的基本要素,等等)就不存在。同时几乎认为,社会主义没有市场关系——至少在目前——能够存在下去,而不管它的生产力发展水平如何;这一点既适用于消费品市场,也适用于市场对劳动力的分配。"①

　　布鲁斯的"导入市场机制的计划经济模式"是一种分权模式,它有两套决策机制:一套是支配个人与企业决策的市场机制,即个人和企业按效用或经济收益最大化的原则消费、择业和生产经营;另一套是国家为实现宏观经济目标而实施的计划机制,一般采取税收、利率等经济手段间接影响企业行为。布鲁斯认为,社会的经济活动存在三个层次的决策现象:一是宏观层次的决策,二是企业日常性的经济决策,三是个人或家庭的经济决策。根据决策的不同情况,社会主义经济模式可以分为四种类型:一是军事共产主义模式,它在三个决策层次上都带有高度集中的特点,这是苏联模式的社会主义在特殊时期所采用的经济运行模式;二是集权模式,它在第一个和第二个决

———————————

① 〔波兰〕弗·布鲁斯:《社会主义经济的运行问题》,周亮勋、荣敬本、林青松译,中国社会科学出版社,1984年,第65页。

策层次上体现集中化,在第三个决策层次上体现非集中化,这也是苏联模式的社会主义所采用的经济运行模式,不过按照时间顺序指的是军事共产主义模式之后的经济运行模式;三是分权模式,该模式在第一个决策层次体现集中化,在第二个和第三个决策层次体现非集中化,这一模式以匈牙利的最为典型;四是市场社会主义模式,它在三个决策层次上都分散化,这一模式以南斯拉夫的经济改革最为典型。

一方面,布鲁斯看到了社会主义计划经济所集中体现出的优越之处,例如国家可以根据国内、国际形势发展的需要,将资源集中分配到重要部门,而不是像资本主义制度框架内那样将资源集中在少数社会成员手中,而且通过国家层面的具有绝对权威性的宏观调控,可以保障经济发展方向上的高度选择性,而不是像资本主义社会经济中那样经济呈现周期性的波动,这可以说是集权模式的好处;另一方面,布鲁斯也看到了其存在的不足之处,即经济运行缺乏灵活性和一定的自由度,容易人浮于事,生产效率低下,技术革新不够,造成资源的浪费现象。基于此种判断,他试图立足计划经济的基础,在社会主义制度框架内引入市场机制,从而实现集权式计划经济的扬长避短,具体而言就是将计划与市场相结合,使经济决策的过程既包含集权模式,又体现分权模式,即国家负责经济的宏观层面决策,企业负责经济的微观层面决策,如此既保证了国民经济运行的有序性、计划性、稳定性,又发挥了市场调节经济的灵活作用,做到计划中渗透着市场、市场又受到计划的调控,两方面兼顾。这里提及的"市场"并不是资本主义社会中具有充分自由度与自主性,同时也具有诸如不可控因素众多、容易出现震荡等特点的市场,而是受到计划调控和影响的市场,这样的市场可以保障社会主义社会在经济发展方向上的既定方针,从而稳步前行。布鲁斯对自己所提出的受到计划调节的、存在较多可控性的市场进行了说明,认为它"是达到社会经济合理的一种理论上可行的形式,即能把局部的目的同指导社会的经济活动的共同目标相结合的一种形式"①。

此外,布鲁斯在其《社会主义的所有制与政治体制》一书中详细论述了对社会主义所有制的看法,他对苏联式的中央高度集权的计划经济体制表达了强烈的不满,认为该体制不能真正满足生产资料社会化的标准。他这样说道:

> 一方面,生产资料(除极少数例外)直接集中到国家手中,国家在社会经济生活的各个领域中处于一种垄断者地位,它无情地控制着社会的每个成员,无论是生产者还是消费者。另一方面,这个"行使国家权力的特殊机器"可能是历史上最强有力的,它完全置身于社会的政治控制之外……彼此相互连接,并由强大的、实实在在的高压统治机构支持的中央集权经济垄断和彻底政治专制,显然不能创造出马克思所设想的"公共享有生产资料情况下的自由人联合和自觉地贡献个人劳动作为社会劳动一部分"的前提。②

毫无疑问,布鲁斯的批评一针见血,简明扼要地揭示了苏联模式的社会主义所有制存在的问题,并将对社会主义所有制的思考延伸至政治制度的更深层面。

在当时苏联及匈牙利等东欧社会主义国家大都处于计划经济时期的时代背景下,布鲁斯通过富有创意地提出"导入市场机制的计划经济模式",为计划经济时代的社会主义经济运行注入了活力,既没有对计划经济的总体经济模式进行全盘否定,也灵活引入了市场元素,其理论模式与兰格的理论模式相比,更强调分权,更多地赋予企业作为微观经济主体所具有的独立性,也更具有实践中的可操作性。张志忠这样评价道:"布鲁斯的经济理论

---

① ［波兰］弗·布鲁斯:《社会主义经济的运行问题》,周亮勋、荣敬本、林青松译,中国社会科学出版社,1984年,第139页。

② ［波兰］W.布鲁斯:《社会主义的所有制与政治体制》,郑秉文、乔仁毅、王宏民译,华夏出版社,1989年,第58页。

对东欧等社会主义国家的初期经济改革产生了较大的影响,布鲁斯以严谨的逻辑框架及社会主义计划管理的经验所确定的经济运行模式的区分标准,不仅具有重大的理论意义,而且具有可行性和实践价值。"[1]此外,张宇也对布鲁斯的市场社会主义理论表达了高度的肯定:"在市场社会主义的发展过程中,布鲁斯的理论具有重要的地位。从理论上看,布鲁斯是一个比较典型的马克思主义者,他对于社会主义经济问题的分析既遵循了马克思主义经济学的传统,同时又不拘泥于教条主义的束缚;从实践上看,他熟知苏联东欧的历史和现状,他提出的计划与市场相结合的分权模式对苏联东欧乃至中国的经济改革产生了很大影响,因而,布鲁斯的关于社会主义经济改革的观点总是引人瞩目。"[2]张宇在肯定之余还进一步提出了批判:

> 布鲁斯模式是 60 年代改革的产物,难免带有浓厚的计划经济色彩。布鲁斯模式中的市场是一种受到严格的行政控制的市场,作为市场调节信号的价格是行政机关决定的,而不是市场供求决定的;不存在生产要素市场。工资、利率和汇率等要素价格也是由国家控制的;企业虽然具有一定的微观决策权,但还不是自主经营和自负盈亏的商品生产者,因而传统的计划经济体制仍然在很大程度上被保留了。此外,布鲁斯模式侧重于从决策角度对经济运行过程进行分析,却忽视了经济运行中利益和动力问题,从而也影响了认识的深度。布鲁斯的模式在东欧和中国的改革中产生过比较广泛的影响。[3]

实质上,布鲁斯在当时苏联模式的社会主义占据主导地位的现实境遇中,作为"先行者"之一,试图通过实现计划与市场两者的结合来为僵化的计划经济体制增加活力,这种理论创新已经非常难能可贵了,毕竟在计划经济盛行

---

[1] 张志忠:《当代西方市场社会主义思潮:模式、理论与评价》,内蒙古大学出版社,2006 年,第40 页。

[2] 张宇:《市场社会主义反思》,北京出版社,1999 年,第92 页。

[3] 同上,第58 页。

的时代大背景下,推进市场机制的运用必须要一步一步、循序渐进地来展开,更何况布鲁斯的理论模式对东欧的社会主义经济改革和中国的社会主义经济改革都产生了一定的影响。

第三节　奥塔·锡克的"以市场机制为基础的分配计划模式"

奥塔·锡克(也译作奥塔·希克)是捷克著名的经济学家,有 20 世纪 60 年代捷克斯洛伐克"经济改革之父"或"经济改革设计师"的美称。他于 1919 年出生于捷克斯洛伐克普里森市,1932 年加入捷克斯洛伐克共产党,1936—1940 年参加反法西斯抵抗运动,1940 年被德国占领军逮捕,关入集中营,二战结束时,获得释放。1947—1952 年他在布拉格政治社会科学大学学习,并参加了马克思《资本论》捷文版的翻译工作(1951—1952 年)。1952—1958 年担任捷共中央党校教授,1958 年当选为捷共中央候补委员,任社会科学研究所教授,1962 年任捷克科学院经济研究所所长,并当选为捷共中央委员,1963—1968 年任捷经济改革委员会主席和政府副总理兼经济部部长(1968 年 4 月至 9 月),1968 年 8 月 21 日苏军侵捷时,他正在国外访问,因无法回国而流亡瑞士,而后在瑞士圣·加伦经济社会大学担任比较经济学教授,于 2004 年去世。锡克对中国的改革开放抱有很大兴趣,他曾于 1981 年应邀来中国进行学术访问,其间在北京与上海作了多场学术讲座,介绍了他对于市场社会主义的研究心得和捷克的经济改革情况。锡克针对社会主义的经济理论进行了系统的研究,是传统西方市场社会主义的代表人物之一,主要的著作有:《社会主义的商品经济》《经济 - 利益 - 政治》《社会主义制度下的商品和货币关系问题》《社会主义的计划和市场》《捷克斯洛伐克的经济改革》《民主和社会主义的计划经济和市场经济》《第三条道路》《共产主义的权力体制》《人道的经济民主制》及《一种未来的经济体制》等。

锡克的市场社会主义理论被称为"以市场机制为基础的分配计划模式",也有学者将其理论模式称为"计划性市场经济模式"。锡克与兰格、布鲁斯一样,从经济体制的角度对苏联模式的社会主义进行了反思,在此基础上提出了自己关于如何实现将计划与市场相结合的市场社会主义理论。他认为,苏联"现实的社会主义"存在很多弊端,其领导人斯大林出现了将马克思主义教条化、简单化的问题,尤其是没有正确理解马克思主义政治经济学的原则、原理精神,比如对所有制和生产关系的理解就存在严重偏差,排斥商品,反对市场机制,由此导致在实践中引发了一系列问题,这些问题也使效仿苏联模式社会主义的其他东欧社会主义国家在经济发展中遭遇到了实际困难。

锡克被公认是较早地对社会主义的经济改革提出建议的市场社会主义理论家,1955 年以后捷克斯洛伐克的经济发展遇到了挑战,以锡克为代表的一批学者对传统的社会主义经济体制进行了反思。他这样形容捷克斯洛伐克及"现实社会主义"的三大经济体制性弊端:一是人民无法决定国民经济的未来发展;二是全盘的指令计划排除了市场这种在今日经济条件下无法被替代的机制;三是严重的官僚主义导致了工人与生产、企业以及整个经济问题的异化,工人对生活没有责任感,生产与工人收入没有联系。[①]

在锡克看来,计划与市场的关系问题是社会主义经济的关键问题,也是社会主义经济实现改革创新的关键问题。他在《第三条道路》一书中,提出要设计一个克服共产主义和资本主义制度基本消极方面的体制。他这样说道:"单靠市场或单靠没有市场的国民经济计划都不能保证经济的有效和符合社会长远利益的发展。"[②]在这一点上,锡克和布鲁斯观点一致,都力图实现计划与市场两者的相融,不过布鲁斯认为应当在计划经济的基础上再来谈市场机制的结合问题,显然对于计划的依赖性更大一些,尽量做到对计划经济体制的改革少一些;而锡克则不同,在他的理论模式中加重了对市场机制的青睐,当然,作为传统西方市场社会主义者,锡克对市场机制的重视依然没有达到当代西方市场社会主义者那样的程度。锡克也熟知市场机制不是尽善尽美的这一点,比如市场本身的不完善可以引发因垄断而造成的诸

---

① 参见余文烈等:《市场社会主义:历史、理论与模式》,经济日报出版社,2008 年,第155 页。
② [捷]奥塔·希克:《第三条道路》,张斌译,人民出版社,1982 年,第159 页。

多不平等现象,又如市场机制包含一定的风险性,它往往能够对已经发生的经济现象进行说明,揭示在过去的生产与分配基础上表现出来的需求结构,但是无法清楚地预测将来的价格变动、生产规模及需求结构等,市场包含的不确定性因素很多,容易受到各方面力量的影响。此外,锡克还围绕国民经济展开了深入探究。他区分了国民经济中的宏观平衡与微观平衡,宏观经济平衡指的是国民经济各部门,尤其是第一部类和第二部类的平衡,主要由政府制定有约束力的国民收入分配计划来决定,微观经济平衡指的是产品供求结构的平衡,主要由市场价格机制来解决。通过对国民收入分配过程的有计划控制,国家便可实现总供求的基本平衡。

锡克于 1985 年出版的《一种未来的经济体制》一书重点阐述了关于社会主义所有制的问题,这也是传统西方市场社会主义者与当代西方市场社会主义者所共同关注的一个重要问题。他既不赞成纯粹的社会主义公有制,也反对完全的资本主义私有制,认为两者各有利弊,而解决的方式是实现两者的相互结合,这一点与其对计划与市场的关系问题的看法如出一辙。按照锡克的观点,应当勇敢尝试走一条新的道路,既不"左",也不"右",这是一条以折中的方式形成的"第三条道路"。在所有制问题上,他提出了有名的资本中立化理论。纪军对该理论进行了翔实的介绍:

"中立资本"又称"集体资本",最初是指把企业资产以股份的方式分给企业每个职工,使之成为真正的所有者,但职工所持的股份不能进入市场进行交易,个人间不可买卖、转让,也不能继承,这样,一方面使所有权摆脱了国家控制,使企业成为真正的所有者;另一方面消灭了企业内部的劳动与资本的对立,实现了劳动的平等。后来,锡克对于资本中立化理论又做了新的阐述和说明:与个人相关联的资本会引起劳动力转移的困难,应当建立一种新的财产形式,使一个企业的资本不再同单个人发生联系,也不能在单个人之间进行分配,财产的承担者是叫作财产管理机构的生产集体;财产管理机构以委托的方式来管理财产,把它交给企业经营管理机构来有效地使用,这样就克服了劳动与资本的对立,同时也不会阻碍劳动力的转移。①

　　由此可见,锡克的想法还是很有创新意蕴的,类似的想法在另外一些西方市场社会主义者身上也出现过。他对"中立资本"的设想在一定程度上与自治模式相似,从充分发挥企业职工主体性、能动性的角度来考虑问题,使企业职工加强了主人翁意识和对企业的归属感,分享企业的利润,从而加强了经济民主,可以在很大程度上克服劳动与资本之间的对立,减少劳动者与劳动产品之间的异化程度。但是这一设想也有一定的局限性,有学者指出:"'中立资本'就其本质来讲,是一种集体所有制或合作经济,这种所有制具有'内公外私'的性质,因而,它不能满足全社会生产资料共同占有和按劳分配的要求,也不能从根本上解决局部利益与社会利益的矛盾,这种模式的后果,从自治模式的实践中不难得到证明。资本中立化的模式作为公有制的一种辅助形式,在中小企业中也许可得到一定程度的发展,但是,作为社会主义经济的基础和公有制的主导形式,似乎缺乏可行性。"②

　　无论是关于计划与市场关系问题的论述,还是关于以"中立资本"解决所有制层面姓"社"姓"资"的问题,锡克的理论探究都非常接近市场经济的相关要求,对捷克斯洛伐克的经济改革产生了实质性的影响。在 20 世纪 60 年代,捷克斯洛伐克进行的社会主义经济改革运动或多或少渗透了锡克的市场社会主义理论,这与锡克本人的角色定位有一定的关联,他具有经济学家和政府官员两种身份,他在"布拉格之春"期间曾任政府副总理,并兼任经济部部长。一般来说,西方市场社会主义重在进行理论层面的模式建构,在实践层面由于种种现实中的阻碍而难以真正地实施,大部分的西方市场社会主义者所提出的理论模式都存在这一问题,这也是西方市场社会主义被人诟病的主要原因。从这个角度来看,锡克构建的"以市场机制为基础的分配计划模式"的传统西方市场社会主义理论与其所在国家的经济改革实践

① 纪军:《匈牙利市场社会主义之路》,中国社会科学出版社,2000 年,第 189 页。
② 张宇:《市场社会主义反思》,北京出版社,1999 年,第 64 页。

密切相连,彰显了其理论的实践维度,因而在西方市场社会主义理论阵营中占有重要的一席之地。

第四节　亚诺什·科尔内的"宏观控制下的自由市场模式"

亚诺什·科尔内(或被译为亚诺什·科尔奈,也被译为雅诺什·科尔奈)是传统西方市场社会主义的代表人物之一,也是匈牙利著名的经济学家,曾当选为匈牙利科学院通讯院士,在世界经济学界有很高的知名度。他于 1928 年出生于匈牙利首都布达佩斯,1961 年获匈牙利卡尔·马克思大学经济学博士学位,1966 年获匈牙利科学院科学博士学位,1978 年获法国巴黎大学名誉博士和波兰波兹南大学名誉博士,曾任匈牙利科学院计算中心部主任、世界计量学会理事及会长、联合国发展计划委员会副主席等职,还曾在美国、英国等国家担任客座教授,并且是这些国家的科学院或经济学会的海外成员或名誉会员。他是最早主张实行经济体制改革,利用市场机制的东欧经济学家之一,并最早进行了把数学规划运用于社会主义国家计划制订的工作。具体来说,从 20 世纪 50 年代开始,科尔内开始对社会主义传统管理体制下的经济问题展开研究,主要的论著有:《经济管理中的过度集中》《结构经济的数学规划》《反均衡论》《突进与和谐的增长》《短缺经济学》《非价格控制》《增长、短缺和效率》《通向自由经济之路》《作为经济学范畴的均衡》《匈牙利经济改革观念的探讨》《大路与小路》及《社会主义体制——共产主义政治经济学》等。

关于匈牙利经济改革的理论探讨于 20 世纪 50 年代就已经开始了,当时学者们在对传统的计划经济体制展开反思的基础上,讨论是否有必要在实践中抛开苏联模式的社会主义的影响,走一条符合匈牙利国情的、具有本国特色的经济改革道路。随着这方面理论探究的不断深入,在实践层面也开始实施一系列经济改革措施。比如,1957 年建立的经济委员会提出了第一个关于经济体制改革的方案;又如,匈牙利于 1959 年对生产者价格进行了普遍改革。在这些经济调整取得实效之后,开始转向更深层次的经济体制方面的理论探究与改革实践。1966 年 5 月 25 日至 27 日,匈牙利社会主义工人党中央召开扩大会议,表决通过了两个重要的关于经济体制改革的决议:一是《关于经济体制改革的指导原则》,二是《关于经济体制改革的决定》。随后几年,根据这两个重要文件的主旨精神,在实践领域逐步推进经济体制的改革创新。虽然这一系列改革取得了很大的成效,使匈牙利原本僵化的经济体制出现了更多活力,但是还没有以市场机制代替传统的计划经济体制。可以这么认为,匈牙利的经济体制改革在东欧各国当中取得的成绩还是有目共睹的,与南斯拉夫的社会主义改革一样,他们的经济改革甚至社会改革都走在了东欧各国的前列,虽然受到当时苏联的很大压制,但是在根据马克思主义基本原理、原则,并结合本国实际国情来探索前进方面,摸索出了体现西方市场社会主义理论与实践发展相辅相成的道路。

正是在此种情况下,科尔内立足本国经济改革的现实基础,在传统社会主义制度的框架内,来思考对当时社会主义经济体制的改革。他用了五年的时间写成了《社会主义体制——共产主义政治经济学》一书。该书中译本由中央编译出版社于 2007 年出版,从意识形态、权力结构、社会主义体制、货币与价格、就业与工资、投资与增长、体制内部的信息流动等方面进行了鞭辟入里的理论探究。值得一提的是,在该书中,他将社会主义体制分为三种类型:第一种是革命过渡体制;第二种是经典社会主义,这种类型的社会主义国家主要指的是斯大林时期的苏联、毛泽东时期的中国、处于同一时期的东欧社会主义国家,以及亚洲、非洲、拉丁美洲的少数国家。他认为所有经典社会主义国家都实施了单一的国家所有制,虽然这样的单一的国家所有制使经典社会主义国家在相对较短的时间内实现了工业化或基本上奠定了工业化的基础,但却因为制度的僵化而给本国带来了很多弊端,并且给以后的社会主义建设事业造成了不良影响。社会主义的经济体制改革是一项复杂的工程,蕴含着很多不确定因素,人们对此的态度也并不一致。他在该书的结束语中发出了这样的感慨:

对于某些社会变迁而言,我们能够轻易地确认社会中的哪些群体支持改革,以及哪些群体反对改革。而在社会主义体制的改革过程中,却无法做到这一点。似乎不可能做出一般性的明确判断:谁是改革的拥护者,而谁又是它的敌人。①

在《社会主义体制——共产主义政治经济学》一书中,科尔内也提及了短缺的问题,分析了短缺与通货膨胀之间的逻辑关系。可以说,对于短缺经济的理论探讨是科尔内研究的一个重点领域。短缺现象是苏联模式的社会主义表现出来的一大弊端,即整个社会在国家计划主导下的经济生产,难以满足广大人民群众对于包括一些生活日用品在内的基本物质产品的需求。科尔内的相关思考集中在《短缺经济学》这一本代表作当中,这部书分为上卷和下卷两部分,其内容是根据他在 1976—1977 年应斯德哥尔摩大学国际经济研究所的邀请,在瑞典以“短缺经济学”为题作的一系列演讲整理而成的。科尔内在这部书中集中讨论了社会主义制度下的短缺现象,并以企业为重点,阐述了生产、交换、分配和消费等具体环节,通过这些详细的分析来寻找造成短缺现象的体制性问题,从而促进社会主义经济体制的自我革新。在这部书的中文版序言中,科尔内描述了短缺经济的特点,他这样说道:

> 短缺是社会主义经济的基本问题之一。它是普遍性的,你可以在生活的一切方面体验到它的存在。你可以作为一个消费者在商店碰到短缺,或作为一个提出要求的人在等待分配住房时碰到短缺。你可以作为一个生产者,不管是政府计划人员、企业经理还是工人,碰到短缺——材料短缺,半成品短缺或有技术的人力短缺……改革过程的一个目标是要消除短缺。查看短缺状况是检验进展程度的重要标志。②

---

① ［匈牙利］雅诺什·科尔奈:《社会主义体制——共产主义政治经济学》,张安译,中央编译出版社,2007 年,第534 页。

② ［匈牙利］亚诺什·科尔内:《短缺经济学》(上卷),张晓光、李振宁等译,经济科学出版社,1986 年,第5 页。

的确如此,物资的短缺给人民群众的日常生活造成了很大的困扰,有些人可能会因为短缺而在无尽的等待中虚度时光,也有些人会因为短缺而没有进一步发展的空间。

科尔内认为短缺或者作为"因",或者作为"果",总是通过无数纽带与经济体制紧密联系在一起,即与计划与市场、价格与工资、财政和货币政策、物质和精神刺激紧紧联系在一起,短缺现象使人与人之间的关系日益紧张,大家为了争资源而产生矛盾,从而增添了整个社会的不稳定因素,短缺问题暴露了经济体制的深层症结之所在。任何社会,都应当充分保障人民群众的根本利益,政府的职责之一就是为人民群众提供一个良好的生活环境,在提供给人民群众足够的日常生活物资的基础上,再结合社会的生产力发展水平来满足人民群众对更高水准生活的诉求。科尔内严厉批评了传统计划经济时代经常出现的生产资料和消费资料相对缺乏的局面,他认为根源在于经济体制的问题,企业受到国家计划的严格管控,缺乏生产的自主权及灵活性,无法根据人民群众的真正需求生产出足够的商品。他这样说道:"在严格意义上的一组经济现象(软预算约束、几乎不可满足的需要、横向和纵向的'抽吸')和一组制度的现象(较高程度的父爱主义)之间存在着紧密的联系;后者基本上能够说明前者。"[1]这里所说的"父爱主义"指的是家长式的干预和管控。科尔内提出要以市场下的企业"硬约束预算"来代替"软约束预算",从"模拟货币经济"转为"货币经济",从而以企业为落脚点推进经济体制的改革创新。何谓"软预算约束"?科尔内认为,企业在生产过程中遭遇三种类型的约束:需求约束、预算约束与资源约束。软预算约束具体分为四种表现方式,即软补贴、软税收、软价格、软信贷,软预算约束及国家对企业严格的监督管控会对企业造成不良的影响。虽然在社会主义制度下国家对经济的控制可以在物质产品的分配问题上保持良好的公平性,但是官僚主义的行政调节会造成企业对价格的敏感度降低,使企业自主生产的空间几

①　[匈牙利]亚诺什·科尔内:《短缺经济学》(下卷),张晓光、李振宁等译,经济科学出版社,1986年,第230页。

乎不存在,因此应当在各方面尽可能地利用市场机制的长处来予以弥补。

继兰格、布鲁斯及锡克等人之后,科尔内进一步尝试对高度集中的计划经济体制的突破,要求尽量减少国家的行政统一调节,而使市场机制在经济体制的改革中发挥更大的作用。作为传统西方市场社会主义的又一位代表人物,科尔内"宏观控制下的自由市场模式"不但深深影响了本国的经济改革实践,也对其他东欧社会主义国家的经济改革实践产生了实质性的效果,随着我国学术界不断翻译其相关著作,其市场社会主义理论对中国的经济改革实践也产生了一定的影响。不过令人感到遗憾的是,在 20 世纪 80 年代中期以后,科尔内逐渐走上了一条自我否定的道路,即他先是质疑市场经济与公有制的兼容性,在东欧剧变之后又彻底否定了市场社会主义的理论,甚至提出要向资本主义过渡。

第三章 当代西方市场社会主义的典型理论模式

在前面一章中我们重点对以兰格、布鲁斯及锡克等人为主要代表的传统西方市场社会主义理论进行了介绍及分析,本章主要聚焦于东欧剧变之后西方市场社会主义的发展,即当代西方市场社会主义的发展,这是本书关注的一个重要领域。景维民等人在《经济转型中的市场社会主义——国外马克思主义的分析与实践检验》一书中,对传统西方市场社会主义与当代西方市场社会主义进行了一番比较后指出:"前期形态的市场社会主义,无论是兰格模式还是布鲁斯或锡克模式,甚至后来的科尔奈模式,都是在传统的公有制与计划经济的框架内运用市场,使计划模拟市场或市场与计划并存,而当代的市场社会主义模式从其产生的背景到基本特征均与前期形态有很大不同。当代市场社会主义者强调市场的主导作用,强调只有在市场无法奏效的地方才运用政府干预,在所有制问题上很少有人主张国有经济,而是采取劳动合作组织形式'雇用资本',或者强调构建混合所有制,突出分配平等要求或福利共享。"[①]在另一本著作《经济转型的理论假说与验证——市场社会主义的传承与超越》中,景维民等人对当代西方市场社会主义,也就是东欧剧变之后的"新市场社会主义"进行了评价:"20世纪90年代以来,市场社会主义非但没有因世界社会主义运动处于低谷而销声匿迹,反而成为西方左翼理论家的热门话题,在欧美等西方发达国家掀起了新的讨论热潮,许

[①] 景维民、田卫民等:《经济转型中的市场社会主义——国外马克思主义的分析与实践检验》,经济管理出版社,2009年,第51页。

多学者争相设计未来社会主义的发展蓝图。如果说以往的市场社会主义理论是在公有制条件下试图利用市场进行资源合理配置以发展社会主义经济的话,新的社会主义市场理论则试图通过论证市场与公有制的有机结合在效率和平等上的双重吸引力而为生产资料公有制辩护。"①

本章主要选取当代西方市场社会主义中的典型理论模式进行一番剖析,其中影响比较大的主要有:以约翰·罗默为代表的"虚拟证券的市场社会主义模式"、以戴维·米勒为代表的"合作制的市场社会主义模式"、以詹姆斯·扬克为代表的"实用的市场社会主义模式"、以戴维·施韦卡特为代表的"经济民主的市场社会主义模式"。虽然这些当代西方市场社会主义的不同理论模式之间存在着差别,但是它们都无一例外地表现出这些特点:在生产资料所有制方面,赞成公有制为主体或主导;在经济运行机制方面,主张市场的重要功能;在经济的宏观调控层面,强调国家在一定范围内对经济实行干预;在价值目标的层面,力图实现效率、平等、民主及自由等的等同。当代西方市场社会主义的这些理论倾向和中国社会主义市场经济理论在某些方面具有一定的相似性,同时也存在本质性的区别。

第一节 约翰·罗默的"虚拟证券的市场社会主义模式"

约翰·罗默是美国市场社会主义的代表性人物,堪称当代西方市场社会主义的领军人物,主张"虚拟证券的市场社会主义模式"。他1945年出生,其父母皆为知识分子,在学生时代就是马克思主义者,拥有社会主义理想信念。这样的家庭氛围对罗默影响很大。他1966年以优异的成绩从哈佛大学数学系毕业,曾在读研期间因参加左派运动、反对越南战争而被强迫停学一年,并积极参加了一个马克思列宁主义小组。1969年以后,他在旧金山一所中学当过数学教师,并于1974年获得伯克利大学经济学博士学位。提

① 景维民、孙景宇、张慧君等:《经济转型的理论假说与验证——市场社会主义的传承与超越》,经济科学出版社,2011年,第9页。

出"虚拟证券的市场社会主义模式"时正值他在美国加利福尼业大学戴维斯学院任教,后于 2001 年受聘为美国耶鲁大学教授,其代表作有《社会主义的未来》《平等股份》《马克思经济理论的分析基础》《剥削与阶级的一般理论》及《在自由中丧失——马克思主义经济哲学导论》等。他是西方著名的左翼经济学家,也是"分析的马克思主义"学派的代表人物,在马克思经济理论、微观经济学方面造诣很高。罗默早年致力于将马克思主义建设成符合现代科学标准的理论体系,后转向政治哲学研究,对如何利用西方经济学服务社会主义目标有深入的思考。他与中国的学术交流比较多,曾于 2009 年、2015 年来访中国,访问了北京大学并参加一系列学术研讨会,又于 2017 年再次来中国,在厦门大学举办的马克思主义政治经济学暑期学校活动中为中国师生授课,主题围绕"农业经济下的阶级与剥削"(Class and Exploitation in a Peasant Economy)、"阶级剥削一致原则"(The Class Exploitation Correspondence Principle)等展开。

在《社会主义的未来》这本代表作中,罗默首先于导论部分开宗明义地阐明了自己对于社会主义的看法。他这样说道:"苏联和东欧的共产主义制度的崩溃支持了一些旧论点,也产生一些新论点,认为社会主义不论在当今世界或作为一种理想都不能存在。我则希望阐述理由证明,社会主义仍然是一种值得追求的理想,而且在现实世界也是可能的。我认为,赞成社会主义经济的论点需要在构成社会主义成分的基本观点方面进行某些修正。毋庸讳言,苏联模式的社会主义社会是垮了,但这并不意味其他的、尚未尝试的社会主义形式也应该为它殉葬。"①这段话旗帜鲜明地表达了罗默对社会主义怀有的特殊情感和抱有的坚定信心,肯定了社会主义虽然在现实发展过程中遭遇到局部的困难,但是仍然是人们追求的目标,无论是在理念层面还是在实践层面都如此,当然必须要根据形势的变化对传统社会主义的一些理论,尤其是经济理论的构成内容进行一定的修改。在后来有记者对罗默进行专访时,罗默再次重申了自己关于社会主义的看法。他这样说道:

---

① [美]约翰·罗默:《社会主义的未来》,余文烈等译,重庆出版社,1997 年,第 1 页。

"作为一个经济学家,我主要关心的是生产、资源配置和收入分配。我关注的是资源配置的研究,不管其是否体现了剥削或非正义;我接受的是经济学家做出的那种有关个人是如何构成的假设,即它使限于商品和劳动排序的偏爱最大化。我认为,从在当代社会科学中为社会主义观点而斗争的视点来看,这一直是一种有用的策略。它更为有力的方面是可以论证这样一种观点:即使人们把个人假定为经济人,社会主义也是可取的。"①从访谈的记录来看,尽管世界社会主义运动遭遇了东欧剧变的挫折,但罗默对社会主义事业的信心没有改变,这种情怀是极为难能可贵的。

罗默的观点代表了东欧剧变发生之后很多西方左翼学者的典型反思结果:初心不改,渴求创新,探索与现实结合得更加紧密的社会主义创新理论,进而更好地建设社会主义。在这一点上,罗默的政治立场与我国是相一致的,在西方相当一部分右翼政客与右翼学者大肆宣扬"社会主义""共产主义"甚至"马克思主义""已经灭亡"之际,我们坚定不移地保持对社会主义及共产主义的信念,相信东欧剧变只是体现了苏联模式社会主义的失败,并不意味着整个世界社会主义运动的失败,在遭遇暂时性的困难之时,我们必须保持正确的政治站位,实现社会主义在理论与实践两方面的创新。

接着,罗默对社会主义的价值目标进行了富有深度的思考。在《社会主义的未来》一书的第一章中,他的论述重点围绕"社会主义者需要什么"这个问题来展开。他认为社会主义需要如下的机会平等:自我实现和福利、政治影响及社会地位。② 他在这里强调的是社会主义者实现这些目标的"机会"的平等,而不是实现这些目标本身的平等,也就是说,并不是直接呈现在众人面前的、最终形式上所谓的平等,而是在事物发展的最初起点和发展过程中的平等,这一平等才是实质上的平等,比结果上的平等更为重要。为了进一步说明这一观点,他举了福利平等的例子:"如果把福利的平等而不是把福利的机会平等当作目标,那么社会就必须向那些选择非常浪费的、不现实

---

① ［美］约翰·罗默等:《社会主义及其未来——约翰·罗默访谈录》,段忠桥编译,载李惠斌、叶汝贤:《当代西方社会主义研究》(第四卷),社会科学文献出版社,2006 年,第 293 页。
② 参见［美］约翰·罗默:《社会主义的未来》,余文烈等译,重庆出版社,1997 年,第 9 页。

的目标的人提供巨大数额的资源财富。假设我是一个很糟糕的运动员,但我认为除非我用双脚登上珠穆朗玛峰,否则我的生活就毫无价值。要使这种攀登成为可能,就需要大量金钱去雇用足够的搬运工和其他辅助服务。从另一方面看,主张福利的机会平等,我就有责任选择那种合理的福利导向的目标。"①

通过以上这个例子,我们可以看到,强调机会的平等同时增强了主体对社会的责任感,社会主义者必须要考虑到实现机会平等所需要的前提条件及其产生的社会影响。无疑,比起结果导向来说,罗默似乎更加注重过程导向。他进一步补充道:"社会主义唯一正确的伦理学依据是一种平等主义的论据。"②他还指出:"社会主义的目标最好被考虑成一种平等主义,而不是被考虑成一种具体财产关系的实施。换句话说,我的意思是,社会主义者评价财产关系必须根据这些财产关系提供平等主义的能力。"③

为了实现社会主义平等的价值目标,罗默设计了"虚拟证券的市场社会主义模式"。简单地说,他的这一模式主张,所有银行都收归国有,没有私有银行的存在,国家同时把各个公司的全部股票收上来进行重新分配,以便每个成年公民都相应地拥有一份股份,从而使他们能够有权获得一份所持有股票公司的分红。当他们去世之后,股票要退还给国家,这些股票一旦被获得就可以和其他公司的股票进行交易,但是禁止现金买卖,如此一来就可以使富人不能购买穷人的股票并获得对利润的掌控。此外,银行发行两种货币:一种是现金货币,另一种是证券货币,现金货币用于日常的商品买卖活动,证券货币用于公司股份的交易,但是不能折换成现金。为了实现国家对整个社会企业的管理,国家银行以高利息贷款给需要限制其发展的公司,而以低利息贷款给需要推动其发展的企业等。

从罗默设计的模式来看,他为了保持社会成员能够平等地拥有公司股权,平等地享有利润,将银行作为调节经济的主要部门,并且建立了相应的

① [美]约翰·罗默:《社会主义的未来》,余文烈等译,重庆出版社,1997 年,第 10 页。
② 同上,第 15 页。
③ 同上,第 113～114 页。

金融货币机制。显而易见,"虚拟证券的市场社会主义模式"的提出基于这样一个理论前提,即资本收入是造成收入不平等的罪魁祸首,因此必须制定一个规则限制资本收入,于是就有了将公有企业股票等量配发给每个成年公民的设想。这一设想以真实的股票市场为模拟范本,旨在反对资本集中在少数人手中。从资本主义社会的现实生活来看,资本主义制度下的股票交易非常自由,这样容易使少数特权阶级通过购买企业的股份而成为企业的大股东,从而掌握企业的所有权,并进而掌握企业产出的利润,导致收入分配上的极端不平等现象。罗默设计的这一模式的出发点值得肯定,是为了避免对资本的掌控使富人更富、穷人更穷,试图从利润分配的源头上来避免社会不平等现象,同时也表达了对效率与公平这两者的兼顾。不过由于涉及的各方面因素比较多,在现实生活中,这样的操作还没有落到实处。即使能够按照罗默的理论模型进行实践,证券市场对社会经济的影响并不是唯一的,还存在一些限制因素。

作为对马克思主义政治经济学情有独钟的西方左翼学者,罗默对"平等"这一社会主义的价值目标的追求不容置疑,那么他崇尚平等,是不是意味着对平均主义的偏爱? 这几乎是所有空想社会主义者在试图克服资本主义私有制固有弊端的过程中都要犯的错误。一味强调平等带来的必然是"大锅饭",会滋生很多不劳而获的懒汉,同时也会消解那些鼓足干劲进行生产劳动的社会成员的积极性,每个人存在着工作质量、工作效率等多方面的差异性,绝不能采用"一刀切"的方式进行分配。对此,罗默也考虑到了,他在强调平等的同时也认为要注重效率的问题,从一定意义上说,他将"效率"设置为社会主义的另一大价值目标。罗默在《社会主义的未来》一书中表示:"我这本小册子的任务,是提出和捍卫一种把市场体制的力量和社会主义的力量结合起来的新模式。这种新模式既要考虑效率又要考虑平等。"[①]从罗默的论述中可以看到,市场社会主义既没有抛弃"平等"这一传统社会主义者的价值目标,也没有放弃市场机制的效率原则。实质上,客观地讲,

① [美]约翰·罗默:《社会主义的未来》,余文烈等译,重庆出版社,1997 年,第 2 页。

社会主义并不意味着贫穷,想要实现社会成员人人平等、自由、幸福地生活,必然要有充裕的物质基础,而对效率的追求可以确保社会生产活动的有效实施,从而有条件在物质层面上提高全体社会成员的幸福指数。皮尔森对罗默的市场社会主义进行了如此评价:"罗默的论述促使我们认真考虑市场社会主义模式的一个更重要的方面——收入分配。"①

第二节　戴维·米勒的"合作制的市场社会主义模式"

　　戴维·米勒是英国牛津大学纽菲尔德学院的社会学与政治学教授,也是最早正式提出"市场社会主义"概念的学者。他关于市场社会主义的论著有:《一个市场社会主义方案:它意指什么? 为什么倡导它?》《平等与市场社会主义》《市场、国家和共同体:市场社会主义的理论基础》《社会公平》《无政府主义》等。其研究代表了英国市场社会主义的前沿理论成果。1983 年,英国的工党在大选中惨败,得票率为 1918 年以来的最低点。与此相反,当时撒切尔夫人的新自由主义经济政策正处于盛行阶段,引发了英国国内新一轮的私有化高潮。面对这一状况,工党的智囊机构费边社请来了一批支持工党的著名学者讨论工党出现这一状况的原因,这些学者反思之后认为,工党的失利与缺乏理论创新有关,若是一直拘泥于旧有的理论而不会根据新形势的出现进行改变的话,注定会遭遇失败。为了进行理论创新以挽救工党的政治败局,这批学者组成了一支"社会主义哲学"的研究队伍,进行定期开会研讨。米勒作为工党的理论家及英国的左翼学者代表是这支研究队伍的重要一员,在他们第一次工作会议上,他就提出了"市场社会主义"的概念。随后,他又不断著书立作,形成了自己富有特色的市场社会主义理论,他的相关理论模式被称为"合作制的市场社会主义模式"。

　　市场与社会主义的关系是西方市场社会主义无论如何都绕不过去的话题。米勒主张的"合作制的市场社会主义模式"重点讨论的仍然是市场与社

---

① [英]克里斯托弗·皮尔森:《新市场社会主义》,姜辉译,东方出版社,1999 年,第 127 页。

会主义的关系问题。米勒认为,资本主义依赖的是市场,但是资本主义生产方式的特点是生产资料归资本家私人所有,资本家群体的人数在整个社会中是相对很少的,而其余大部分人都属于靠领取工资生活的雇佣劳动者,也就是说,在资本主义制度下大量的社会财富集中在少数人手里。这样一来,人们有可能既参与市场又反对资本主义。应当看到,资本主义虽然依赖市场,但是市场却不是资本主义制度的唯一特征,市场只不过是一种经济手段,是中性的,社会主义同样离不开市场。在社会主义制度下运用市场机制是促进社会主义社会经济生活繁荣、稳定、可持续发展的有效手段,计划经济与市场经济都不是特定制度的主体特征,关键在于如何实现社会制度与经济手段的完美结合。从西方历史的角度来看,左翼思想家往往把市场等同于资本主义从而强烈地反对市场在社会主义社会的运用,这一想法有其历史根源性。在 19 世纪初,当时的社会主义者在反对资本主义经济剥削的过程中走向了另一个极端,即反对跟市场机制运行相关的一切经济活动,他们所设想的未来社会主义是一个远离市场的、无商业气息和功利色彩的理想型社会形态。因此,他们提出的对社会主义的定义都是一些否定性的命题,比如"没有剥削""没有竞争"及"没有不平等现象"等。但是人类社会进入 20 世纪以后,情况发生了变化。社会主义者对社会主义的设想越来越现实化,其乌托邦色彩和口号化现象日益减少。社会主义仍然需要市场,绝不能简单地一味排斥市场。那么社会主义为什么离不开市场呢？米勒从福利、自由及民主三个方面进行了论证,具体如下:①

第一,市场可以提供更多更好的社会福利。市场既类似于一种信号系统,又产生一种激励效应。一方面,市场机制将消费者所需要的商品的信号传达给商品供应商和生产管理者,让他们掌握最新的商品需求信息;另一方面,市场机制以商品价格的提升来激励商品供应商和生产管理者,通过他们所得商品利润的增加来激励他们生产满足消费者需要的商品。市场的这些优点是计划经济所不具有的,因为仅靠国家计划供给商品往往不能满足消

---

① 参见蒲国良:《当代国外社会主义概论》,中国人民大学出版社,2006 年,第 277～279 页。

费者多种多样的需求。米勒这样说道:"市场乃是控制商品和服务供给的一种高度有效的机制,但在分配由市场提供出来的福利方面,则需诉诸市场以外的公共制度之网络,如财产权利,投资机构,税收制度等等。市场社会主义者并不想摒弃市场,他们毋宁彻底地改造上述公共制度,以令福利的物质部分能在整个社会里得到更为平等的分配。"①

第二,市场可以为人们提供更多的自由。这些自由包括三点:首先,市场能够提供更多的商品选择机会,人们缺乏什么样的商品或者喜欢什么样的商品就可以购买什么样的商品,在商品的种类选择上余地很大,市场机制允许人们对那些适合他们生活方式的资源进行挑选,而计划经济对资源的严格控制则不能很好地实现社会服务职能;其次,市场除了能够带来一般意义上的自由之外,还能够带来一些具体的自由,比如选择工作的种类和工作地点的自由等,而计划经济在这方面的自由则非常的薄弱;最后,市场有助于促进政治自由,因为如果没有市场机制所提供的书刊、报纸等新闻媒体的存在,人们也就无法自由地发表政治言论,而计划经济在这方面则受到国家意识形态层面的严格控制及管理。因此,既采纳市场机制的优点,又结合社会主义制度的优势,实现两者兼顾的市场社会主义具有诸多长处。

米勒这样说道:"社会主义市场经济能够对私人消费选择自由、就业选择自由、言论自由作出保障。它的目标在于,以比资本主义可以允许的更高程度扩大这些自由。而无市场的或仅有极有限市场的社会主义经济,则不能保障这些自由。"②从这段话可以看出,米勒对自身所处的西方资本主义社会制度下的市场功能进行了思考,揭示其存在的利弊之处,并对高度中央集权的苏联模式的社会主义也进行了反思,在两方面反思的基础上进一步论证了市场社会主义的合理性。

第三,市场可以带来更多的民主。在当代工业社会中,民主的一项重要内容就是各个企业的成员对生产哪些东西、怎样来生产这些东西等问题拥

---

① [英]戴维·米勒:《社会主义为什么需要市场》,载[英]索尔·埃斯特林、尤里安·勒·格兰德:《市场社会主义》,邓正来、徐泽荣等译,经济日报出版社,1993年,第34页。
② 同上,第38页。

有自主权。但是在高度计划经济的体制下,这一自主权是无法得到保证的,因为企业的一切生产行为是由国家统一安排设定的,只有在市场机制下,企业才有可能实现生产的自主权,这便是米勒眼中的"工业民主"。他这样说道:"工业民主要有意义,各企业的成员就必须掌握对其工作环境的高度控制,这包括对生产什么、怎么生产等事项拥有决策权。在市场经济中,各企业成员能够拥有这种自治权……市场使工业民主成为可能,但不是必然。其可能的程度取决于企业的结构,其中最民主的形式便是工人合作社。"①此外,在市场社会主义的机制下,国家并不决定经济的所有细节,而只是列出一些大的参数,由经济本身在这些大的参数里面寻找平衡,从而使国家对经济行为的干预受到了一定程度的限制,也使各个官僚机构的行政官员有可能受到有效的民主控制。

按照米勒的观点,社会主义要具有发展的活力,市场必定要发挥很大的作用,我们既不能出于传统观念简单地否定市场,也不能盲目地肯定市场。在米勒构想的"合作制的市场社会主义模式"中,资本所有权社会化,市场仅仅是作为一种为人们提供各种各样的商品和服务的手段,工人合作社是社会中处于核心地位的生产性企业,它由工人自己进行民主管理,其资金主要来源于国家设立的公共投资部门。皮尔森指出:"对于那些较为强调市场分配公正的市场社会主义者们来说,资本主义市场和社会主义市场之间的区别又有了特别重要的意义。戴维·米勒是这方面的突出代表。"②

与罗默一样,米勒也注重对社会平等的追求。他认为仅仅局限于对资本主义经济不平等现象的批判是不够的,市场社会主义者应当追求的平等目标是"社会平等"。"社会平等"就相当于地位的平等,即人们在社会中拥有一个平等的起点和机会。在这样的社会里,人们不能随便地被他人评价为"好"或"坏",这样的社会是一个没有阶级阶层划分的社会。当然,"合作制的市场社会主义模式"并不意味着完全的平等,因为合作社与合作社之

---

① [英]戴维·米勒:《社会主义为什么需要市场》,载[英]索尔·埃斯特林、尤里安·勒·格兰德:《市场社会主义》,邓正来、徐泽荣等译,经济日报出版社,1993年,第39页。
② [英]克里斯托弗·皮尔森:《新市场社会主义》,姜辉译,东方出版社,1999年,第117页。

间、合作社内部的工人与工人之间由于各种原因会产生经济收入上的某些不平等现象,但是这些不平等是局部的,与资本主义制度下的经济收入不平等相差甚远,反映出人们对社会经济活动所做出的贡献的不同。此外,这种收入不平等也不会危及"社会平等",不会导致人们产生严格的社会等级观念。[①] 米勒这样说道:"社会主义者寻求报酬、地位、特权的平等分配,以便最大限度地减少社会的不满,保证人与人之间的公正,使机会均等;它也致力于减少现存的社会分化。对社会平等的信仰是迄今为止社会主义最重要的特征。"[②]

无疑,以米勒为代表的英国市场社会主义者对于市场与社会主义的关系问题提出了精辟的见解,这些见解不仅有助于恢复英国工党在政治舞台上的地位,同时也为其他国家的左翼学者带来了思想上的启迪。正如复旦大学陈学明教授所评价的那样:"英国市场社会主义流派的代表人物对市场与社会主义相互关系所作的历史分析在国外市场社会主义研究中颇有代表性。他们正是在此基础上,倡导一种把市场体系的力量和社会主义的力量结合在一起的新的社会主义模式。"[③]

第三节　詹姆斯·扬克的"实用的市场社会主义模式"

詹姆斯·扬克是美国西伊利诺斯大学经济学教授,是美国市场社会主义的另一位重要理论家。早在 20 世纪 60 年代中期,扬克就开始酝酿"实用的市场社会主义模式"的基本构架和观点。他在西方市场社会主义方面的著述非常丰富,主要有:《市场社会主义概述》《自由市场中的社会主义》《修正的现代社会主义:实用的市场社会主义方案》《后兰格市场社会主义:对利润导向模式的评价》及《利润导向市场社会主义下的资本管理》等。扬克在西方市场社会主义的理论研究领域内不断提出新的观点,是一位思想火花

---

① 参见蒲国良:《当代国外社会主义概论》,中国人民大学出版社,2006 年,第 279～281 页。
② 转引自余文烈等:《市场社会主义:历史、理论与模式》,经济日报出版社,2008 年,第 393 页。
③ 陈学明:《西方马克思主义教程》,高等教育出版社,2001 年,第 611 页。

不断涌现、富有创新意识的左翼学者。

扬克从克服资本主义经济制度分配不平等的弊端出发,认为市场社会主义是比市场资本主义更加优越的一种经济制度,他所提出的市场社会主义理论被称为"实用的市场社会主义模式"。他认为,苏联模式的社会主义虽然失败了,但是就此判断社会主义在世界上没有生命力了也是为时尚早的,当代资本主义在现实中受到了严重的不平等问题的困扰,而市场社会主义的某种适当的方式有可能会提供一种可以相信的、有吸引力的解决方案。当代资本主义制度并不是迄今为止人类历史上最完善的社会制度,其存在着制度性的、难以克服的弊端,即严重的经济不平等现象,尤其是资本主义发展到当前这一阶段,突出的一个问题是严重的非劳动所得的资本受益权收入的不平等分配现象。资本主义制度对金融资产的个人所有者收入的分配原则造成了这样一种形势,即大多数对经济过程做出贡献的辛勤劳动者只能获得很少的或者说根本不能获得资本受益权收入。与此相反,社会极少数的成员由于继承及机会等原因获得了这种收入的很大份额,从而占有大量的社会财富。具体而言,资本家所得的收入远远超出了他们在经济过程中的贡献,与此同时,大多数劳动者阶级和中产阶级没有获得与他们的辛勤付出相等的收益。① 扬克主要将矛头对准了资本主义的分配制度,他结合时代背景对当代资本主义的新特征进行归纳,即日新月异的现代高科技促进了社会生产力的迅猛发展,并由此催生了社会面貌的快速改变,但可惜的是,只有一小部分人才能享受发展带来的成果。

关于资本主义制度下的不平等问题,即使是福山也不得不承认当今以美国为首的西方发达资本主义国家存在着严重的不平等现象,这种不平等现象包括经济收入上的贫富差距、政治参与上的不平等,以及接受教育等各个方面的不平等。福山面对欧美在金融危机中的脆弱性,开始思考自由民主制度本身蕴含的体制性弊端及其解决的办法。他在 2012 年初这样说道:

---

① See James A. Yunker, *Economic Justice: the Market Socialism Vision*, Lanham, Maryland: Rowman & Littlefield Publishers, 1997, pp. 54 – 55.

"实际上,有很多理由使我们相信不平等现象将会加剧。美国现在的财富集中问题已经变得可以自我强化,正如经济学家西蒙·约翰逊所说,金融部门正在运用他的游说能力摆脱更严格的监管。贵族学校发展越来越好,其他学校则越来越糟。各个社会的精英都在运用他们通往政治体系的便利保护自己的利益,却缺少一个能抵消这种影响的民主动员机制来扭转形势。美国精英也不例外。"①福山从一个右翼学者的角度反思了自由民主制度下的不平等现象,让人感到惊奇的是,连一个曾经为资本主义制度大唱赞歌、认为自由民主制度是人类社会最后的管理形式的学者,都开始批判社会不平等现象,由此可见,资本主义制度导致的社会不平等有多么严重。

扬克对当今资本主义社会严重的社会分配不公平现象进行了抨击,并将这种不公平现象归结为少数人掌控了绝大部分的生产资本。在对资本主义私有制进行批判的基础上,他认为,当今时代的社会主义是一种为社会主义寻求一条真正的新出路的探索,它可以详细地描述一种切实可行的、能够产生实效的社会主义经济体系,这种经济体系将凸显鲜明的利益平等的特点,同时也不必去冒险做有可能严重破坏效率的事情。与此同时,他又说道:"如果考虑到美国这样的资本主义国家所具有的这样非常高的经济效率,那么看来确定的是,我们所设想的市场社会主义经济应与现在的市场资本主义经济极为接近。"②从他的这句话中可以看出,一方面,他所推崇的市场社会主义是极为重视效率问题的,要像美国那样的发达国家一样,具有很高的经济效率;另一方面,他提倡的"实用的市场社会主义模式"并不是"另起炉灶",而与现实资本主义社会的经济运行机制相似,是其改良版。"实用的市场社会主义模式"主张:要将资本私人所有制转变为公有制,具体而言就是将目前大部分为私人所有的、能成为收入来源的资本投资财富转变为公共所有,以此缩短乃至最终消除贫富差距问题;建立公共所有局,将其作

---

① [美]弗朗西斯·福山:《自由民主制能否在衰落中幸存?》,孙西辉编译,《社会科学报》2012年2月16日。

② James A. Yunker, *A New Perspective on Market Socialism*, in Comparative Economic Studies, 30(2), 1990, p.113.

为媒介,推进大规模的企业实行国家政府所有制;大规模生产带来的所有权收益以社会红利的形式让社会全体成员获得,红利分配的依据是社会成员个人的劳动收入(工资与薪金),而不是按照拥有货币资本的多少来进行。

不得不说,扬克提出的"实用的市场社会主义模式"并没有对资本主义生产方式进行全盘否定,而是希望与现行的资本主义经济运行机制保持大方向一致的基础上进行局部的调整,主要是分配原则的变化。扬克在阐释自己理论模式的主要特征时就毫不避讳地指出:"实用的市场社会主义经济实际上在每一重要方面都完全模仿现存的市场资本主义经济。它与市场资本主义的相似性出于这样的重要考虑,即保留现存的令人满意的经济效率水平。它只实行最低程度的制度变革,以利于实现非挣得的所有权收入分配的平等化。"①

余文烈等人对扬克的理论进行了中肯的评价:

从总体上看,其模式在理论上自成特色,从向资本公有制的转变和公共所有局及其他公共机构,到社会剩余的分配,再到经济运行方式和机制,扬克都提出来不同于其他市场社会主义理论和模式的方案。从积极意义上看,他的理论模式以特有的方式论证了资本公有制相对私人所有制的优越,在公平和效率两个方面为公有制作了辩护……这些方面,都值得我们重视。但扬克的理论模式存在着一个其自身无法克服的矛盾:一方面是对资本主义私人资本所有制和生息资本的"激进"废除,另一方面却是对市场资本主义机制的最大程度的模仿。这二者之间在理论与实践上的矛盾是扬克模式中将二者机械"组合"的努力难以解决的。可以这样说,扬克的模式在内容上改良性非常浓厚,即他标识的"实用"特征,而在形式上却带有激进变革的面貌。②

---

① James A. Yunker, *Capitalism Versus Pragmatic Market Socialism: A General Equilibrium Evaluation*, Massachusetts: Kluwer Academic Publishers, 1993, p. 1.

② 余文烈等:《市场社会主义:历史、理论与模式》,经济日报出版社,2008年,第250~251页。

从西方左翼学者的角度来讲,像扬克这样的学者大有人在,他们虽然在对资本主义现行政治、经济制度等的批判方面有所保留,但是还能提出符合社会主义价值诉求的相关目标,不管是在学术研究还是在生活实践中向社会主义积极靠拢,这样已经难能可贵了,毕竟在当今世界资本主义与社会主义两大阵营的力量对比中,以中国为首的社会主义阵营力量还相对较弱,而以美国、英国等西方发达资本主义国家为首的资本主义阵营凭借强大的经济及军事实力在国际舞台上拥有很大的话语权。从资本主义生产方式现阶段的特点来看,对市场机制的运用已经相当成熟,在生产过程的高效管理方面也已经积累了非常丰富的经验,如果完全推倒重来,不可避免地会带有强烈的乌托邦色彩。扬克提出的"实用的市场社会主义模式"在对资本的批判方面态度是激进的,符合左翼学者的思想倾向,而在具体操作层面,则是希望最大可能地保留资本主义原有的经济运行模式。

第四节　戴维·施韦卡特的"经济民主的市场社会主义模式"

戴维·施韦卡特,是美国芝加哥洛约拉大学哲学系教授,1942 年出生,曾先后就读于美国弗吉尼亚大学数学系和俄亥俄州立大学哲学系,获数学博士学位和哲学博士学位,从 1975 年开始在洛约拉大学任教。其研究领域相当宽广,涉及马克思主义理论、社会主义理论、社会哲学、政治哲学、女性主义哲学、批判理论、种族问题和种族主义理论等,是美国市场社会主义在当代的又一位代表性人物,其著作大多被译成多种文字在世界范围出版。主要代表作有:《资本主义还是工人管理?——一种伦理学和经济学的评判》《反对资本主义》《资本主义之后》等。作为一位西方左翼学者,他一直致力于为资本主义寻找一种可行的替代方案,在对自由资本主义进行深入反思与批判的基础上,运用经济学与哲学等方法,多角度分析了市场与社会主义相结合的可能性及优越性,其市场社会主义的理论模式被称为"经济民主的市场社会主义模式"。

伯特尔·奥尔曼主编的《市场社会主义——社会主义者之间的争论》一

书收录了施韦卡特撰写的三篇论文,其中一篇论文名为"市场社会主义:一个辩护"。在这篇论文中,施韦卡特专门列了一部分阐述中国运用市场机制后产生的一系列变化,并认为事实胜于雄辩,中国对市场机制在现实中的成功运用从一个重要方面表明了市场社会主义的活力。虽然他又认为中国的情况相当复杂,尚不清楚中国的发展前景究竟如何,但是他还是发出了这样的感慨:"经验的证据没有表明中国是乌托邦。中国取得的成就是令人惊异的。"①由此可见,作为一个西方左翼学者,施韦卡特对中国社会主义市场经济的发展极为关注,并对以市场社会主义的模式探索整个社会主义事业的改革创新寄予了厚望。关于施韦卡特在《市场社会主义——社会主义者之间的争论》一书中的另外一些观点,本书将在下一小节中再进行具体阐述。

施韦卡特本人曾于 2002 年首次来华参加在杭州举办的"全球化、现代化与中国道路"国际学术研讨会,并作了题为"关于马克思主义与向社会主义过渡的十大论题"的主题发言,介绍了自己关于"经济民主的市场社会主义模式"的学术研究成果并表达了对中国经济改革的浓厚兴趣。他这样说道:"我很想利用这个机会归总一下这项研究的成果,并运用这些成果来思索中国的未来。中国是一个幅员辽阔、有 12 亿人之多人口的复杂社会。作为一个美国人,我既不懂中国的语言,亦非其研究专家。但很久以来,我一直对世界-历史性的试验感兴趣,而它在这个国度已经实践了半个世纪。"②在施韦卡特看来,中国进行的社会主义市场经济体制的改革探索是一次具有世界意义的重要尝试,他对这一尝试的未来发展抱有殷切希望。他特别指出:"如果说 20 世纪是美国的世纪,那么 21 世纪将是中国的世纪……如果有中国特色的市场社会主义的大胆创新实验是成功的,那么 21 世纪必将是中国的世纪。如果中国真的能够完善一种真正民主的、工人自我管理的社会主义所要求的某些机制,那么,'中国案例'将比苏联案例(尽管有这样那

---

① [美]戴维·斯威卡特:《市场社会主义:一个辩护》,载[美]伯特尔·奥尔曼编:《市场社会主义——社会主义者之间的争论》,段忠桥译,新华出版社,2000 年,第 5 页。

② [美]戴维·斯威卡特:《关于马克思主义与向社会主义过渡的十大论题》,李智编译,载李惠斌、叶汝贤:《当代西方社会主义研究》(第四卷),社会科学文献出版社,2006 年,第 34 页。

样的缺陷,但毕竟维持了半个世纪)要鼓舞人心得多。"①

从上述话语中可以看出,施韦卡特对社会主义的发展前景充满希望,他与罗默一样,在东欧剧变之后,并不同意西方某些所谓的"权威人士"宣布社会主义的死亡和作为历史终结的自由资本主义的胜利。他认为马克思主义经典作家的历史唯物主义基本原理至今仍然是正确的,并没有因为跨越资本主义的首次努力的失败而被驳倒。对于西方某些别有用心的政客及右翼学者所津津乐道的东欧剧变,他这样说道:"令人惊异的不是苏联实验的失败,倒是这样一个事实,苏联竟然能够在面临如此强大而挑衅的仇视下坚持了如此之久。"在思考东欧剧变原因的基础上,施韦卡特详细阐释了自己的"经济民主的市场社会主义模式"。

施韦卡特重点阐述了经济民主与政治民主的关系,主张将两者结合起来,他将自己提出的"经济民主的市场社会主义模式"与当时南斯拉夫的改革进行了一番比较之后,在《反对资本主义》这本著作中作出了这样的一番阐释:"南斯拉夫社会主义在其典型形式上(从理论上说),在工作场所是民主的,但却存在着一种一党制的、集权的国家;现代西方资本主义(从理论上说)在政治上是民主的,但在工作场所却是集权的。我们的模式在两个领域中都是民主的。"②

我们先来回顾一下施韦卡特提到的当时南斯拉夫进行的改革。作为东欧社会主义国家之一,南斯拉夫一开始效仿苏联,建立了高度发达的计划经济体制,但是随之而来的一系列弊端逐步被以铁托为代表的南斯拉夫人民所觉察到,他们认为在高度计划的经济体制下,经济由国家直接管理,工人缺乏主动性和积极性,从而无法在物质上关注自己的劳动果实,这大大影响了工人生产的积极性。为了克服这些弊端,他们从20世纪50年代开始至80年代末,先后发起了以"工人自治""社会自治"及"联合劳动自治"为三大阶段的"自治模式"的经济改革运动。具体而言,这场经济改革运动分为三

---

① [美]戴维·施韦卡特:《关于马克思主义与向社会主义过渡的十大论题》,李智译,载李惠斌、叶汝贤:《当代西方社会主义研究》(第四卷),社会科学文献出版社,2006年,第64页。

② David Schweickart, *Against Capitalism*, Cambridge University Press, 1993, p.67.

个阶段:第一个阶段是 1950 年至 1963 年,这个时期南斯拉夫实行自治经济制度,把集中于中央的权力下放到地方,把工厂交给工人管理,改革收入分配制度,扩大企业财权,注意发挥市场机制作用;第二个阶段是 1963 年至 1971 年,这一阶段进一步扩大自治范围,继续下放财权,同时改革价格、外贸和外汇等制度;第三个阶段是 1971 年至 20 世纪 80 年代末,这一时期主要是修订经济法规,实行稳定经济政策,调整经济结构,实行自治社会计划制度,在加强自治的基础上实现联合劳动。通过这三个阶段的经济改革运动,南斯拉夫由过去的一个贫困落后的农业国转变为一个以工业为主的中等发达国家,在 1953—1980 年,社会总产值比过去增加了 5 倍,国民收入按人口平均计算,1947 年不足 200 美元,1980 年则达到了 2200 美元。在南斯拉夫经济体制改革的影响下,像捷克斯洛伐克、波兰等其他一些东欧社会主义国家,也开始尝试将一些市场的元素结合到社会主义的经济生活中去并取得了一定的效果,尤其是捷克斯洛伐克的改革彰显出勃勃生机,被称为"布拉格之春"。可惜这些经济体制改革后来在苏联的武力干涉下都没有继续下去,着实让人遗憾不已。

关于"经济民主的市场社会主义模式",施韦卡特自己是这样认为的:"我本人的、被称为经济民主的(Economic Democracy)市场社会主义模式不同于罗默的模式,我的模式把工人的自我管理置于这一制度的核心,以反对平均主义的生产资料所有制。"[①]这段话阐述了施韦卡特"经济民主的市场社会主义模式"的主体内容,不难看出,他对"工人的自我管理"的认知,与现实世界南斯拉夫融合了市场元素的经济改革运动密切相关。具体而言,施韦卡特对南斯拉夫经过经济改革运动呈现的实践中的经济民主状态进行了肯定,但是对其因采用苏联模式的高度集中的政权模式而带来的政治民主状况提出了批评。与此同时,他对现实资本主义社会中存在的政治的民主状况与经济活动中的集权状况进行了批判,而他所建立的"经济民主的市场社

---

① [美]戴维·斯威卡特:《市场社会主义:一个辩护》,载[美]伯特尔·奥尔曼编:《市场社会主义——社会主义者之间的争论》,段忠桥译,新华出版社,2000 年,第 15 页。

会主义模式"旨在说明政治民主与经济民主相辅相成,缺一不可。他的"经济民主的市场社会主义模式"具体包括:每一个生产企业都由工人进行民主控制,工厂生产什么及如何生产、生产过程的管理组织、利润的分配等,都由工人以投票的形式进行民主决策,在一些规模较大的企业,则由工人们自己推选出相应的代表,再由这些代表来进行决策;运用市场机制,实施市场经济,市场经济对效率的注重可以弥补苏联模式社会主义采用单一的计划经济所带来的效率缺失这一弊端;倡导社会控制投资模式,社会向企业征收资本税,具体由中央政府征集,再通过地方银行网络分散投放到全社会中去,等等。施韦卡特这样说道,"经济民主的市场社会主义可被视为有着三个基本结构的经济制度,这三个基本结构是:企业的工人自我管理、投资的社会控制、商品和服务的市场化。这些不同于资本主义的确定的组成部分:雇佣劳动,生产资料私有制,商品、服务、资本和劳动力的市场"①。

张志忠对此进行了评价:"施韦卡特的'经济民主社会主义'模式是一种广泛意义上的市场社会主义,他对企业民主和社会控制投资的设计不但拓宽了其他一些市场社会主义模式只关注但不深入阐述市场运作设计的研究范围,而且具有更多的实践操作性。这个模式在西方左翼经济理论中产生了较大的影响。"②的确如此,若将施韦卡特的市场社会主义模式与扬克的市场社会主义模式进行比较,可以看到前者的模式建构更加深入,更具有现实中的可行性,尤其凸显了生产过程中"人"的重要作用,强调劳动者应当充分激发自身的潜能,发挥主观能动性,减少对"物"的依赖性,加强自我管理,凸显主体地位。在这个方面,施韦卡特的市场社会主义理论模式使我们想到了马克思关于异化劳动的理论,这是马克思早期著作《1844 年经济学哲学手稿》的核心观点。在马克思看来,在私有制前提下,劳动存在着严重的异化现象,这就是异化劳动的存在。当马克思直面人的劳动异化问题之时,也就

---

① [美]戴维·斯威卡特:《市场社会主义:一个辩护》,载[美]伯特尔·奥尔曼编:《市场社会主义——社会主义者之间的争论》,段忠桥译,新华出版社,2000 年,第 16 页。
② 张志忠:《当代西方市场社会主义思潮:模式、理论与评价》,内蒙古大学出版社,2006 年,第149 页。

是他去除对资本主义发展前景的一切美好幻想,坚定地树立起社会主义和共产主义信念之时。马克思的异化劳动理论或者说劳动异化理论包括四个方面:工人与劳动产品的异化、工人与劳动本身的异化、人与人的类本质之间的异化,以及人与人的异化。这四个方面的异化是密切相连,存在一定的内在逻辑演变关系的。所有形式的异化都源自"工人与劳动产品的异化"这一基本现实。工人对其劳动成果拥有权的丧失导致了劳动本身的矛盾与痛苦,劳动本身的矛盾与痛苦又导致了人与自由自觉的类本质的冲突,在此基础上最终导致了人与人关系的异化。无疑,马克思的异化劳动理论是对资本主义罪恶的无情揭露与批判,同时也为社会主义革命和建设事业提出了新的历史使命。而施韦卡特的"经济民主的市场社会主义"模式在某种程度上积极地回应了马克思的劳动异化理论,为社会主义制度背景下防止出现工人劳动异化的问题提供了可供借鉴的视角。

施韦卡特希望通过构建"经济民主的市场社会主义模式"为资本主义的市场选择理论找到可替代的方案,这是一种很有益的探索。施韦卡特不仅提倡政治民主与经济民主相统一,而且强调效率与社会主义价值目标相统一。他这样说道:"市场社会主义不但坚决反对资本主义,而且还体现了社会主义传统的最美好的理想和价值,对于生产者控制经济而不是经济控制生产者的理想而言,它是可信的。市场社会主义不是'乌托邦'社会主义。它承认至少在我们发展的现阶段,我们的价值不会完美地实现,承认确实存在不得不做出权衡的问题。但这完全是可靠的(马克思主义的)常识。"①这段话体现了施韦卡特对待资本主义和社会主义的不同态度,也表达了他所认可的市场社会主义的"应然"状态。余文烈等人对施韦卡特的"经济民主的市场社会主义模式"进行了如此评价:

施韦卡特经济民主模式的独特之处在于:其一,它不是把市场放在

---

① [美]戴维·斯威卡特:《市场社会主义:一个辩护》,载[美]伯特尔·奥尔曼编:《市场社会主义——社会主义者之间的争论》,段忠桥译,新华出版社,2000年,第19~20页。

第一位,而是把工人的自我民主管理放在第一位,他明确地指出了自由资本主义市场的弊端,提出对市场进行民主的限制和约束。其二,他涉及了较深层次的问题,即工人在经济社会中的身份和地位问题,指出工人的劳动力不是商品,不是和资金、土地一样的"生产要素"。①

---

① 余文烈等:《市场社会主义:历史、理论与模式》,经济日报出版社,2008年,第309页。

第四章　关于西方市场社会主义的争论及评价

　　西方市场社会主义诞生于兰格与米瑟斯及哈耶克等人的理论大争论中,随着原来的苏联及东欧社会主义国家等"现实社会主义"的发展演变,经历了一系列的理论大辩论,在东欧剧变之后,围绕社会主义能否与市场兼容的问题,又展开了诸多讨论,有些学者拥护,有些学者反对,还有些学者保持中立的态度。暂且不论争论的各方最后究竟谁胜谁负,也不管这些争论是来自西方市场社会主义理论阵营之内还是之外,整个辩论的过程迸发了智慧火花,促进了理论创新,带来了思想启迪,因此西方市场社会主义作为一个理论流派正是在不断的思想激荡中向前发展的。西方市场社会主义与其他一些偏重学术研究、思辨意蕴浓厚的理论流派有所不同,它的最大特点是与现实密切相关,是人们在日常生活中必须要接触的活生生的事物,也是每个人在日常生活及工作中需要及时处理的重要问题。如何恰当地处理好市场与社会主义的关系,这既涉及国家层面的政治制度、经济制度等宏观布局,又涉及企业生产的自主性、灵活性及规划性等方面,还涉及个人在交换及消费等领域的经济行为。不言而喻,西方市场社会主义所探究的主题因其重要性而吸引了众多学者的关注,并开展了广泛而深入的探讨。本章主要介绍一些国外学者围绕西方市场社会主义展开的争论,同时还介绍国内外部分学者对西方市场社会主义所做的评价。

第一节 伯特尔·奥尔曼等人的争论

伯特尔·奥尔曼是纽约大学政治学教授,被称为当今世界"辩证法的马克思主义"学派的代表人物,也是美国著名的马克思主义理论家。他1935年出生于美国威斯康星州,1963年获得威斯康星大学政治学硕士学位,1967年在牛津大学获得政治学博士学位,之后进入纽约大学工作,并先后被聘为马里兰大学、牛津大学、牙买加西印度洋大学和哥伦比亚大学的兼职教授,曾担任纽约大学马克思主义研究中心主任,做过纽约WBAI电台"访问马克思主义思想家"访谈节目主持人,也曾担任《新政治学》《社会主义和民主》等多家杂志的编辑。其主要研究方向是:马克思主义理论、辩证法、政治思想史。他的主要著作有:《异化:马克思关于资本主义国家中人的概念》《市场社会主义——社会主义者之间的争论》《社会的和性别的革命》《辩证的调查》《社会主义教育学研究》(合编)、《左派学院:美国大学校园的马克思主义学术研究》(合编,三卷本)及《美国宪法:200年的批判》(合编)等。《市场社会主义——社会主义者之间的争论》一书是由奥尔曼组织一批西方左翼学者讨论汇聚而成,由他编辑并撰写导言出版的,其中译本由中国人民大学段忠桥翻译。鉴于此书在西方市场社会主义研究领域产生的广泛学术影响力,我们在以下部分的论述中主要通过介绍此书中提及的重要观点,来展现围绕西方市场社会主义这一理论流派产生的争论。

在此书的导言部分,奥尔曼认为,在当今世界有许多学者着眼于对资本主义社会进行批判,但仅仅批判是远远不够的,还必须要将更多的注意力投向社会主义,既然人们试图为资本主义寻找一种更优越的替代方案,那么就应当优先考虑说明并描绘这一可能的替代方案是什么,如此才能让其他人有充分的理由选择通向这种未来,而不是另外一种未来的道路。他这样说道:"今天的资本主义占据着一块处于并不必要和不可能之间的日益缩小的狭长地带,来自这两边的大浪正在淹没它。但在被围困的人们寻找安全的高地之前,必须说服他们相信资本主义已经非常严重的问题不仅正在恶化,而且的确存在一块他们可以逃到那里的高地。"①

　　的确如此,奥尔曼讲得非常有道理,他清楚地看到了身处资本主义自由民主制度之下的很多西方左翼学者对该制度的反思、批判,对资本主义社会中那些或显性或隐性的不公平现象的抨击。这样的反思与批判无疑显示了这些左翼学者所具有的社会责任感,他们的客观阐述将资本主义制度的本真面貌全方位地呈现在世人面前,尤其是让西方世界那些右翼政客及右翼学者所吹捧的完美的政治制度之梦得以破灭,奥尔曼对此是极为肯定的,但是他又不满足于这一点。他所期待的是越来越多的西方学者,尤其是左翼学者能够从各个方面尽力去诠释比现有的资本主义制度更具优越性的可替代方案——社会主义,只有通过学者们的不懈努力,将社会主义更先进的一面展示在世人面前,人们才会抛弃面临"走什么样的道路"这一选择时产生的困惑,更加主动地选择通向社会主义的道路。当然,对于西方左翼学者来说,在苏东地区发生剧变之后,这样一种理论层面的诠释和现实中的践行似乎变得更加困难,面临更多的来自西方世界的诘难,但是无论如何也不能就此退缩,比如市场社会主义就是一种不错的、可行的资本主义替代方案,既在理论层面具有丰富的内涵,又在实践层面具有很大的可操作性。也就是说,一方面,奥尔曼期待有更多的西方左翼学者大胆揭露资本主义制度下那些非常严重的社会问题;另一方面,他也真诚地希望更多的学者去描述及揭示社会主义制度的优越性。在奥尔曼的眼中,这是在日益狭小地带中生存的资本主义中的人们能从滔天巨浪中逃脱的"安全高地"。

　　围绕西方市场社会主义,一共有四位学者参与了这次理论探讨,这四位学者都属于西方左翼学者的阵营,他们是戴维·施韦卡特、詹姆斯·劳勒、奥尔曼、希勒尔·蒂克庭,其中前两位学者为西方市场社会主义进行了辩护,后两位学者对西方市场社会主义的某些不足进行了批判,这四位学者之间在理论层面有相互往来的应战。他们都对资本主义社会中出现的那些丑

---

①　[美]伯特尔·奥尔曼编:《市场社会主义——社会主义者之间的争论》,段忠桥译,新华出版社,2000 年,导言部分,第 1 页。

恶现象深恶痛绝,希望通过自己的发声,来唤醒仍然沉溺在虚幻的资本主义美梦中的人们,同时他们都对社会主义、共产主义抱有强烈的感情,除了自身被其吸引,还希望把人们从资本主义的道路上引导到社会主义、共产主义的道路上去。毫无疑问,在对待资本主义、社会主义及共产主义的态度方面,这四位学者的政治立场是基本一致的,他们的主要分歧在于,市场经济是否应当成为资本主义可替代方案的一个重要组成部分。换言之,他们对西方市场社会主义具有不同的看法,在究竟是以市场社会主义的模式还是以其他某种形式的社会主义来实现从资本主义到社会主义的过渡方面存在分歧。

一、施韦卡特的观点

在前面我们已经较为详细地介绍了施韦卡特的市场社会主义理论,学界一致将其市场社会主义理论归于"当代西方市场社会主义",本书也一样。其理论模式被称为"经济民主的市场社会主义模式",这一称谓得到了他本人的认可。施韦卡特在有关"什么是市场社会主义?"这一问题的探讨中这样说道:

> 我想为一个由两部分构成的理论做辩护:(a)市场社会主义,以社会主义者和非社会主义者广泛持有的标准来衡量,至少它的某些形式,是大大优于资本主义的可行的经济体制。(b)在人类发展的现阶段,它既是唯一可行的社会主义形式,也是唯一合乎需要的社会主义形式。非市场的社会主义形式或者在经济上是不可行的,或者从标准上看是不合需要的,而且常常同时是两者。①

从这段话中不难看出,施韦卡特在"市场"对于社会主义所具有的价值功效

---

① [美]戴维·斯威卡特:《市场社会主义:一个辩护》,载[美]伯特尔·奥尔曼编:《市场社会主义——社会主义者之间的争论》,段忠桥译,新华出版社,2000 年,第6页。

这一点上看得非常清晰,他将市场社会主义作为对资本主义社会进行"救赎"的唯一路径、唯一形式,他想象不到除了市场社会主义这一理论模式,还有哪种形式的社会主义理论模式可以成功地成为现有资本主义制度的替代品。施韦卡特在为市场社会主义辩护这一点上态度坚决,给予了市场社会主义不可替代的地位评价。他还进一步直抒胸臆,对资本主义的自由市场机制进行了深入批判,并在此基础上说明了市场社会主义对资本主义自由市场经济及计划经济的双重超越:

> 长期以来,市场一直受到资本的辩护士的吹捧,他们把资本当作使我们摆脱不必要的复杂事物的自动管理者。遗憾的是,正如我们现在已看得很清楚的那样,一旦市场超出商品和服务而伸向资本和劳动,它就开始咬邻居,在地毯上撒尿,甚至更糟。而且它就是这样自动起作用的。市场社会主义的关键问题是要在这些消极的后果中起支配作用,而又不使经济服从无所不包的计划所包含的大量清规戒律。①

在论述的过程中,施韦卡特还专门结合马克思主义经典作家的相关思想进行了论证,除此之外,他还对"市场 = 资本主义"这样的错误观点进行了澄清,并对某些学者全盘否定中央计划作用的做法进行了批判。

二、劳勒的观点

他是美国布法罗纽约州立大学哲学系教授,也是美国马克思主义哲学研究会的主席。他博士毕业于芝加哥大学,主要的论著有:《让 - 保罗·萨特的存在主义的马克思主义》《智力测验、遗传特征和种族主义》《我们告诉孩子们多少真理?——儿童文学的政治学》等,在马克思主义理论、德国古典哲学及教育理论方面论著颇丰。劳勒对西方市场社会主义进行辩护的最

---

① ［美］戴维·斯威卡特:《市场社会主义:一个辩护》,载［美］伯特尔·奥尔曼编:《市场社会主义——社会主义者之间的争论》,段忠桥译,新华出版社,2000 年,第 19 页。

大特征是密切联系马克思主义的经典著作,他凭借深厚的马克思主义理论功底,紧紧围绕《共产党宣言》《共产主义原理》《资本论》《哥达纲领批判》及《法兰西内战》展开了关于市场社会主义的论述。对马克思和恩格斯这些经典著作的分析丝丝入扣,一番解读与阐释显示出自己独特的理论视角。在他看来,马克思是一个不折不扣的市场社会主义者,其很多论著中关于市场与社会主义的探究说明了这一点,至于那些认为马克思本人是反对市场的观点是站不住脚的。劳勒这样说道:

> 越来越多的社会主义者已经完全抛弃了中央计划的想法,认为社会主义是与市场关系的继续存在相适合的。他们论证道,标志苏联绝大部分历史特征的中央集权的"国家社会主义"——如果它真的应被称为社会主义的话——应同与多元的民主制度相联的、分散的市场社会主义区别开来。①

劳勒这里提及的他人的观点,他本人是持肯定态度的。他在认真分析《共产党宣言》及《共产主义原理》的基础上,认为革命之后由无产阶级国家开创的市场并不是严格意义上讲的资本主义的市场,无产阶级政府的目标也不是消除竞争,而是消除工人间对他们的劳动力价格的竞争,为了实现这一目标,应当对市场加以指导利用,而不是直接废除市场的存在。劳勒这样说道:

> 由于无产阶级国家的自觉管理,市场开始起反对资产阶级和维护无产阶级的作用。它不再是一种盲目的自然力,在这种自然力中,孤立的生产者的相互作用的发生仿佛是一种外在的自然力量在起作用。合理的或自觉的因素——计划,改变了市场的生产,而不是简单取代了

---

① [美]詹姆斯·劳勒:《作为市场社会主义者的马克思》,载[美]伯特尔·奥尔曼编:《市场社会主义——社会主义者之间的争论》,段忠桥译,新华出版社,2000 年,第 23~24 页。

它。显然,这里仍存在成为中心的国家干预经济的一席之地。但这不是对企业活动的宏观管理问题,而主要是制定和实施新的游戏规则的问题。①

由此可见,同为西方市场社会主义的辩护者,劳勒与施韦卡特一样,在反思计划经济的同时看到了其闪光点,没有对其进行彻底否定。劳勒想用市场来反对资本主义,这一观点很是新颖,当然这里的市场与资本主义制度下的市场并不完全一致,这是带有无产阶级国家的性质、能够体现出对无产阶级利益进行维护的"市场"。

三、奥尔曼的观点

奥尔曼在《资本主义社会和市场社会主义社会中的市场神秘化》一文中集中阐述了两个方面:一是对资本主义社会中的市场进行批判,二是对西方市场社会主义进行批判。他与蒂克庭一起站在了施韦卡特与劳勒的理论对立面。他认为在资本主义国家人们被当成白痴一样对待,很多事情缺少透明度,市场自身具有神秘化的特征与趋势,市场经济能够迷惑身处其中的人们,使他们的理性判断力丧失,继而对那些伴随着市场经济而来的社会和经济的不平等现象、失业现象、搁置的机器和空闲的工厂、被破坏的生态环境、普遍存在的腐败及过度的贪婪等产生不满情绪,但是苦于找不到这些现象的真正的动因来进行发泄。奥尔曼指出:"因而只有批判市场的神秘化才能使我们把责任归于该归罪的地方,这就是归罪于资本主义市场本身和统治它的阶级,以使人民看到需要创造一种新的组织生产和分配社会财富的方式。"②奥尔曼对资本主义社会弊病的揭露可谓相当彻底,他认为资本主义擅

---

　　①　[美]詹姆斯·劳勒:《作为市场社会主义者的马克思》,载[美]伯特尔·奥尔曼编:《市场社会主义——社会主义者之间的争论》,段忠桥译,新华出版社,2000 年,第 33 页。
　　②　[美]伯特尔·奥尔曼:《资本主义社会和市场社会主义社会中的市场神秘化》,载[美]伯特尔·奥尔曼编:《市场社会主义——社会主义者之间的争论》,段忠桥译,新华出版社,2000 年,第92 页。

长以欺骗民众的方式,通过许多机构、环境和习惯将原本不正常的事物变得正常,原本不公平的事物看上去公平,本来大家都不愿意接受的事情变得自然而然被大家接受,这就是"意识形态工厂"的作用。倘若我们聚焦于市场,就会看到市场经历可以造成"市场意识形态",这也是非常有利于资本主义社会统治阶级的统治的。奥尔曼认为,市场主要分为四种:成品或商品市场、资本市场、货币和各种金融证券市场、劳动力市场,在这四个不同类型的市场之中,每个人都与其他人展开激烈的竞争,每个人都希望自己能够尽量多挣钱、少付钱。奥尔曼在对不同的人参与这四个市场的具体情况进行分析的基础上,进一步揭露了市场对资本主义制度的维护作用及市场使人们一切"向钱看",甚至泯灭了纯真的人性,整个社会拜金主义之风盛行。他尖锐地批判道:

> 每一个人都试图把他人当作手段以达到目的;世界被认为是由可以用钱买的东西构成的,以致东西在很大程度上是根据它们值多少钱来看待的;资本、地产和货币赚更多的钱的能力被认为是这些经济形式各自的自然特性,同样明显的是"钱生利"这句话被理解为钱是没有它什么事也办不成的权力,以致对钱的贪婪成了天经地义的……那些放弃市场的人,因而这些自由和平等的看法对他们是不能适用的人,被认为是缺少人性的;市场虽然是神秘的,但却被看成一种神奇的具有自己的生命力的机制,对它损害的越小,它的作用发挥的越好。①

这段论述可谓相当精彩,奥尔曼穿过资本主义意识形态的迷雾,无比清晰地看到了脉脉温情之下那些被掩盖起来的残酷真相,他对金钱至上主义的批判入木三分,当然,他这里所批判的市场主要是指资本主义自由市场,即新自由主义视域中被哈耶克等人所崇尚的自由市场。奥尔曼论述了市场使生

---

① [美]伯特尔·奥尔曼:《资本主义社会和市场社会主义社会中的市场神秘化》,载[美]伯特尔·奥尔曼编:《市场社会主义——社会主义者之间的争论》,段忠桥译,新华出版社,2000年,第96~97页。

产、异化、剥削和阶级本身等诸多方面趋于神秘化,这些都是值得批判的现象。

在对资本主义社会中的市场进行批判的基础上,奥尔曼将目光转向了针对西方市场社会主义的批判。他提出了"市场社会主义会消除市场神秘化吗?"这一问题,他这样说道:

> 由于市场对那么多的神秘化负有责任,这些神秘化反过来又促成了大量的资本主义最严重的问题,那社会主义者似乎应是同心协力想要尽快消灭它们的人。但实际情况却根本不是这样。相反,现时的社会主义思想中最有影响的一种思潮要让市场在任何未来的社会主义社会继续起实质性的作用。①

这里,奥尔曼提及的"现时的社会主义思想中最有影响的一种思潮"指的就是西方市场社会主义。随后奥尔曼从企业所有者、商品市场、生产及货币等各个方面阐述了市场社会主义者所提出的理论模型能否消除市场的神秘化问题,他最终认为是不能的。虽然他承认西方市场社会主义者设计的东西与市场资本主义之间存在一些关键性差异,但是由于人们在依靠自身的劳动力赚取工资的工作经历方面、购买商品的日常生活经验方面相似,再加上具有作为他们所在企业的共有人这样的新角色,很有可能会出现与资本主义条件下相似的东西。在奥尔曼看来,一些西方市场社会主义者自诩可以用自己的理论模型来解决当前资本主义社会围绕市场产生的诸多现实问题,实质上是行不通的。他这样说道:

> 那些把市场社会主义理解为工人和私人所有的企业的混合,认为它就是人类可以达到的一切,并相信我们当下在资本主义内部就可开

①　[美]伯特尔·奥尔曼:《资本主义社会和市场社会主义社会中的市场神秘化》,载[美]伯特尔·奥尔曼编:《市场社会主义——社会主义者之间的争论》,段忠桥译,新华出版社,2000 年,第113 页。

始建设这样一个社会的人,充其量不过是改良主义者,而不是社会主义者,因为他们的市场社会主义实际上是资本主义的改良。①

很多西方市场社会主义的理论家认为要扩大经济民主,增加工人在企业中的主体地位,并主张工人应当共同拥有企业的所有权,关于这一点,奥尔曼将其作为改良主义来看待。同时,他还批判了某些西方市场社会主义者,比如一起参与辩论的施韦卡特,认为他们所主张建构的理论模型也是行不通的,具有乌托邦性质,他们的市场社会主义目标不过是乌托邦社会主义的变种。客观地讲,奥尔曼对西方市场社会主义某些理论模型脱离实际的乌托邦倾向进行批判,这是很有道理的,这也是国内外部分学者批评西方市场社会主义的一个主要方面。

在《资本主义社会和市场社会主义社会中的市场神秘化》一文的结束语部分,奥尔曼总结了自己对西方市场社会主义所做的十个方面的批判,主要内容有:第一,市场社会主义者把市场与社会的其他领域,特别是生产领域割裂开来;第二,把资本主义环境特有的缺少透明性的问题带入了社会主义,而没有提及人们在市场中的经历的神秘化;第三,市场社会主义不能作为一种社会主义形式运行,因为它保留了市场,因此继续保留了资本主义的社会化生产和私人占有之间的主要矛盾;第四,即使市场社会主义可以运行,或在它可能的程度上可以运行,也不会对当前的情况有很大的改进,因为异化将继续存在;第五,即使市场社会主义可以运行,或在它可能的程度上可以运行,由于实行用货币分配商品,它会继续保留现存制度的很多不平等;第六,资本家会像反对真正的社会主义那样来反对市场社会主义;第七,如果说市场社会主义在现存的条件下是不可能的,那它在社会主义革命后也是不必要的,因为那时会发生很多变化;第八,市场社会主义对中央计划的批判,几乎完全基于苏联的不太相关的经验和基于革命成功后的工人与

---

① [美]伯特尔·奥尔曼:《资本主义社会和市场社会主义社会中的市场神秘化》,载[美]伯特尔·奥尔曼编:《市场社会主义——社会主义者之间的争论》,段忠桥译,新华出版社,2000年,第121页。

现在的工人没有什么区别这一不现实的假定;第九,市场社会主义使人们对市场的极坏作用感到迷惑,这损害了对资本主义进行阶级斗争所需要的激烈的批判;第十,对于那些对马克思在这一问题上的观点感兴趣的人来说,马克思显然是坚定不移地反对市场社会主义的。① 可以说,奥尔曼对西方市场社会主义不足之处的反思相当彻底,当然,这只是他的一家之言,实际上他所提及的很多西方市场社会主义所谓的"不足"都缺乏进一步的论证,难免有夸大其词的嫌疑。对此,劳勒专门进行了理论反驳。

四、蒂克庭的观点

他是英国格拉斯哥大学俄国和东欧研究所的研究人员,是社会主义理论与运动研究中心主任,兼任《批判:社会主义理论杂志》的主编,主要的著作有:《苏联危机的起源:分裂的政治经济》《南非种族歧视的政治学》及《列·托洛茨基的思想》(合著)等,发表的论文数目众多。在《问题在于市场社会主义》一文中,他与奥尔曼保持了同样的理论立场,毫不客气地质疑西方市场社会主义。他在导言部分就直接这样说道:"到1996年,市场社会主义作为一种学说几乎已没有任何生命力了。"②随后,他结合社会主义发展史、马克思的相关阐述、斯大林主义及市场社会主义早期兰格与米瑟斯的争论等,表达了自己对西方市场社会主义的批判。他认为市场和社会主义两者之间必然存在冲突,市场社会主义并不能带来效率。他这样概括道:

计划和价值是不相容的。就它们通过社会民主主义和斯大林主义这样做了而言,这种混合持续了一个不长的历史时期。尽管这两种制度有着不同的混合并产生了不同的结果,它们共同走到了这条路的尽

---

① 参见[美]伯特尔·奥尔曼:《资本主义社会和市场社会主义社会中的市场神秘化》,载[美]伯特尔·奥尔曼编:《市场社会主义——社会主义者之间的争论》,段忠桥译,新华出版社,2000年,第137~138页。

② [英]希勒尔·蒂克庭:《问题在于市场社会主义》,载[美]伯特尔·奥尔曼编:《市场社会主义——社会主义者之间的争论》,段忠桥译,新华出版社,2000年,第61页。

头。它们都没有任何前途。市场是乌托邦的,它的时代已经过去了。①

蒂克庭的看法未免太悲观了,对西方市场社会主义理论流派的价值判断也有些过激,这是与事实发展不相符合的。东欧剧变之后,有越来越多的学者开始关注市场与社会主义两者的结合,西方市场社会主义的研究队伍不断得到扩大,这些都表明社会主义与市场,或者说蒂克庭所提及的“计划和价值”是可以相容的。

以上笔者简单地介绍了施韦卡特、劳勒、奥尔曼及蒂克庭这四位西方左翼学者对西方市场社会主义的基本看法,他们之间还展开了相互间的批判与反批判。在“反批判”阶段,每位学者对自己的观点进行了进一步的补充和说明,逐一回复了理论对手的质疑。虽然这四位学者对西方市场社会主义的态度不尽相同,但是他们的争论将西方市场社会主义的优点与不足都展示在众人面前,就这一理论争鸣本身来讲是一件非常有意义的事情。马克思主义基本原理告诉我们,要看到事物发展过程中的两面性。四位学者分属“赞成”与“反对”两派,通过争论,不仅使身处其中的他们进一步弄清了问题的症结之所在,还使其他关注这场争论的学者对西方市场社会主义的利弊看得更加清晰,进一步强化了对西方市场社会主义的问题意识。

第二节　克里斯托弗·皮尔森的评价

克里斯托弗·皮尔森是英国诺丁汉大学政治系教授,主要著作有:《马克思主义理论和民主政治》《超越福利国家?》《同安托尼·吉登斯的谈话:理解现代性》及《新市场社会主义——对社会主义命运和前途的探索》等。另外还发表了很多理论文章,产生了广泛的影响,这些论文主要包括:《“例外的”美国:是第一个新国家还是最后一个福利国家?》《福利国家和社会民主:

---

① ［英］希勒尔·蒂克庭:《问题在于市场社会主义》,载［美］伯特尔·奥尔曼编:《市场社会主义——社会主义者之间的争论》,段忠桥译,新华出版社,2000 年,第 89 页。

通向权力的瑞典社会民主主义道路再研究》《民主,市场和资本:是否存在民主的必要经济限制?》及《"后福特主义"福利国家形成过程中的连续性和非连续性》等。皮尔森的重点研究领域为西方福利国家和社会主义运动的理论与实践,尤其是西方民主社会主义。皮尔森在《新市场社会主义——对社会主义命运和前途的探索》一书中,以一种总体性的眼光对西方的新社会主义模式——市场社会主义的各种理论模式进行了介绍、概括及评价,以期解决西方社会在经济、政治、社会和意识形态等方面面临的普遍问题。本书在以下的行文过程中具体围绕皮尔森的这本著作来介绍他对西方市场社会主义所做的评价。

在该书的导言部分,皮尔森回应了东欧剧变之后某些西方右翼学者所提出的"历史终结论"及"社会主义死亡论",他明确表示这样的论断现在还没有足够的事实证据去证明它们是正确的,带有渲染夸大的色彩,当然,这些夸大其词主要源于现实社会发生了变化,这也意味着社会主义一些传统信仰及其可能赖以实现的具体组织机构正面临前所未有的挑战,必须要进行根本性的变革。显然,皮尔森并不赞同以福山为代表的为资本主义制度庆祝的学者的观点,但是他认为由于现实世界中发生的变革,社会主义要进行自我反思与创新,传统社会主义的一些观点、路径依赖已经被证明是过时的了,只有更好地结合形势的变化进行改变才是社会主义的出路。对于西方市场社会主义,皮尔森予以高度肯定,他这样说道:

> 回答这种"迎面而来"的特别挑战的过程中,最勇敢的尝试之一来自一种新形式市场社会主义的倡导者。市场社会主义已有很长一段时间的历史了,主要见于一些著名东欧经济学家的理论著作中。近些年来,一些西方社会主义经济学家和政治理论家又使市场社会主义复活起来。这些人主张,在一种极为不同的组织形式下,市场社会主义代表了一条社会主义摆脱目前所处战略困境的可行出路。在理论上和实践上的双重退却占支配地位的时期,这是一种最为深思熟虑的,也是最富

冒险性的对变化了的社会环境作出反应重新塑造社会主义政治的尝试。[①]

这段话集中体现了皮尔森对西方市场社会主义的总体评价,尤其是对于东欧剧变之后的当代西方市场社会主义,他认为是一种新形式的市场社会主义,新市场社会主义是西方左翼经济学家和政治理论家对社会主义前进道路、改革路径的一次勇敢尝试。

奥尔曼对西方市场社会主义的各种理论模式进行了梳理,除了米勒、扬克、锡克、罗默等为人所熟知的西方市场社会主义理论家的相关理论,他还提及了其他人的相关理论,比如罗宾·布莱克本(Robin Blackburn)、乔恩·埃尔斯特(Jon Elster)、亚当·普热沃尔斯基(Adam Przeworski)、拉多斯拉夫·塞卢奇(Radoslav Seluchy)等人,他认为在这些西方市场社会主义学者中,有些人描述了市场社会主义的大致轮廓,有些人设计了市场社会主义经济和政策的典型模式,他希望通过自己的概括总结,能够给大家提供一个具有综合性的研究成果,不是面面俱到,而是将西方市场社会主义理论模式中那些重要的、为大多数人所认可的主张呈现出来。皮尔森在此过程中提出了一系列的问题:为什么要倡导社会主义?为什么要倡导市场?"别无选择"到底是什么意思?如何看待效率、自由、民主及社会公正等问题?市场社会主义的基本结构是怎样的?在结合西方市场社会主义不同理论家的相关理论的基础上,皮尔森对这一系列问题进行了解答。他概括了西方市场社会主义者关心的焦点问题,并对他们的努力加以肯定:"市场社会主义者关心现存社会主义模式的无效率、高度集中计划的不可行性、国家干预的不受欢迎和有限的能力以及扩大经济民主的机会等等。总之,他们试图重新定向我们对市场的思维,以使市场在复兴的社会主义政治创新中成为一种重要的组织因素。"[②]

---

① ［英］克里斯托弗·皮尔森:《新市场社会主义》,姜辉译,东方出版社,1999 年,第 3 页。
② 同上,第 134 页。

在《新市场社会主义——对社会主义命运和前途的探索》一书的第三部分,皮尔森对西方市场社会主义进行了进一步的评价。皮尔森对西方市场社会主义者遭受的来自两个理论阵营的责难深表同情,即西方市场社会主义者一方面被那些反对市场的人说成是"非社会主义",另一方面又被那些坚持自由主义和新自由主义的人说成是"非真正的市场秩序",这两种观点都使西方市场社会主义者遭遇了严峻的考验。持前一种观点的学者主要是传统社会主义者,他们反对市场与社会主义结合的原因主要体现在七个方面:第一,市场产生不平等;第二,市场产生不公平;第三,市场产生不公正;第四,市场产生无效率;第五,市场反民主;第六,市场反自由;第七,市场"反社会"。① 皮尔森借用西方市场社会主义的观点对传统社会主义者提出的七个命题进行了逐一反驳。比如关于"市场产生不公平"和"市场'反社会'"这两个观点,皮尔森主要通过戴维·米勒的西方市场社会主义理论进行了澄清,他认为米勒的见解非常有创意,米勒在将传统社会主义的观点和西方市场社会主义的观点进行调和的尝试方面做得相当娴熟。通过将传统社会主义和西方市场社会主义进行比较分析,皮尔森得出了明确的结论:"在某些十分重要的方面,市场社会主义模式的典型特征与传统社会主义的一些核心主张难以相容。"②尽管如此,皮尔森还是提及传统社会主义者的观点是迄今为止对市场的局限性所做的最为系统和最有见地的说明。此外,皮尔森介绍了西方右翼学者对西方市场社会主义的反对。这些反对主要集中在关于市场的"真"与"伪"的辨析、作为西方市场社会主义的"阿基里斯之踵"的社会所有制问题、西方市场社会主义视域中的社会公正和再分配等问题,其中他又着重分析了社会所有制的认识论和激励问题、社会所有制和合作经济等。

在《新市场社会主义——对社会主义命运和前途的探索》一书的结论部分,皮尔森再次表达了对西方市场社会主义的看法。他认为应当寻求一种

---

① 参见[英]克里斯托弗·皮尔森:《新市场社会主义》,姜辉译,东方出版社,1999年,第138～153页。

② 同上,第126页。

更为激进和长远的办法来对当前的形势进行积极的回应,西方市场社会主义虽然是深思熟虑并且勇于面对挑战的一股理论思潮,但它在重新反思社会主义的时候仍然不够激进,尚无法让人完全相信其可以为那种激进的选择提供一个可行的基础。尽管西方市场社会主义在关于市场、国家、所有制、分配等方面的探究富有新意且显得生机勃勃,但还有很大的空间有待于进一步发挥这些创造性的观点。当然,西方市场社会主义者已经取得了许多进步,他们试图为传统社会主义寻找一种理论创新的有效方式,在直面来自各方的怀疑之际,努力地尝试重构社会主义条件下的市场,这是值得肯定的。总的说来,皮尔森站在西方左翼学者的角度,比较客观地评价了西方市场社会主义各种理论模式及其优缺点,他充分肯定了西方市场社会主义对于促进社会主义理论与实践的创新发展所做出的贡献,在此前提下,他又进一步评判了西方市场社会主义从总体上呈现出来的不足之处,并毫无保留地提供了自己的建设性建议,这些建议对于西方市场社会主义的进一步发展大有裨益。

第三节　中国学者的评价

随着我国改革开放事业的不断深入发展,国际学术访问与交流日益频繁。一方面,"走出去"的中国学者越来越多,他们向世界各国传递中国特色社会主义伟大事业的最新发展信息,特别是新时代中国特色社会主义的最新发展状况,起到了传播中国智慧、宣扬中国道路、讲好中国故事的重要作用,使中国化了的马克思主义广为世人所熟悉;另一方面,"请进来"的外国学者也越来越多,尤其是那些国外的左翼学者,他们将国际上研究马克思主义的最新理论成果介绍到国内,并与中国的马克思主义理论界进行互动交流。随着两方面形势的发展,国内对国外马克思主义的研究队伍越来越庞大,尤其是近几年来,这一趋势无疑更加明显。在每年召开的中国当代国外马克思主义研究学术研讨会上,除了一些资深的国外马克思主义研究学者,还有较多的青年学者加入。会议的分议题涉及多方面内容,会议主办方接到的参会论文数量逐年增多,质量逐年上升,这些都较好地说明了国内对国外马克思主义的研究热度。

在当前我国国外马克思主义的研究队伍中,专门聚焦于西方市场社会主义进行研究的学者数量,相对于重点研究西方生态马克思主义、西方生态社会主义的人要少,这一点可能与研究西方市场社会主义理论学派的学者最好具有经济学功底有关,因为无论是传统西方市场社会主义,还是当代西方市场社会主义,或多或少都涉及一些经济理论模型,这些模型比较复杂,对于缺乏经济学专业背景或马克思主义政治经济学基础知识较为薄弱的马克思主义理论研究者来说,在理解上存在一定的难度。另外,目前我国国内有关西方市场社会主义的外文文献较多,但中文文献较少,在阅读方面也存在一定障碍。相信随着西方市场社会主义重要性的日益凸显,从事这方面的研究者一定会越来越多。

从目前我国国内关于西方市场社会主义的研究来看,绝大部分国内学者对西方市场社会主义持肯定的态度,认为该理论阵营的各种理论流派对于进一步完善中国社会主义市场经济体制具有积极的借鉴意义。他们主要是在翻译介绍西方市场社会主义相关论著的过程中,对其展开了一定的评价。此外,也有一小部分国内学者重点对西方市场社会主义进行反思,在评价其理论贡献的同时揭示了其理论蕴含的缺陷,希望通过这些反思为中国社会主义市场经济体制提供反面例证。

一、我国学者对西方市场社会主义所做的肯定性评价

举例来说,余文烈、姜辉、吕薇洲等人对西方市场社会主义的研究相当深入、系统、全面,他们对其进行了这样的评价:

> 不管是学派还是思潮,市场社会主义无疑是比较经济学和社会主义经济思想史(更具体说是社会主义市场经济思想史)等学科的重要研究对象。在实践上,市场社会主义的理论模式和实践的经验与教训对我国的经济体制改革产生过重大的影响和有益的启迪,为我国社会主

义市场经济的建立与完善提供了难得的参照系统。单纯从比较经济社会制度的角度考虑,市场社会主义以其追求经济效率与社会平等的优化结合的独特魅力,向人们展现了充满生机的发展前景。从政治思潮上说,国外学者认为,市场社会主义是 21 世纪社会主义复兴的主导方向。①

余文烈与姜辉等人是国内较早研究西方市场社会主义的一批学者,他们掌握了大量的相关一手外文资料,从理论与实践两方面概括了西方市场社会主义为我国社会主义市场经济的改革所提供的正面启示意义,同时也在评价过程中提及了国外学者的一些看法,进一步凸显了西方市场社会主义对于整个世界社会主义建设事业所具有的重要贡献。持相同观点的学者较多,景维民、孙景宇等人也对西方市场社会主义做出了积极的评价。他们考察了西方市场社会主义的历史沿革、制度框架、运行机制等诸多方面,并着重论述了西方市场社会主义对传统社会主义的传承及历史性超越,并进一步揭示了中国社会主义市场经济对西方市场社会主义的重大超越。他们这样说道:

> 市场社会主义理论发展了马克思主义,对世界社会主义运动起到了巨大的指导和推动作用,体现了人类社会的终极价值追求,为社会主义的未来发展提供了一定的指引,具有非常重要的研究价值。深入研究和探讨市场社会主义的产生、发展以及未来走向对于推动我国有中国特色的社会主义市场经济的成熟和完善是极其必要的。②

此外,张志忠主要研究了当代西方市场社会主义,他将自己的《当代西方市场社会主义思潮》一书的副标题命名为"模式、理论与评价",书中专门列出

---

① 余文烈等:《市场社会主义:历史、理论与模式》,经济日报出版社,2008 年,第 2 页。
② 景维民、孙景宇、张慧君等:《经济转型的理论假说与验证——市场社会主义的传承与超越》,经济科学出版社,2011 年,第 3 页。

章节撰写了对西方市场社会主义所做的评价,虽然他没有重点提及传统西方市场社会主义,但是在一定程度上也反映了他对整个西方市场社会主义的看法。具体来讲,他高度肯定了当代西方市场社会主义对社会主义进行的新论证与新探索、对发达资本主义国家向社会主义过渡的问题的积极探索、对中国社会主义市场经济的改革创新的启示等。

以上仅仅举了国内学者对西方市场社会主义进行正面评价的三个典型例子,上述学者在积极肯定西方市场社会主义的正面效应之时,也提及了其负面效应,比如其所具有的改良主义倾向、乌托邦主义的倾向、理论与实践的脱节等。在他们看来,正所谓"瑕不掩瑜",西方市场社会主义具有的可借鉴之处是大大超过其包含的不足之处的,正因如此,我们才有必要对西方市场社会主义理论本身进行挖掘与分析,并阐述其对于中国社会主义市场经济体制改革具有的重要意义。这样的评价与西方市场社会主义阵营内部某些学者的自我评价相一致。

二、我国学者对西方市场社会主义所做的否定性评价

一般而言,专门对西方市场社会主义展开批判的论著少之又少,绝大多数学者都是在充分肯定其历史贡献的前提下顺便提及其缺陷。当然,对西方市场社会主义进行反思是有必要的,希望这种反思可以对中国社会主义市场经济的改革产生警醒作用。举例来说,张宇在《市场社会主义反思》一书中,对西方市场社会主义的局限性进行了详细阐述。他这样评价道:

> 问题并没有完全解决。市场社会主义理论的最初形成借用的是新古典经济学的分析工具,这一理论假定,市场机制仅仅是一种资源配置的方式,是一个中性的概念,可以脱离开特殊的经济和政治环境而独立存在并发挥作用。后来的市场社会主义理论虽然在许多方面超越了新古典的范式,但是,中性论的假定却往往毫无批判地被接受下来了……然而,历史没有让新古典市场社会主义戴上胜利者的桂冠。新古典市场社会主义理论无法解释社会主义经济改革面临的复杂局面,前苏联

东欧市场社会主义试验的失败证明了这一理论的局限。[①]

他这里提到的"市场社会主义"主要指的是本书所说的"西方市场社会主义",他试图通过阐明西方市场社会主义的理论局限性,以及在实践过程中实施所出现的一系列失败案例,来总结西方市场社会主义在理论与实践两方面的教训,并进一步达到在马克思主义的基础上超越西方市场社会主义的局限,实现重建西方市场社会主义的最终目的。可以说,张宇对西方市场社会主义所做的评价代表了为数不多的国内学者的典型观点。

回顾西方市场社会主义已经走过的历史道路,我们不难看到它对传统社会主义理论的大胆超越,这是一种勇敢的理论创新与探索,突破了原有的思维框架,尽管每一个西方市场社会主义者的探索,都在一定程度上带有自己所处时代的局限性,但是他们的努力为世界社会主义运动的理论创新与实践发展增添了活力。立足当下,通过比较的方式,我们可以清楚地看到,西方市场社会主义对我国社会主义市场经济具有其他国外理论思潮所不可比拟的借鉴意义。展望未来,从资本主义国家的角度来看,市场社会主义代表了一种可行的替代方案,预示了社会主义在新时代背景下得以复兴的一种可能前景。从社会主义国家的角度来看,西方市场社会主义继续在资本主义制度下与现实中的社会主义国家遥相呼应,为社会主义制度在与资本主义制度的抗衡中增加了砝码,并为实现资本主义制度向社会主义制度的转变推波助澜。

---

① 张宇:《市场社会主义反思》,北京出版社,1999 年,序言部分,第 2 页。

中篇

中国特色社会主义市场经济

回溯我国的历史发展进程，很显然，中国实现从"站起来"到"富起来"的转变，关键的一点在于改革开放。改革开放使我们以更加主动的姿态站在社会变革的前沿，把握、顺应世界发展的大潮流、大趋势，在复杂多变的国际风云中站稳脚跟，并使我国社会的生产力水平得到迅速提升，为接下来顺利实现由"富起来"到"强起来"的华丽转变打下了扎实的基础。改革开放为中国社会主义市场经济的改革创新带来了一次又一次的契机，这是一条充满希望的自我完善、自我奋斗之路，体现了为中国人民谋幸福、早日实现中华民族伟大复兴的殷切之情，同时也是一条暗流汹涌的改革创新之路，稍有不慎就可能踏入西方社会预设的"颜色革命"陷阱，从而重蹈东欧剧变的历史覆辙。自党的十九大、十九届四中全会以后，如何进一步以"良治"和"善治"来推进我国的市场化进程、破解实施中国社会主义市场经济过程中出现的一系列难题，如市场与社会主义、市场与所有制的关系等，变得尤为迫切。

　　值得一提的是，新型冠状病毒引发的肺炎疫情使我国国内的市场化改革及经济发展面临新的挑战，而该疫情在全球范围内的进一步扩大，也使我国遭遇了更加严峻的世界经济大环境。一路走来，我们取得的成绩有目共睹，但是面对的挑战不断变化。要想充分挖掘西方市场社会主义对中国特色社会主义市场经济的启示作用，除了掌握西方市场社会主义的主要内容及发展趋势等之外，我们必须对中国特色社会主义市场经济本身的发展演变、主要内容等有一个更加立体的、全方位的了解。

　　本篇主要聚焦于中国特色社会主义市场经济的自我沿革，结合我国的一系列相关重要会议及文件精神，从理论创新与实践创新两个方面对中国特色社会主义市场经济关于市场与社会主义关系的探索进行一番梳理概括。一方面，为中国特色社会主义市场经济今后的改革创新积累经验，进一步坚定将中国特色社会主义市场经济的改革往纵深推进的信心，牢固树立不怕挑战，攻坚克难的决心，为中国特色社会主义在新时代的进一步发展奠定坚实的经济基础；另一方面，为深入挖掘西方市场社会主义对中国特色社会主义市场经济的启示作用做好铺垫。

第五章　市场、资本主义与社会主义

　　回顾世界社会主义运动发展史,可以说没有哪个社会主义国家的建设事业取得的成就能够与中国相媲美。这是基于新中国成立以来中国在理论与实践双重维度所彰显的强大生命力而得出的结论。这一自信的根源绝非国际社会的外部评价,而是在不断展开内部反思、自我评价的基础上对新时代我国综合国力、历史发展所处方位的准确认知。自改革开放以来,我国的经济快速发展,社会面貌焕然一新,发展至今已经当之无愧地成为世界社会主义阵营的中流砥柱。我国的社会主义建设工作,并非朝令夕改式地变幻莫测,而是在中国共产党的领导下,在中国社会的持续转型与变革之中稳步推进。当今很多西方左翼学者对新时代中国特色社会主义产生了浓厚的研究旨趣,包括关注中国的道路自信、理论自信、制度自信及文化自信,其重要的前提条件是惊讶于中国近年来经济的持续发展,即便是置身于全球经济增长减缓的时代背景下,我国的经济依然保持稳定的增长速度。与西方发达资本主义国家不同,我国的经济发展虽然起步慢,但是具有强大的自我张力和后发优势,这在很大程度上源于持续推进的社会主义经济体制改革。党的十九届四中全会强调要坚持和完善中国特色社会主义制度,推进国家治理体系和治理能力现代化,尤其强调要坚持和完善社会主义基本经济制度,推动经济高质量发展。的确如此,所谓"没有规矩,不成方圆",对于持续稳定地发展我国的社会主义经济而言,加强体制、机制建设至关重要。

　　我国是一个历史悠久、文化底蕴深厚、人口基数庞大、疆土辽阔的社会主义国家,按照传统社会主义者的观点,市场机制是资本主义国家经济运行的主要形式,而与社会主义制度相对应的则是计划经济。的确,曾经的苏联与东欧社会主义国家就是严格按照这一理解来实施经济政策的,我国在新中国成立初期也效仿了这些社会主义国家的做法,实施几乎单一的计划经济,但是随之而来的结果却不尽如人意,没有了市场机制的运行,社会主义国家都出现了经济缺乏灵活性、生产力得不到充分发展、人民群众生活质量得不到提高的局面。于是人们不得不思考一系列问题:社会主义国家到底是否可以运用市场机制?市场机制的运行到底对我国在社会主义的根本政治制度下来发展经济有无裨益?如果市场机制可以在我国运行,那么应当采用哪些措施使市场机制的运行产生良好的效果?这是一系列亟待解决的重大问题。在探究这一系列重大问题的解决方案之前,我们首先必须要对市场在社会主义中的性质定位进行准确判断,也就是说,要在观念层面弄清楚社会主义国家如何看待市场的性质这一问题。无论是在马克思主义创始人的经典著作之中,还是从资本主义国家的社会现实出发,都不难看到,市场在资本主义的经济发展领域扮演着极其重要的角色,随之而来的问题是:市场是否是资本主义的代名词?市场经济是否仅仅是一种经济运行的机制,还是具有强烈的政治属性?在社会主义制度下如何评价市场机制?接下来,本章将主要围绕这三个方面展开探讨。

第一节　市场是资本主义的代名词?

众所周知,1978 年党的十一届三中全会是新中国发展史上的重要转折点,以此次会议为契机,中国的改革开放逐渐迈入正轨。改革开放以来,中国的经济始终在快速发展的轨道上平稳运行,四十多年来取得的成就举世瞩目,令人赞叹不已。现在"北京共识""中国模式"和"中国话语"已经逐步代替"华盛顿共识""美国模式"及"西方话语"成为东西方学者共同关注的焦点,国际上越来越多的人聚焦于中国经济取得的成就。回顾改革的进程与改革取得的成就可以看到,改革使中国社会发生了翻天覆地的变化,使人们的生活发生了质的飞跃,使中国的生产力得到大大解放与发展,改革是新的历史时期的一场革命,是中国特色社会主义的自我超越与自我创新。发展带来的繁荣在今日的中国随处可见,常常使来中国旅游的外国人感到吃惊不已,一系列数据表明,中国正在日益缩小与西方发达国家在经济实力方面的差距,作为中国人,我们深感自豪,用当下流行的一句话来说就是:"厉害了,我的国!"

虽然 1978 年以来的改革开放使我国的社会生产力快速向前发展,并使我国的社会面貌发生了极大的变化,毋庸置疑,市场在经济改革的过程中发挥了重要作用,但是在 1956 年社会主义改造基本完成到 1978 年党的十一届三中全会召开之前这段时间内,我国对于市场机制总体上还是处于排斥状态的,学者几乎无一例外地将市场机制定性为资本主义的衍生物,包括在我国改革开放的最初几年里,人们对于社会主义社会能否采用市场机制仍然存在很大的困惑。在很多人眼中,市场属于资本主义,是资本主义社会的必然产物与代名词,而与社会主义制度格格不入,一旦有人主张在我国运行市场机制,那便带有向资本主义主动靠拢的嫌疑,往往会受到批判。

观念是行动的先导,一旦形成,其转变总是需要一段时间、一个过程。我们对于市场性质的误读,源于新中国成立后在很长一段时间效仿苏联模式的社会主义。英国学者安东尼·吉登斯曾对苏联的经济体制进行批判:"社会主义的计划经济理论从来都是很不完备的,这些理论低估了资本主义在创新、适应以及不断提高生产力方面的能力。"①作为曾经的社会主义"老大哥",苏联对我国的社会主义建设事业产生了很大的影响。

从我国社会发展史的角度来看,在 1949 年 10 月新中国成立到 1956 年社会主义三大改造基本完成,这一段时期的社会性质是新民主主义社会时期,这不是一个独立的社会形态,而是近代中国由半殖民地半封建社会走向社会主义社会的中介与桥梁,是一个过渡性质的社会形态。在过渡时期,政治上实行以工人阶级为领导的各革命阶级联合专政的人民民主专政,民族

---

① ［英］安东尼·吉登斯:《第三条道路——社会民主主义的复兴》,郑戈译,北京大学出版社,2000 年,第 5 页。

资产阶级作为一个阶级还存在,并在国家政权中占有一定地位,在经济上实行国营经济主导的包括国营经济、合作社经济、个体经济、私人资本主义和国家资本主义五种经济成分并存的新民主主义经济制度,新民主主义经济时期可以说计划与市场是并存的。

社会主义三大改造基本完成以后,社会主义制度在我国得以正式确立,我国由新民主主义社会进入了社会主义社会,此后我们主要依据苏联模式来建设社会主义,毕竟苏联是当时世界上最大的社会主义国家,在社会主义阵营中具有很高的威信,其在与以美国为首的西方敌对势力相抗衡的过程中发挥着极为重要的作用,而中国的社会主义正处于起步阶段,自身的建设需要在实践中长期摸索。从 1952 年下半年开始至 1956 年,新中国仅仅用了四年的时间,就完成了对农业、手工业和资本主义工商业的社会主义改造,实现了把生产资料私有制转变为社会主义公有制的预期目标。其中,对农业和手工业的改造主要采用建立农业生产合作社和手工业合作社的方式,1955 年,在全国范围内掀起了农业合作化的高潮。对资本主义工商业的改造主要实行了“利用、限制、改造”的政策,从以加工订货为主逐步向公私合营过渡。1956 年初,资本主义工商业的社会主义改造出现了全行业公私合营的浪潮,并迅速席卷全国。通过这一系列改造后,我国在确立起社会主义制度的过程中也逐步建立了以国有制和准国有的集体所有制为主导形式的公有制,资源采取国家统一分配,基本上取消商品的自由生产及流通。这一时期在经济领域秉承了传统社会主义者的理念,将市场视为资本主义性质的洪水猛兽予以排斥,而大力推行计划经济。作为效仿苏联的产物,计划经济在当时的历史语境中对于巩固红色政权、巩固国家的社会主义性质,以及恢复在战争中停滞不前的社会生产力都有积极的作用,但是其固有的弊端随着我国生产力的进一步复苏、经济规模的不断扩大和经济成分的不断复杂化开始显现出来。

1956 年社会主义三大改造基本完成之后,社会主义制度在我国得以正式确立,我国由新民主主义国家进入了社会主义国家阶段,人们为此欢欣鼓舞。但是在人们不断高涨的政治热情下,存在的问题是无法被遮蔽的:所有制结构单一,公有制经济占据了绝对统治的地位,缺乏其他有活力的经济补充成分,市场基本上没有可供发挥的空间,产品的价格由国家统一制定,价值规律基本上丧失了其存在的意义,经济领域实施高度集中的计划经济体制。我国是一个幅员辽阔的大国,地方的差异性较大,人口总数中以农民所占的比例最大,而单一的所有制结构容易"一刀切",既无法调动地方和企业的积极性,同时也无法真正调动广大农民生产的积极性。

政治上"左"的错误使我国的经济发展迎来了新的发展困境。"人民公社化运动""大跃进""文化大革命"等,使我国的经济发展陷入空前的危机状态。在"人民公社化运动"与"大跃进"中,出现了脱离实际的"浮夸风""虚报风",很多地方虚报粮食产量,人为地拔高生产力,导致在经济工作中急于求成、急躁冒进。在"文化大革命"中,人们热衷于意识形态领域的批判与斗争,根本无暇顾及经济领域的稳定与发展,对市场的排斥几乎达到顶峰,将市场视为资本主义的标志,由此造成了经济发展停滞,经济运行几乎瘫痪,社会局面十分混乱,社会生产力严重倒退的现象。从当时的国际形势来看,西方发达资本主义国家正在全力以赴发展生产力,不断提高信息化、现代化的水平,而我国不但没有往前赶,反而往后倒退,我国与这些西方发达资本主义国家在经济实力、科技实力及创新能力等方面的差距不断拉大,面临着极大的国内外挑战与压力。

总体而言,从1956年社会主义制度在我国正式建立到1978年启动改革开放政策,这段时间之内我国对市场的价值判断与当时的苏联如出一辙,即将市场视为资本主义的代名词和社会主义的异己的力量加以反对。其中值得一提的是,1956年召开的党的八大制定了一条正确的发展路线,大会认为,生产资料私有制的社会主义改造基本完成以后,国内的主要矛盾不再是工人阶级和资产阶级之间的矛盾,而是人民对于建立先进的工业国的要求同落后的农业国的现实之间的矛盾,是人民对于经济文化迅速发展的需要同当前经济文化不能满足人民需要的状况之间的矛盾。可以说,党的八大注意到了在社会主义制度下发展经济这一紧迫任务,提出的工作目标也非常明确,即将工作重心从阶级矛盾转移到发展生产力上面来,可惜党的八大提出的发展路线没有被很好地贯彻下去,经济的发展最终让位于政治斗争的需要,直到 1978 年我国实施改革开放政策以后,国民经济的发展才又逐渐步入正轨。

1978 年 12 月,党的十一届三中全会召开,这是新中国发展史上堪称里程碑式的一次重要会议,肩负着使经历挫折、身陷困境的中国的社会主义走出困境,开创社会主义现代化建设新局面的历史重任。本次大会决议指出:"鉴于中央在二中全会以来的工作进展顺利,全国范围的大规模的揭批林彪、'四人帮'的群众运动已经基本上胜利完成,全党工作的着重点应该从一九七九年转移到社会主义现代化建设上来。"①此外,大会对前一阶段我国的经济体制管理进行了回顾总结:现在我国经济管理体制的一个严重缺点是权力过于集中,应该有领导地大胆下放,让地方和工农业企业在国家统一计划的指导下有更多的经营管理自主权;应该着手大力精简各级经济行政机构,把它们的大部分职权转交给企业性的专业公司或联合公司;应该坚决实行按经济规律办事,重视价值规律的作用,注意把思想政治工作和经济手段结合起来,充分调动干部和劳动者的生产积极性;应该在党的一元化领导之下,认真解决党政企不分、以党代政、以政代企的现象,实行分级分工分人负责,加强管理机构和管理人员的权限和责任,减少会议公文,提高工作效率,认真实行考核、奖惩、升降等制度。只有采取这些措施,才能充分发挥中央部门、地方、企业和劳动者个人四个方面的主动性、积极性、创造性,使社会主义经济的各个部门各个环节普遍地蓬蓬勃勃地发展起来。② 在党的十一届三中全会公报中虽然没有明确提到对市场的看法,但是不难看出,随着我国将工作重点转移到现代化建设上来,以及在经济领域采取更多的简政放权,更加重视价值规律的作用,在随后展开的工作中对于市场的排斥也将得到改观。

---

① 《改革开放以来历届三中全会文件汇编》,人民出版社,2013 年,第 1 页。
② 参见《改革开放以来历届三中全会文件汇编》,人民出版社,2013 年,第 7~8 页。

第二节　社会主义可以运用市场

市场到底是怎么样的一种机制，是否它等同于资本主义制度，我们对这一问题的认识不仅需要在观念层面做出正确的判断，更为重要的是要在实践领域中展开摸索。在我国的社会主义制度下探究市场机制的灵活运用，这是史无前例的事情，几乎找不到其他可供参考的范例，一旦找不到合适的切入点就有可能前功尽弃，甚至连社会主义旗帜也会丢失。我国改革开放以来的现实发展证明了这一点：社会主义可以运用市场。

党的十一届三中全会制定的改革开放方针政策高瞻远瞩，具有历史的先进性与客观性，在观念层面引领人们用更为客观的目光来重新审视市场的性质，并对社会主义制度下能否运用市场机制再一次展开理论与实践双方面的探索。党的十一届三中全会聚焦于党和国家工作中心的战略性转移，历史证明，这一工作重点的转移正确而重要。虽然要在一时之间彻底改变人们对于市场性质的认识不太可能，但是作为中国改革开放总设计师的邓小平站在时代潮流的前沿，在认清国内外形势的前提下，以敏锐的洞察力准确把握住了时代发展的脉搏，旗帜鲜明地表达了自己对市场经济的看法，这一看法振聋发聩，具有极大的政治预见性及很强的理性判断力。毋庸置疑，邓小平就是那个敢于打破禁忌、跨越雷池的先行者。1979 年 11 月，他在会见美国不列颠百科全书出版公司编委会副主席吉不尼和加拿大麦吉尔大学东亚研究生主任林达光等学者时指出："说市场经济只存在于资本主义社会，只有资本主义的市场经济，这肯定是不正确的。社会主义为什么不可以搞市场经济，这个不能说是资本主义。"[①]此外，他还指出："市场经济不能说只是资本主义的。市场经济，在封建社会时期就有了萌芽。社会主义也可以搞市场经济。同样地，学习资本主义国家的某些好东西，包括经营管理方法，也不等于实行资本主义。这是社会主义利用这种方法来发展社会生产

---

① 《邓小平文选》(第二卷)，人民出版社，1994 年，第 236 页。

力。把这当作方法,不会影响整个社会主义,不会重新回到资本主义。"①邓小平的这些话都试图在观念层面引导人们重新树立对市场经济的看法,倡导人们不应当在社会政治制度与经济运行机制之间画上等号,先入为主地将市场看作资本主义必然产物的观点是错误的,只要能够促进经济社会生产力的解放和发展,社会主义社会一样可以利用市场机制,我们不应当戴着意识形态的有色眼镜来看待作为一种经济运行方法、机制和发展生产力所必需的手段的市场。

党的十二届三中全会于1984年10月召开,这次大会对新中国成立三十五年来经济领域的发展模式进行了反思:这种模式的主要弊端有很多,包括政企职责不分,条块分割,国家对企业统得过多过死,忽视商品经济、价值规律和市场的作用,分配中平均主义严重。党对于如何进行社会主义建设毕竟经验不足,由于长期以来在对社会主义的理解上形成了若干不适合实际情况的固定观念,特别是由于1957年以后党在指导思想上的"左"倾错误的影响,把搞活企业和发展社会主义商品经济的种种正确措施当成"资本主义",结果就使经济体制上过度集中统一的问题不仅长期得不到解决,而且发展得越来越突出。为了从根本上改变束缚生产力发展的经济体制,必须认真总结我国的历史经验,认真研究我国经济的实际状况和发展要求,同时必须吸收和借鉴当今世界各国包括资本主义发达国家的一切反映现代社会化生产规律的先进经营管理方法。② 从这段话可以看出,我国将商品经济当成资本主义,或者说将市场当成资本主义,在实践中经历了深刻而惨痛的教训,过度依赖指令性计划经济,忽视价值规律的调节作用,在经济社会的发展方面产生的弊端显而易见,如果还是按照原有的做法发展经济,将使我国的经济发展越来越举步维艰,越来越跟不上国际的水平和时代的趋势。

党的十二届三中全会通过的《中共中央关于经济体制改革的决定》进一步指出:"在商品经济和价值规律问题上,社会主义经济同资本主义经济的

---

① 《邓小平文选》(第二卷),人民出版社,1994年,第236页。
② 参见《改革开放以来历届三中全会文件汇编》,人民出版社,2013年,第21~23页。

区别不在于商品经济是否存在和价值规律是否发挥作用,而在于所有制不同……"①这句话提醒人们注意,无论是商品经济的存在还是价值规律的作用,或者说一切代表市场机制的东西,都不是资本主义的专有名词,也都不能直接等同于资本主义制度,即使这些因素都存在,也并不意味着就是资本主义的经济形式,辨别社会性质的不同还在于社会政治制度的本质区别。社会主义的主要任务是为广大人民群众谋幸福,即使为了提高人民群众的生活水平而采用市场机制来保证社会经济的发展,依然与只维护少数资本家利益的资本主义制度全然不同。

如果我们将社会主义看作"左",将资本主义看作"右"的话,实际上可以这么认为,市场机制既不属于"左",也不属于"右",它不过是一种中性的经济运行机制,无论是社会主义还是资本主义,都可以用其来发展社会经济。市场机制在资本主义制度下的运行以美国、英国、德国及法国等西方发达资本主义国家最为典型,这些国家普遍采用市场机制,随着较长时间地推行,对市场机制的运用非常娴熟,社会各个领域都建立了与市场机制相适应的相关机制。而在社会主义制度下能否运用市场机制以及怎样运用市场机制的问题,则比较棘手。改革开放使我国对于前一个问题进行了肯定回答,但是对于后一个问题的回答则需要长时间的实践摸索与理论总结。在此期间,还很有可能出现一些错误和不足,不断试错的过程最终为了可以得到一个令人满意的答案。举例来说,从1978年党的十一届三中全会到1988年党的十三届三中全会期间,我国用了十年的时间来摸索如何在社会主义制度下运用市场机制以发展生产力。总体而言,这十年时间内,我国的生产力发展大幅度得以提高,在社会改革和经济建设方面取得了很大的成绩,发展的趋势也是良好的,但是存在的问题也不少,比如物价上涨幅度过大的问题。市场机制本身并不是十全十美的经济运行机制,它自身存在风险性难以预测及波动性较大等弊端,各个生产经营环节之间相互紧密相连,一旦某个环节出现差错,就会使其他相关环节中断运行。党的十三届三中全会公报内

---

① 《改革开放以来历届三中全会文件汇编》,人民出版社,2013年,第30页。

容相对简洁,其中重点讨论了通货膨胀的问题:当前,我国总的经济形势是好的,但存在的困难和问题也不少,突出的是物价上涨幅度过大,为了创造理顺价格的条件,为了经济建设持续、稳步、健康地发展,必须在坚持改革、开放总方向的前提下,认真治理经济环境和整顿经济秩序。治理经济环境,主要是压缩社会总需求,抑制通货膨胀。整顿经济秩序,就是要整顿目前经济生活中特别是流通领域中出现的各种混乱现象。①

众所周知,20 世纪 80 年代末、90 年代初苏东地区连续发生剧变,致使国际形势复杂多变。随着国际形势的大转变,西方敌对势力满心期望借此机会将中国和平演变为西方自由民主制度的实施者。风云突变的国内外政治气候使中国正在逐步展开的改革开放事业更加艰难。我国一方面反思苏联模式社会主义在现实世界中遭遇到的失败及我国采用单一计划经济体制所带来的弊端,另一方面以改革开放的总设计师邓小平为代表的领导集体引导人们厘清思路,恢复对社会主义、共产主义事业的信心,并更加坚定而稳健地带领中国人民在实践中一步一个脚印进行摸索。

从所处的时代背景来看,中国依靠改革开放促进经济发展的道路绝不是一帆风顺的,中国的经济发展没有现成的模式可以套用,也没有相关的历史经验可以借鉴,各方面的不确定因素太多,每隔一段时间就会出现新的挑战与风险,这些已经远远超出了西方主流经济学的话语解释体系,对于马克思主义政治经济学原理的运用也不能抱着"本本主义"和"教条主义"的态度,必须处理好坚持与创新之间的关系,既要将马克思主义政治经济学的相关原理作为发展我国经济的指导原则,又要将其与我国的现实国情与所处的时代背景紧密结合在一起进行整体考量与灵活运用。除此之外,我们还要面对来自以美国为首的西方资本主义国家的意识形态攻击,西方世界持"中国经济崩溃论"的人为数不少,我们只能怀揣对中国经济改革道路的自信,一切从实际出发,依据现实状况稳步前行。我国的经济改革没有采用国外有些国家采用的"休克式疗法",即将原有的经济布局全盘推翻,全面重建

① 参见《改革开放以来历届三中全会文件汇编》,人民出版社,2013 年,第 51～52 页。

新的经济体制的做法,而是渐进式推进,逐渐在社会主义制度下渗透市场元素。随着经济改革实践活动的日益深入,有些人在思想层面产生了疑虑,市场经济与社会主义相结合是"姓资还是姓社"? 面对诸如此类的疑虑与担心,邓小平通过一系列讲话澄清了一部分人在认识上的误区,表达了对坚持将社会主义与市场经济两者相结合的信心与决心。他在 1992 年视察武昌、深圳、珠海及上海等地时指出:"改革开放迈不开步子,不敢闯,说来说去就是怕资本主义的东西多了,走了资本主义道路。要害是姓'资'还是姓'社'的问题。判断的标准,应该主要看是否有利于发展社会主义社会的生产力,是否有利于增强社会主义国家的综合国力,是否有利于提高人民的生活水平。对办特区,从一开始就有不同意见,担心是不是搞资本主义。深圳的建设成就,明确回答了那些有这样那样担心的人。特区姓'社'不姓'资'。"①

1992 年 6 月 9 日,江泽民在中共中央党校省部级干部进修班上的讲话中指出:"历史经验说明,商品经济的充分发展是实现社会经济高度发达不可逾越的阶段。充分发展的商品经济,必然离不开充分发育的完善的市场机制。那种认为市场作用多了,就会走上资本主义道路的担心,是没有根据的,也是不正确的。"②江泽民的话再次表达了对以市场机制为依托的商品经济的看法,商品经济也好,市场机制也好,都不应该被人贴上资本主义的标签,我们在社会主义制度下运用市场机制和发展商品经济,不会意味着从此走上资本主义道路,毕竟基本社会政治制度存在本质的区别,我国社会主义制度的优越性是资本主义制度所无法替代的,市场经济和商品经济的运用及发展不会像一些人所担心的那样会改变社会主义社会的本质属性,反而会促进社会主义社会向更加富强、繁荣的历史阶段前进。

1992 年 10 月,党的十四大以邓小平建设有中国特色社会主义的理论为指导,认真总结了我国自党的十一届三中全会以来十四年的实践经验,确定今后一个时期内的战略部署,号召大家进一步解放思想,把握有利时机,加

---

① 《邓小平文选》(第三卷),人民出版社,1993 年,第 372 页。
② 陈君、洪南:《江泽民与社会主义市场经济体制的提出》,中央文献出版社,2012 年,第 1 页。

快我国改革开放和现代化建设步伐,夺取中国特色社会主义事业的更大胜利。值得一提的是,这次大会明确提出把建立社会主义市场经济体制作为我国经济体制改革的目标,从总体上概括了社会主义市场经济体制的基本特征,并详细论述了这一体制的各项重大原则。此外,党的十四大对经济发展速度做了大幅度的调整,决定将 20 世纪 90 年代我国经济的发展速度,由原定的国民生产总值平均每年增长 6% 调整为增长 8% 至 9%,表达了我国大力发展经济的决心。党的十四大在党的历史上第一次明确提出了建立社会主义市场经济体制的目标模式,把社会主义基本制度和市场经济结合起来,建立社会主义市场经济体制,这是我们党的一个伟大创举。

随后,党的十四届三中全会于 1993 年 11 月召开,全会通过的《中共中央关于建立社会主义市场经济体制若干问题的决定》,对当时我国的经济发展特点进行了概括:"在邓小平同志建设有中国特色社会主义的理论指导下,经过十多年改革,我国经济体制发生了巨大变化。以公有制为主体的多种经济成分共同发展的格局初步形成,农村经济体制改革不断深入,国有企业经营机制正在转换,市场在资源配置中的作用迅速扩大,对外经济技术交流与合作广泛展开,计划经济体制逐步向社会主义市场经济体制过渡……十四大明确提出的建立社会主义市场经济体制,这是建设有中国特色社会主义理论的重要组成部分,对于我国现代化建设事业具有重大而深远的意义。"[1]党的十四届三中全会对党的十四大提出的"建立社会主义市场经济体制"进行了进一步的阐释与肯定。著名的经济学家吴敬琏在接受《21 世纪经济报道》记者采访时对《中共中央关于建立社会主义市场经济体制若干问题的决定》进行了评价,他指出:"这个决定按照整体改革、重点突破的改革战略,对市场经济各个子系统,包括财税体系、金融体系、外贸体系和外汇制度、社会保障体系、国有经济等子系统的改革,各个子系统改革之间的配合关系和时间顺序,做了比较细致的安排。"[2]的确如此,党的十四届三中全会

---

① 《改革开放以来历届三中全会文件汇编》,人民出版社,2013 年,第 55～56 页。
② 陈君、洪南:《江泽民与社会主义市场经济体制的提出》,中央文献出版社,2012 年,第 98 页。

对各项具体的市场化改革措施进行了更加明确、详细的布置与落实,为我国探索市场与社会主义的关系提供了进一步的制度基础。放眼全球,20世纪90年代初期,世界社会主义运动因为东欧剧变而陷入低谷,但是中国特色社会主义却独树一帜,在选择举什么样的旗帜、走什么样的道路方面做出了正确的历史抉择,通过明确"建立社会主义市场经济体制"的阶段性主要目标,我国开始了大规模的、极富原创性与独特性的关于市场与社会主义关系的探索。

从1978年党的十一届三中全会决定实施改革开放政策到1992年党的十四大提出建立社会主义市场经济体制,社会主义与市场相结合这一经济改革的基本原则在我国得以正式确立。不管有多少人心存疑虑,怀揣观望,也无论有多少人持保守主义的态度,试图阻挠市场在社会主义社会中的运用,我国的改革开放拉开了帷幕。事实是最好的检验,40多年来的实践已经证明:社会主义可以运用市场。毋庸置疑,我国在正确看待社会主义与市场经济的关系方面走在了其他社会主义国家的前列,同时也为其他生产力相对落后的、非社会主义基本政治制度的发展中国家提供了结合本国国情选择经济运行模式的范例。当时罗马尼亚的邮政总局局长尼·莫兹戈雷亚对此评论道:"中国领导人把社会主义的基本原则同资本主义发展生产力和经营原理的经验结合在一起,使中国走上了欣欣向荣之路。"①无疑,中国领导人富有远见且行动果断,敢于面对机遇与挑战。

第三节　市场是社会主义发展经济的重要手段

党的十四大以后,我国逐步建立并不断完善中国社会主义市场经济体制,对于市场与社会主义关系的探究也逐渐深入,人们逐渐地意识到,社会主义不但可以运用市场,而且市场是社会主义发展经济的重要手段、机制。社会主义并不是精神丰富而物质匮乏的社会,没有生产力的快速发展及随

---

① 刘洪潮:《外国要人名人看中国》,中共中央党校出版社,1993年,第141页。

之而来的人们生活水平的大幅度提高,社会主义制度的优越性便无法凸显出来。

1997年9月召开了党的十五大,大会的主题是:高举邓小平理论伟大旗帜,把建设有中国特色社会主义事业全面推向21世纪。党的十五大报告认为,党的十四大报告所明确提出的"建立社会主义市场经济体制"这一目标是十四大的三项具有深远意义的决策中的一项。大会对十四大以来的工作进行了总结概括,指出我国的改革开放取得了新的突破,按照建立社会主义市场经济体制的要求,大步推进了财政、税收、金融、外贸、外汇、计划、投资、价格、流通、住房和社会保障等体制改革,市场在资源配置中的基础性作用明显增强,宏观调控体系的框架初步建立。世纪之交,注定是不平凡的历史节点。世界局势依然风云莫测,地区性的武装冲突不断升级,经济领域、意识形态领域、文化领域及宗教领域等方面的差异性使地缘政治呈现十分微妙的状态,总体而言,出现了缓和与紧张、和平与动荡并存的局面。中国作为世界社会主义运动的中流砥柱,我们对市场与社会主义关系的探索时刻为资本主义阵营和社会主义阵营所关注。党的十五大在世纪之交,把改革开放和社会主义现代化建设事业推进到了一个新的历史阶段,对市场在社会主义社会中的发展现状与发展趋势作了积极的肯定。党的十五大向世人传递了这样一个信息:迈入21世纪的门槛,中国仍然将不遗余力地推进市场机制与社会主义制度的紧密结合。

进入21世纪之后,世界范围内的技术革新更加日新月异,工业化、信息化、现代化使包括以英美为首的发达资本主义国家和以中国为代表的广大发展中国家之间的联系日益紧密,全球在快速发展的社会生产力的推动下形成了一个巨大的市场。以英美为首的发达资本主义国家早已实现现代化,甚至可以说很多国家进入了"后现代社会",这些国家往往人力资源有限,本国的劳动力成本相对较高,又不愿意大量消耗自己国家的自然资源,因此急需将高污染、高消耗的企业转移到生产力发展较慢的发展中国家,同时还可以充分利用发展中国家廉价的劳动力,利用高新技术赚取大部分的产品利润。而对于广大发展中国家来说,则急需为本国大量的劳动力寻找到就业机会,同时引入西方发达资本主义国家的先进生产力,因此纷纷打开国门,加大对外开放的力度,并通过制定各种优惠措施吸引外商投资,在此过程中争取在较短时间内获得快速发展。当然,在世界产业链中,以中国为代表的广大发展中国家处在低端,主要依靠人口红利,并不惜以生态环境污染作为代价来获得发展。而以英国、美国为首的西方发达资本主义国家则理所当然地对发展中国家进行商业盘剥,他们利用自己在世界经济体系中的"领跑者""主导者"角色来制定对自己有利的市场规则,并在充分利用广大发展中国家廉价劳动力和廉价原材料的过程中实施经济打压,甚至政治领域的意识形态干预。对于中国而言,我们在改革开放的过程中吸引了大量外资,也引进了很多西方发达资本主义国家的先进生产技术与管理方法,尽管在推进市场化的进程中出现了一系列的生态环境问题,例如空气、土壤、河流、湖泊等的污染问题,但是这些问题早已引起了我国的重视,进入21世纪以后,随着全球范围内的生态危机日益严重,我国政府在充分利用市场机制发展社会经济的同时制定了很多生态环境保护措施。

2002年11月,党的十六大召开,根据党中央规定,出席中国共产党第十六次全国代表大会的代表团增加了中央企业系统代表团和中央金融系统代表团,这是中央企业系统和中央金融系统首次单独组团参加党的全国代表大会。企业与金融都是市场机制内含的必要环节,这个细微的变化从侧面反映了市场元素在我国社会中发挥着越来越大的作用,无论是企业精英还是金融精英,他们在我国政治领域中的地位得到了广泛重视。江泽民代表第十五届中央委员会向大会作了题为"全面建设小康社会,开创中国特色社会主义事业新局面"的报告,报告指出:坚持改革开放,不断完善社会主义市场经济体制。改革开放是强国之路。必须坚定不移地推进各方面改革。改革要从实际出发,整体推进,重点突破,循序渐进,注重制度建设和创新。坚持社会主义市场经济的改革方向,使市场在国家宏观调控下对资源配置起基础性作用。坚持"引进来"和"走出去"相结合,积极参与国际经济技术合作和竞争,不断提高对外开放水平。①

2003 年 10 月,党的十六届三中全会通过了《中共中央关于完善社会主义市场经济体制若干问题的决定》,强调了我国深化经济体制改革的重要性和紧迫性,提出了完善社会主义市场经济体制的主要目标和具体任务,并指出:"按照统筹城乡发展、统筹区域发展、统筹经济社会发展、统筹人与自然和谐发展、统筹国内发展和对外开放的要求,更大程度地发挥市场在资源配置中的基础性作用,增强企业活力和竞争力,健全国家宏观调控,完善政府社会管理和公共服务职能,为全面建设小康社会提供强有力的体制保障。"②

2007 年 10 月,党的十七大召开,本次大会的主题是:高举中国特色社会主义伟大旗帜,以邓小平理论和"三个代表"重要思想为指导,深入贯彻落实科学发展观,继续解放思想,坚持改革开放,推动科学发展,促进社会和谐,为夺取全面建设小康社会新胜利而奋斗。胡锦涛作了题为"高举中国特色社会主义伟大旗帜,为夺取全面建设小康社会新胜利而奋斗"的报告,报告指出:在改革开放的历史进程中,我们党把坚持马克思主义基本原理同推进马克思主义中国化结合起来,把坚持四项基本原则同坚持改革开放结合起来,把尊重人民首创精神同加强和改善党的领导结合起来,把坚持社会主义基本制度同发展市场经济结合起来……要深化对社会主义市场经济规律的认识,从制度上更好发挥市场在资源配置中的基础性作用,形成有利于科学发展的宏观调控体系。③ 这里非常关键的一句话是"把坚持社会主义基本制度同发展市场经济结合起来",这是我们进行市场化改革的宗旨,我们对市场机制的运用并不是完全放开,而是有着一定的基调,即必须坚持在社会主义政治制度的框架内来探究市场机制的最大发展空间,这一框架的设置使我国对市场机制功能的探究凸显了社会主义的性质,若没有这一点,那么我国的市场化改革取向就会和资本主义国家的市场机制运行一样,也就容易导致主动地"西化"。

---

① 参见 http://www.ce.cn/ztpd/xwzt/guonei/2003/sljsanzh/szqhbj/t20031009_1763196. shtml。

② 《改革开放以来历届三中全会文件汇编》,人民出版社,2013 年,第 119 页。

③ 参见 http://www.xpc.edu.cn/web/show.aspx? cid = 13&id = 2387。

2011 年 7 月,胡锦涛在庆祝中国共产党成立 90 周年的大会上指出:"我国过去 30 多年的快速发展靠的是改革开放,我国未来发展也必须坚定不移依靠改革开放。新时期最鲜明的特点是改革开放。改革开放是党在新的历史条件下领导人民进行的新的伟大革命,是决定当代中国命运的关键抉择,是坚持和发展中国特色社会主义、实现中华民族伟大复兴的必由之路。只有改革开放才能发展中国、发展社会主义、发展马克思主义……要坚持社会主义市场经济的改革方向,提高改革决策的科学性,增强改革措施的协调性,找准深化改革开放的突破口,明确深化改革开放的重点,不失时机地推进重要领域和关键环节改革……"①

2012 年 11 月,党的十八大召开,十八大报告高度肯定了我国的社会主义市场经济体制的改革目标和基本框架,并进一步强调:"改革开放是坚持和发展中国特色社会主义的必由之路。要始终把改革创新精神贯彻到治国理政各个环节,坚持社会主义市场经济的改革方向,坚持对外开放的基本国策……更大程度更广范围发挥市场在资源配置中的基础性作用……"②这里,对"坚持社会主义市场经济的改革方向"进行了再一次的强调。我国的改革开放是兴国之路,不是历史的倒退,坚持经济改革的市场化取向,充分表明了我国不会再回到"左"的历史老路上去。

2013 年 11 月,党的十八届三中全会通过的《中共中央关于全面深化改革若干重大问题的决定》,进一步提出要推进我国的市场化进程,使市场在资源配置中起决定性作用。过去我们一直提倡市场在资源配置上起基础性作用,但十八届三中全会强调使市场在资源配置中起决定性作用,这一转变充分说明了我国政府对于全面深化改革,推动中国的市场化进程的决心。全面深化改革的核心问题是全面深化以市场为导向的改革,使市场机制在资源配置中起决定性作用,由此,进一步弄清市场与社会主义的关系问题、更好地推进中国的市场化进程更加迫切地摆在我们面前。改革使中国社会

---

① 《胡锦涛在庆祝中国共产党成立 90 周年大会上重要讲话精神学习问答》,党建读物出版社,2011 年,第 16~17 页。

② 参见 http://phycjy.pinghu.gov.cn/readnews.asp?id=3121。

每一个地方每一天都在发生新的变化,而这些变化在改革先锋地区则更为显著。全面深化改革的最终目的是为了更好地解决民生问题,使人民生活幸福,深化改革是为了推动中国社会向前发展,而发展依靠的力量是人,一个社会要发展必定要借助于人的力量,但更为重要的一点是,发展的目的是为了人,发展的成果最终要体现在人们幸福感的提升上。发展不是为了发展而发展,而是为了让全体中国人民享受到发展带来的好处,真正提升他们的生活质量。全面深化改革的总目标是完善和发展中国特色社会主义制度,推进国家治理体系与治理能力现代化。我们必须思考采取哪些有力的措施来切实推进国家治理体系与治理能力现代化的建设。这是中国共产党首次提出"国家治理体系"和"治理能力"的概念,两者之间相辅相成,是一个具有内在联系的有机整体,是中国共产党在理论与实践两方面的创新。2014 年 3 月,李克强总理在政府工作报告中 77 次提到了"改革"一词,至此,全面深化改革已经成了当今中国的最新时代背景与社会现实。全面深化改革是包括经济、政治、文化、社会及教育等方方面面的改革,当然,其中最重要的改革是经济的改革。

党的十八大以来,中国取得了一系列历史性成就:经济保持中高速增长,国内生产总值从 54 万亿元增长到 80 万亿元,稳居世界第二;对世界经济增长的贡献率超过 30%,居世界第一位;6000 多万贫困人口稳定脱贫,贫困发生率从 10.2% 下降到 4% 以下……中国已经成为世界第一大货物贸易国,2016 年对外直接投资达到 1700 亿美元,出境游人数超过 1.2 亿人次。[①] 中国经济的崛起被称为"中国奇迹"毫不为过。

2017 年 10 月下旬,党的十九大召开,这是中国特色社会主义发展到重要历史阶段的一次理论盛会、思想盛宴。习近平总书记所作的十九大报告总揽全局、高瞻远瞩、高屋建瓴,精准全面地概括了党的十八大以来五年奋斗历程,既高度肯定了中国特色社会主义事业取得的伟大成就,又明确指出了我国在全面建成小康社会的决胜阶段砥砺前行的方向。经过坚持不懈的

① 参见《新时代,世界报以新期待》,《人民日报》,2017 年 10 月 24 日。

努力,中国特色社会主义进入了新时代,习近平总书记依据对中国特色社会主义在新的历史阶段的准确定位,郑重地向世人宣告:我们依然会沿着中国特色社会主义道路大踏步前进。中国特色社会主义实践的成功印证并检验了中国特色社会主义理论的正确性与先进性,中国特色社会主义理论是马克思主义中国化的成果,是马克思主义基本原理与中国现实状况紧密结合的成功典范。马克思主义对中国社会的变革与社会发展产生了重大的影响,马克思主义的中国化使中国的新民主主义革命取得了胜利,也使中国的社会主义建设事业取得了令人瞩目的成就,在中国共产党带领下的中国人民从马克思主义中找到了宝贵的精神财富,获得了强大的理论支撑。当今的中国处于全球化、信息化快速发展的大时代背景下,正以飞驰的速度在现代化、工业化的道路上一路向前,并逐步向世界舞台的中心靠拢,每一个中国人都为祖国的发展深感自豪。党的十九大报告作出了"中国特色社会主义进入新时代"这一重大判断,对中国特色社会主义在世界历史发展进程中的坐标进行了重新设定。尤其值得一提的是,党的十九大报告依据新时代、新阶段我国主要矛盾的变化状况,提出了建设"富强民主文明和谐美丽"的社会主义现代化强国的目标。这里,"富强"依然作为首要目标被放在第一位,也就是说,我们所旨在实现的社会主义现代化强国不是贫穷的、乌托邦式的社会主义,而是经济基础扎实、经济实力显著、社会生产力水平相当高的社会主义。只有经济社会持续健康发展,人民生活富裕,大家共同享有经济社会的发展成果,社会才能稳定、团结、和谐及美好。从历史经验出发,不难得出这样的结论:市场是社会主义发展经济的重要机制。

党的十九大的召开,恰逢我国改革开放40周年前夕,十九大报告中对改革开放的重大意义进行了重申:"坚持全面深化改革。只有社会主义才能救中国,只有改革开放才能发展中国、发展社会主义、发展马克思主义。必须坚持和完善中国特色社会主义制度,不断推进国家治理体系和治理能力现代化,坚决破除一切不合时宜的思想观念和体制机制弊端,突破利益固化的藩篱,吸收人类文明有益成果,构建系统完备、科学规范、运行有效的制度体系,充分发挥我国社会主义制度优越性。"①值得一提的是,市场是当代西方发达资本主义国家经济运行的主要机制,市场的积极运作大大提升了资本主义国家的社会生产力水平,加快了资本主义国家的工业化、现代化进程,从时代的宏阔视野来看,这也属于人类文明的有益成果之一。因此,我们不能禁锢思想、拒斥市场,而应大胆地利用市场,引进西方发达资本主义国家在发展市场过程中积累的先进经验,同时借助于我国社会主义制度的优越性,在充分利用市场机制对生产力产生的正面效应的同时,尽量避免市场机制潜藏的风险,即尽量规避市场机制的负面效应。

建设社会主义市场经济体制是一项富有冒险精神和挑战性的创举,在社会主义市场经济体制基本框架已经形成的基础上,不断加快完善社会主义市场经济体制也是一项长期的工程,任重而道远。十九大报告指出:"加快完善社会主义市场经济体制。经济体制改革必须以完善产权制度和要素市场化配置为重点,实现产权有效激励、要素自由流动、价格反应灵活、竞争公平有序、企业优胜劣汰。"②从我国的发展现状来看,曾几何时,"超英赶美"是众多中国人的梦想,而我国目前已是世界第二大经济体,排名仅次于美国,比经济实力雄厚的日本、德国排名都要靠前。据新华网报道,2018 年 2 月,国家统计局有关人士表示,2017 年我国国民经济稳中向好,国内生产总值(以下简称为 GDP)首次迈入 80 万亿元大关,6.9% 的增速是我国经济年度增速自 2011 年下行以来的首次回升,就业稳、物价稳、国际收支稳,形成经济"多稳"格局,特别是供给侧结构性改革持续深入,经济结构优化,发展的质量效益稳步提升。中国的发展不仅让中国人民受益,对世界经济增长的贡献率也在提升。根据测算,近年来中国对世界经济增长的贡献率在 30% 左右。2013 年到 2016 年,中国实现 7.2% 的年均经济增长速度、2% 的通胀率、5% 左右的调查失业率,这种较高增速、较多就业、较低物价搭配的运行

---

① 习近平:《决胜全面建成小康社会 夺取新时代中国特色社会主义伟大胜利——在中国共产党第十九次全国代表大会上的报告》,人民出版社,2017 年,第 21 页。

② 同上,第 33 页。

格局难能可贵,在世界范围内一枝独秀。①

2019 年 10 月,党的十九届四中全会通过了《中共中央关于坚持和完善中国特色社会主义制度、推进国家治理体系和治理能力现代化若干重大问题的决定》。这次全会是党和国家在新中国成立 70 周年这一重大历史时刻召开的,深入思考了我国进一步发挥中国特色社会主义制度优势,继往开来,大力推进国家治理体系和治理能力现代化等问题。此次全会对如何加强我国的制度建设给予了重点关注,为加快中国特色社会主义在新时代的发展而提供全方位的制度保障,进一步提升人们对中国特色社会主义的制度自信。关于"加快完善社会主义市场经济体制"这一点,全会通过的决定指出:"建设高标准市场体系,完善公平竞争制度,全面实施市场准入负面清单制度,改革生产许可制度,健全破产制度……推进要素市场制度建设,实现要素价格市场决定、流动自主有序、配置高效公平。"②该决定强调加强与社会主义市场经济体制的改革完善有关的各方面制度建设,使日臻完善的体制、机制为我国市场化取向的改革保驾护航。

随着我国市场化进程的推进,有一个现象引起了学界的广泛关注,即伴随着改革开放的力度持续加大,资本在我国的运作空间越来越大,人们对待资本的态度发生了转变,从改革开放之前的完全排斥发展到如今的大胆运用。众所周知,现代工业文明的建立与兴盛都离不开资本的运用,资本是市场机制发挥作用所不能缺少的关键要素。当人类历史掀开 21 世纪的恢宏篇章,任何一个国家都已无法阻挡全球化前进的步伐,全球化的核心是经济的全球化,而经济全球化的重点则是资本的全球化。从资本主义生产方式确立的那一刻起,资本作为现代性的本质范畴和现代社会的基本建制,为资本主义制度替代封建制度做出了极大的贡献。与资本主义社会对资本的娴熟运用不同,社会主义社会对资本的运用起步晚、发展相对较慢。由于根本政治制度的不同,我国对资本的运用必须弄清楚这样一个问题:如何在现有的社

---

① 参见 http://www.xinhuanet.com/2018-02/01/c_1122354105.htm。

② 《〈中共中央关于坚持和完善中国特色社会主义制度、推进国家治理体系和治理能力现代化若干重大问题的决定〉辅导读本》,人民出版社,2019 年,第 21~22 页。

会主义制度框架内,一方面积极利用以资本的全球化为主要特征的工业文明的一切优秀发展成果,以弥补东方落后国家跨越"卡夫丁峡谷"带来的物质基础的薄弱性;另一方面努力驾驭、熟练掌控具有无限扩张本源性逻辑的资本,以避免过分崇拜资本的力量所产生的人的"物化"现象、"拜金主义"。

实质上,资本的特点就是要不断实现自我增值,使利润像滚雪球似的越滚越大,美国著名的左翼学者约翰·贝拉米·福斯特(John Bellamy Foster)充分阐释了资本的贪婪本性,指出:"资本主义是这样一个系统,不是致力于使人们的需求获得满足,而是致力于资本的积累。"①因此,我们对资本的运用不能任其发展,而是既要利用好资本为社会主义社会创造出丰富的物质财富并为经济带来活力,又要对资本的扩张本性加以必要的约束,现在一些相关金融法律、法规的制定与出台,体现了我国对资本逻辑的警醒意识。换言之,在当前全面深化我国经济体制改革的历史阶段,我们应当如何正确看待资本,如何促进资本的合理运营,直接关系到"十四五规划"能否顺利实施的问题,关系到我国目前的稳定和将来的发展。这里的关键是如何既运用资本又超越资本,一方面,我国当前的发展状况需要我们运用到资本,另一方面,我们要善于超越资本,尽量减少或消除资本所带来的负面效应,从而实现社会的不断发展。资本的本性是贪婪的,甚至是血腥的,但是我们在当前全面深化经济体制改革的历史阶段又不得不借助于资本的运营,因此一定要注意对资本的监督与管控。

放眼全球,当今西方的主要资本主义国家都出现了各种危机现象,美国有金融危机,欧洲各国有债务危机和难民危机。值得一提的是,在新冠肺炎疫情全世界蔓延的当今时代背景下,无论是美国还是欧洲各国,都出现了新冠肺炎疫情大流行的局面。与此相比,我国的特色社会主义事业虽然也在发展过程中出现了一些阶段性的问题,但是总体的发展态势欣欣向荣,与其他国家相比较,我国的新冠肺炎疫情防控做得相当好。在东欧剧变之后,弗

---

① John Bellamy Foster, The Renewing of Socialism, in *Review of the Month*, July – August 2005, New York, p. 12.

朗西斯·福山曾经大胆预言资本主义制度是人类历史上最完美的制度,他认为人类社会发展到资本主义社会便再也没有比其更好的社会制度可以代替它了,但是随着世界形势的变化,近年来他的这一观点有所变化,最近的一些文章表明,他认为如果资本主义制度不进行持续的自我创新的话,也会逐渐衰亡。弗朗西斯·福山观点的变化源于他对以美国为首的资本主义国家现实境况的判断。从我国的发展情况来看,改革开放以后,资本意识在我国逐步苏醒,越来越多的经济环节中运用了资本的力量,但是资本在我国的运作并不是像洪水猛兽一般横冲直撞、不受约束,而是受到了相应的国家政策监管,我国的根本制度决定了我们不能放任资本的肆意妄为,而是对其进行合理管控。

从1992年党的十四大提出建立社会主义市场经济体制发展至今,理论探索与实践探索两方面的成果显示:市场是社会主义发展经济的重要手段。市场在我国的发展经历了三个不同的阶段,从将市场作为资本主义的代名词予以排斥,到认为社会主义和资本主义一样可以运用市场,再到市场被判定为社会主义发展经济的重要手段被充分利用,市场机制在社会主义制度下的运用可谓"一波三折"。事实胜于雄辩,我国当下在各个方面取得的伟大成就已经证明我们对社会主义与市场关系的探索之路是正确且成功的。在正处于并将长期处于社会主义初级阶段的历史时期,一方面,离开了市场的社会主义国家将面临生产力发展停滞甚至倒退、人民群众怨声载道的局面,而选择了市场的社会主义国家就会解放生产力获得快速而长远的发展,人民群众的生活质量相应得到了大幅度改善与提高;另一方面,放弃社会主义制度的基本框架、实施完全市场化的社会主义国家就会丧失政治立场,被资本主义的意识形态所同化,也就会最终放弃社会主义旗帜,转变为资本主义国家。正反两方面的例子说明,我国在对"市场与社会主义"这对关系进行探索的过程中,无论是理论领域还是实践领域,前提条件都必须是坚持社会主义的根本政治制度,相应的定位是"中国特色社会主义"对市场与社会主义关系的探索。

第六章 市场与计划

市场与社会主义的关系往往具体表现为市场与计划的关系,这是社会主义制度下运用市场机制需要重点考虑的问题,市场与计划两者之间的关系决定着经济运行的张力与活力。传统的观点往往认为资源配置以"市场"这只"看不见的手"为主导的市场经济是资本主义制度的特定经济运行方式,而资源配置以国家掌控为主导的计划经济则是社会主义制度的专有经济运行方式。这是社会主义与资本主义相互区别的主要标签,这种观点在实践中已被证明是错误的。

首先来看资本主义制度下计划经济的适当运用。以 2007 年美国的次贷危机为例。次贷危机又称次级房贷危机或次债危机,它是指一场发生在美国,因次级抵押贷款机构破产、投资基金被迫关闭、股市剧烈震荡引起的金融风暴。它致使全球主要金融市场出现流动性不足危机。确切来讲,这场危机是从 2006 年春季开始逐步显现的,2007 年 8 月开始席卷美国、欧盟和日本等世界主要金融市场,并逐步演变为世界范围内的一场金融风暴。美国政府向来以不干预市场为宗旨,尤其是美国共和党一般推行自由主义的不干预市场的政策,将国家经济秩序的运行完全交给"市场"这只"看不见的手",并引以为豪。但是面对金融大动荡,美国政府提出用 8500 亿美元救市的政府干预方案,这笔资金主要用来购买受困于抵押贷款危机的金融机构的不良债务,以防信用危机进一步加深,动摇美国经济。美国政府的救市行为甚至被人调侃为"美国一夜之间变成了社会主义"。为什么向来崇尚"自由精神"的美国政府会效仿社会主义国家的相关经济政策试图从宏观层面来加强对经济的干预呢？这种"救市"行为与其一贯奉行的新自由主义路线似乎有些自相矛盾。从表面来看，这场危机主要是金融监管制度的缺失造成的，那些贪婪无度的华尔街投机者钻制度的空子，弄虚作假，欺骗大众，但是从源头上来看，这场危机是将国家的一切经济活动和经济行为放任于市场之中，过度依赖市场、缺乏宏观调控所造成的。美国政府的"救市"行为说明，即使处在资本主义制度下，没有计划经济的适当运用而单一地运行市场机制也将使经济面临无序乃至崩溃状态。

其次来看社会主义制度下市场经济的合理利用。以苏联为例来分析其解体的原因，除去西方文化及价值观念的渗透、腐蚀等外部原因，苏联多年来所采用的高度集中的中央计划经济体制导致腐败在特定官僚阶层中的疯狂滋生，以及在普通民众层面出现的资源不足、民主缺失等现象。这些是苏联体制内部的各个小的分裂点，它们逐年增加，愈来愈多，最终连成一片引发了全面的社会危机，所以苏联的解体单从经济体制的角度来看就绝非偶然，而是必然的。单一计划经济体制造成的恶果以苏东社会主义政权如多米诺骨牌一样相继在短时期内垮台为表现形式。与此同时，中国在充分吸取历史教训的过程中摸索出了一条市场与社会主义相结合的正确道路，即社会主义市场经济模式，当今中国经济的强大活力正是导源于这一模式。

中国与东欧各国正反两个方面的历史事实证明：社会主义制度下也可以合理地运用市场机制。因此，我们可以得出这样的结论：社会主义与计划经济之间不能简单地画上等号，社会主义与国家供给之间没有必然的联系；资本主义与市场经济之间也不能简单地画上等号，资本主义与市场运行之间也没有必然的联系；具体的经济体制不等于社会的基本政治制度，无论是市场经济体制还是计划经济体制都可以为不同性质的社会制度服务。我们坚持改革开放以市场化为导向，而不是以计划为导向，也就是坚持在社会资源配置方面由市场主导而不是由计划主导，这是我国推进市场化进程的一个重大选择，涉及今后发展的方向与目标问题。在我国改革开放事业的全面推进中，必须正确处理好计划与市场的关系问题，倘若处理不当，就会使改革开放取得的一系列成果化为泡影。

第一节 计划为主、排斥市场阶段

由于独特的地理环境和历史文化背景,中国社会经历了两千多年的封建社会阶段,传统的经济形式一直是自给自足的自然经济模式,这一模式崇尚"日出而作,日落而息",人们过着田园牧歌式的生活并以此为乐,对"贩夫走卒"之类从事商品买卖的人群则视为社会的下等群体。自19世纪70年代以后,中国长期以来盛行的自然经济开始逐步地瓦解,随着社会经济、政治及文化等各个层面的进一步发展,中国的近代商品经济于19世纪末20世纪初开始形成,经过20世纪20至30年代的进一步发展,逐渐形成了一个初步的市场经济体系,并在此过程中产生了一批以市场为导向的近代工业企业和一批民族资本家,这些民族资本家为中国近代工商业的发展奠定了基础,在一定程度上促进了近代中国的生产力发展。众所周知,近代中国社会的性质是半殖民地半封建社会,在这样一种特殊的环境中生存及发展的近代中国工商业可谓举步维艰,其市场经济的特性不是很明显,并且经常由于受到外来帝国主义势力、买办阶层、封建官僚阶层等各种力量的干预而导致了市场机制的畸形发展。总的说来,从1840年的鸦片战争到1949年新中国成立的这100多年的时间里,市场经济在中国动荡的政治环境中发展势头极为缓慢。

1949年新中国成立以后,摆在中国人面前的问题是究竟要选择一条怎样的经济道路。当时的国际形势风云变幻,一方面,以美国为首的西方新自由主义国家对新生的中国红色政权怀有敌意,千方百计想要将其削弱并摧毁。另一方面,当时的苏联在列宁、斯大林两代领导人的带领下,在所有制上采用单一的公有制形式,在经济体制方面采用高度中央集权的计划经济作为资源分配的方式。苏联的做法能够较快地集中人力和物力,有利于统一管理国民经济,在相当短的时期内有效地巩固了苏维埃政权、击退了以希特勒为首的法西斯的疯狂进攻,并使苏联从一个落后的农业大国迅速转变为一个生产力迅猛发展的工业大国,尤其是在重工业及高新科技发展方面呈现出一定优势,因此对我国而言,效仿苏联的计划经济体制是一条可行之路。经过两方面的鲜明对比,以毛泽东同志为主要代表的中国共产党人选择了走效仿苏联"老大哥",加强对国民经济成分的改造,由新民主主义经济逐步过渡到社会主义计划经济的道路。新中国成立后不久,毛泽东便出访苏联,这是他一生中唯一的一次出访外国的活动,充分说明了新生的中国红色政权向当时国内政治局势稳定、经济发展迅速、国际威望极高的苏联学习的急切心情。1950年2月中国与苏联签订了《中苏友好同盟互助条约》,中国在接受苏联经济支援、技术支援的过程中,也充分学习了苏联高度集中的中央计划经济体制。可以说,我国采用这一经济体制符合国情的发展需求。当时我国的经济基础较薄弱,生产力发展缓慢,既需要在较短时间内实现农业社会向现代工业社会的转型,又需要集中有限资源用于经济恢复和发展,而在这方面苏联模式的社会主义优势明显。

苏联模式的社会主义在世界社会主义发展史上占有一席之地,我国对计划经济体制的广泛应用受到了苏联模式的重要影响,这一模式在理论上力图照搬经典马克思主义并将之固化成教条,在实践中实施几乎单一的计划经济体制和高度中央集权的政治体制,还曾以勃列日涅夫时代提出的"现实社会主义"的形式与"布拉格之春"的改革者们所倡导的"带有人性面孔的社会主义"相抗衡。从理论的逻辑起点来看,苏联模式的社会主义严格执行计划经济体制,排斥在社会主义制度框架内建立市场关系,在一定程度上起源于马克思主义政治经济学的相关思想。马克思、恩格斯认为,商品交换的出现伴随着市场关系的确立,而商品交换、商品生产都是私有制的产物,私有制需要被消灭。马克思、恩格斯虽然没有直接表明反对市场,但其态度显而易见。恩格斯指出:"一旦社会占有了生产资料,商品生产就将被消除,而产品对生产者的统治也将随之消除。社会生产内部的无政府状态将为有计划的自觉的组织所代替。"①马克思与恩格斯都曾设想过资本主义之后社会形态中经济运行的状况,诸如取消商品生产、实施计划掌控等。马克思从他

---

① 《马克思恩格斯选集》(第三卷),人民出版社,1995年,第633页。

所处时代的社会现实出发,认为市场经济与资本主义制度密切相连,在市场机制的作用之下,资本主义的生产方式得以周而复始地进行,资本家对工人的剥削不断地持续下去,因此他所设想的未来社会主义社会意味着市场经济的消亡及计划经济的大行其道。在这一点上,马克思、恩格斯对市场经济的态度直接影响到列宁对社会主义建设的构想,苏联模式的社会主义秉承了这一思路并将之作为行动纲领,在现实中加以夸大。从总体上看,列宁对计划经济的实践探索比较充分,而对市场经济的实践探索则比较薄弱。实际上,马克思、恩格斯所设想的取消商品生产、实现计划经济,即"去市场化"并非完全依靠国家计划组织一切经济活动,而是建立在一个人类历史上从未出现过的、特定的社会中的,这是一个"自由人的联合体",具有生活资料极大丰富的物质基础,而对于现实世界中还未具有相应前提的社会主义国家来说,只能根据现存的经济社会发展状况来不断探索,找到具体的实施途径。

本书前面的章节中详细地提到过,我们国家从 20 世纪 50 年代开始,通过一系列公私合营等手段,在确立起社会主义制度的过程中也逐步建立了以国有制和准国有的集体所有制为主导形式的公有制,资源采取国家统一分配,基本上取消商品的自由生产及流通。《中共党史大事年表》中对 1956 年底的社会主义改造情况进行了描述:"全国农村入社户占总农户的百分之九十六点三;百分之九十以上的手工业劳动者加入合作社;私营工业人数的百分之九十九,私营商业人数的百分之八十五,实现了全行业的公私合营。我国基本上实现了对农业、手工业和资本主义工商业的社会主义改造。"[1]这些数据显示,社会主义三大改造基本完成之后,市场几乎已经没有可供发展的空间了,计划经济占绝对主导地位。接着,人民公社化运动、"大跃进""共产风"等,使社会生产力受到严重破坏、民众的生产积极性极大地降低,随后的三年困难时期严重危害了人民群众的健康和生命,物质的极度匮乏使中国的经济发展遭遇到了严重的挫折。总体上来说,从 1949 年新中国成立至

---

① 中共党史研究室:《中共党史大事年表》,人民出版社,1987 年,第 279 页。

1978 年改革开放之前,我国的经济模式属于"计划为主、排斥市场"阶段,市场被视为社会主义的对立面而遭到从上到下的排斥。从顶层设计的角度来说,我国按照苏联模式的社会主义采用资源分配由政府计划集中分配管理,反对一切形式的"投机倒把"、自由贸易。从老百姓生活的角度来说,人们习惯于在国家统一指令性计划经济体制内占有相应份额的生活资料,不敢越雷池半步;从社会层面来说,任何市场元素的存在都被视为"资本主义的尾巴"割掉。在极"左"的观念引导之下,中国社会生产力严重落后于西方发达资本主义国家。现实世界的惨痛教训使我们不得不重新思考这样两个问题:效仿苏联而采用的单一的计划经济体制是否真正有效? 如果单一的计划经济体制在实践中被证明是失败的,那么应当以哪一种更好、更有效的机制去替代它?

在经过对上述两个问题的深思熟虑之后,以邓小平同志为主要代表的中国共产党人开始思考怎么样由单一的计划经济体制向市场经济体制转变的问题。1978 年党的十一届三中全会是新中国发展史上的重要转折点,这次会议总结了"文化大革命"的历史教训,停止"以阶级斗争为纲"的错误路线,转而将社会生活的重点放到集中精力发展经济,变国家计划为市场导向,努力建设社会主义现代化强国的目标上来,由此踏上了解放生产力、发展生产力以提高人民生活质量、满足人民日益增长的各方面需求的世纪征程。

回顾这段历史不难发现,在计划经济时代,尤其是指令性计划经济时代,政府是一个非常强势的政府,几乎一切市场要素的配置都由政府说了算,这样的条件下市场能发挥的空间极其有限,严重妨碍了生产力的解放与发展,政府的严格规定使市场与生产力都被套上了厚重的枷锁。西方著名的经济学家哈耶克在其著作《通往奴役之路》中指出,所有的集体主义社会,从希特勒的国家社会主义到斯大林的共产主义,都无可避免地会迈向专制极权,实行中央计划的经济体制必须有一个小团体(统治阶级)决定资源和产品的分配和发放,由于没有市场机制和自由价格机制,这个小团体无从得知正确的情报,也因此无法做出正确的决策来分配资源和产品,对于经济计划在实践上的不同意见、加上中央计划者在分配物资上的不断失败,最后将导致计划者开始运用高压的强迫力量以维持计划的实行。对哈耶克而言,"通往奴役之路"代表了国家进行中央计划的开端,随着自由市场制度的瓦解,所有个人的经济自由和人身自由都将化为乌有。西方新自由主义的经济学家对计划经济的全盘否定是值得商榷的,毕竟苏联的计划经济模式和我国的计划经济模式都曾经在特殊的历史时期发挥了特定的作用,不能简单地全盘否定。党的十二届三中全会通过的《中共中央关于经济体制改革的决定》对新中国成立后至改革开放前这段时间内"计划为主、排斥市场"的经济运行模式进行了深入的反思,强调如果脱离现实的国情,企图把社会经济活动统统纳入计划,并且单纯依靠行政命令加以实施,忽视经济杠杆和市场调节的重要作用,那就不可避免地会造成在计划的指导思想上主观和客观相分离,计划同实际严重脱节。改革计划体制,首先要突破把计划经济同商品经济对立起来的传统观念,明确认识社会主义计划经济必须自觉依据和运用价值规律,是在公有制基础上的有计划的商品经济。因此,实行计划经济同运用价值规律、发展商品经济,不是互相排斥的,而是统一的,把它们对立起来是错误的。[①]

第二节　计划为主、市场为辅阶段

从计划为主、排斥市场到主张计划可以与市场相结合,这一步跨得相当大,只有先认识到计划可以与市场相结合,才能够进一步思考计划如何与市场相结合的问题。社会主义制度下允许市场的存在及考虑计划与市场的结合可以进一步推动社会生产力的解放与发展。这无异于人们思想层面的解放与发展,思想的枷锁一旦被打开,思维的火花便可以不断地迸发出来,理论创新与实践创新也会源源不断地进行下去。改革开放的重要议题是如何处理好计划与市场的关系问题,因为很多现实中的具体操作环节都涉及这

---

① 参见《改革开放以来历届三中全会文件汇编》,人民出版社,2013 年,第 28 ~ 30 页。

两者之间的关系问题。既要运用好"政府"这只"看得见的手",又要运用好"市场"这只"看不见的手",在此基础上,我们应当思考如何使政府管理与市场运行相得益彰。市场机制本身具有一定的弊端,但这些弊端恰恰可以通过运用政府干预这只"看得见的手"来予以解决。当然,政府干预也必须保持在一定的合理范围之内。

以党的十一届三中全会的召开为契机,中国的改革开放拉开了序幕。1981 年党的十一届六中全会通过的《关于建国以来党的若干历史问题的决议》,以及 1982 年党的十二大确立了"计划经济为主,市场调节为辅"的方针,开始在传统单一的计划经济模式中融入市场经济的要素,并将这一方针写入了 1982 年的《宪法》,以法律的形式表达了改革国民经济管理体制的决心,这一强硬立场对于破除完全计划经济的传统观念起到了关键作用。党的十二大报告题为"全面开创社会主义现代化建设的新局面",报告提出了关于正确贯彻"计划经济为主,市场调节为辅"原则的问题,并详细地指出:我国在公有制基础上实行计划经济。有计划的生产和流通,是我国国民经济的主体。同时,允许对于部分产品的生产和流通不作计划,由市场来调节,也就是说,根据不同时期的具体情况,由国家统一计划出一定的范围,由价值规律自发地起调节作用。这一部分是有计划生产和流通的补充,是从属的、次要的,但又是必要的、有益的。国家通过经济计划的综合平衡和市场调节的辅助作用,保证国民经济按比例地协调发展。这几年我们对经济体制实行了一些改革,扩大了企业在计划管理方面的权限,注意发挥市场调节的作用,方向是正确的,收效也很明显。但是,由于有些改革措施不配套,相应的管理工作没有跟上,因而削弱和妨害国家统一计划的现象有所滋长,这是不利于国民经济正常发展的。今后,要继续注意发挥市场调节的作用,但决不能忽视和放松国家计划的统一领导……正确贯彻计划经济为主、市场调节为辅的原则,是经济体制改革中的一个根本性问题。我们要正确划分指令性计划、指导性计划和市场调节各自的范围和界限,在保持物价基本稳定的前提下有步骤地改革价格体系和价格管理办法,改革劳动制度和工资制度,建立起符合我国情况的经济管理体制,以保证国民经济的健康发展。①

在此基础之上,1984 年党的十二届三中全会通过的《中共中央关于经济体制改革的决定》正式确立了社会主义经济是"公有制基础上的有计划的商品经济"的提法,进一步提升了原先的"计划经济为主,市场调节为辅"的观点,改变了过去一贯主张的将计划经济同商品经济相对立的观点。《中共中央关于经济体制改革的决定》对我国当时的经济体制进行了这样的概括:第一,就总体说,我国实行的是计划经济,即有计划的商品经济,而不是那种完全由市场调节的市场经济;第二,完全由市场调节的生产和交换,主要是部分农副产品、日用小商品和服务修理行业的劳务活动,它们在国民经济中起辅助的但不可缺少的作用;第三,实行计划经济不等于指令性计划为主,指令性计划和指导性计划都是计划经济的具体形式;第四,指导性计划主要依靠运用经济杠杆的作用来实现,指令性计划则是必须执行的,但也必须运用价值规律。按照以上要点改革现行的计划体制,就要有步骤地适当缩小指令性计划的范围,适当扩大指导性计划的范围。对关系国计民生的重要产品中需要由国家调拨分配的部分,对关系全局的重大经济活动,实行指令性计划;要对其他大量产品和经济活动,根据不同情况,分别实行指导性计划或完全由市场调节。②

1985 年 10 月,邓小平在接见美国企业家代表团时指出:"社会主义和市场经济之间不存在根本矛盾。问题是用什么方法才能更有力地发展社会生产力。我们过去一直搞计划经济,但多年的实践证明,在某种意义上说,只搞计划经济会束缚生产力的发展。把计划经济和市场经济结合起来,就更能解放生产力,加速经济发展……社会主义优越性最终要体现在生产力能够更好地发展上。多年的经验表明,要发展生产力,靠过去的经济体制不能解决问题。所以,我们吸收资本主义中一些有用的方法来发展生产力。现

① 参见 http://blog.sina.com.cn/s/blog_4c44e3f40102efq0.html。
② 参见《改革开放以来历届三中全会文件汇编》,人民出版社,2013 年,第 30 ~ 31 页。

在看得很清楚,实行对外开放政策,搞计划经济和市场经济相结合,进行一系列的体制改革,这个路子是对的。"①

邓小平的观点高屋建瓴,非常明确地指出了社会主义的优越性、生产力的发展以及计划经济与市场经济的结合这三者之间的内在逻辑关系,将发展生产力的期望寄托在市场机制对传统经济模式的介入上。在以邓小平同志为主要代表的中国共产党人的带领之下,我国加快了经济体制的改革步伐。1987 年 10 月,党的十三大报告明确提出我国处于社会主义初级阶段,指明了我国现代化建设分"三步走"的战略目标:第一步,实现国民生产总值比 1980 年翻一番,解决人民的温饱问题;第二步,到 20 世纪末,使国民生产总值再增长一倍,人民生活达到小康水平;第三步,到 21 世纪中叶,人均国民生产总值达到中等发达国家水平,人民生活比较富裕,基本实现现代化。关于社会经济体制的改革,十三大报告指出,社会主义有计划商品经济的体制,应该是计划与市场内在统一的体制。此外,十三大还提出要加快建立和培育社会主义市场体系,不仅包括消费品和生产资料等商品市场,还应当包括资金、信息等生产要素市场。社会主义市场体系还必须是竞争的和开放的。

1989 年 6 月,邓小平在一次谈话中指出:"我们要继续坚持计划经济与市场调节相结合,这个不能改。实际工作中,在调整时期,我们可以加强或者多一点计划性,而在另一个时候多一点市场调节,搞得更灵活一些。以后还是计划经济与市场调节相结合。重要的是,切不要把中国搞成一个关闭性的国家。实行关闭政策的做法对我们极为不利,连信息都不灵通……我们的一些基本提法,从发展战略到方针政策,包括改革开放,都是对的。"②

1989 年 11 月,党的十三届五中全会通过了《中共中央关于进一步治理整顿和深化改革的决定》,提出了"计划与市场调节相结合的经济体制和运行体制"的观点。面对当时有一部分人对社会主义市场经济体制产生了不

---

① 《邓小平文选》(第三卷),人民出版社,1993 年,第 148 ~ 149 页。
② 同上,第 306 ~ 307 页。

少思想上的疑虑的问题,邓小平通过随后一系列的讲话澄清了人们对社会主义市场经济的误解。1990 年,邓小平在和几位中央负责同志谈话时指出:"我们必须从理论上搞懂,资本主义与社会主义的区分不在于是计划还是市场这样的问题。社会主义也有市场经济,资本主义也有计划控制。资本主义就没有控制,就那么自由?最惠国待遇也是控制嘛!不要以为搞点市场经济就是资本主义道路,没有那么回事。计划和市场都得要。不搞市场,连世界上的信息都不知道,是自甘落后。"①

1991 年初,邓小平在视察上海时的谈话中指出:"不要以为,一说计划经济就是社会主义,一说市场经济就是资本主义,不是那么回事,两者都是手段,市场也可以为社会主义服务。"②在 1992 年视察深圳、珠海、武昌等地的谈话中,他又对市场与计划的关系以及经济体制与社会制度的关系进行了说明:"计划多一点还是市场多一点,不是社会主义与资本主义的本质区别。计划经济不等于社会主义,资本主义也有计划;市场经济不等于资本主义,社会主义也有市场。计划和市场都是经济手段。"③

邓小平的一系列论述起到了答疑解惑的重要作用,进一步解放了人们的思想,打破了一部分人对市场经济的偏见,为我国推进社会主义与市场经济的结合清除了思想障碍,使大家对经济体制的改革有了全新的认识,从而更加坚定了中国走改革开放道路的决心。20 世纪 80 年代末至 90 年代初,整个世界处于时局变化异常敏感的历史时刻,作为中国老一辈的无产阶级革命家,邓小平以战争年代磨砺出来的大无畏精神直面动荡的世界时局,他在关键时刻发表的一系列讲话,无异于给人们吃了一颗又一颗的"定心丸",也让国内外那些希望中国"易帜"的阴谋得以落空。历史最终证明了这一点:在新旧世纪交替的重大历史节点,中国在坚持社会主义根本政治制度的前提下,走将计划与市场相结合的道路,是正确的历史选择,为中国在跨入21 世纪门槛之后的经济繁荣奠定了良好的基础。

---

① 《邓小平文选》(第三卷),人民出版社,1993 年,第 364 页。
② 同上,第 367 页。
③ 同上,第 373 页。

第三节　市场为主、计划为辅阶段

1992 年党的十四大正式确立了建立社会主义市场经济的改革目标,以党的十四大为分界线,我国关于市场与社会主义关系的探索进入"市场为主、计划为辅"的阶段。这一阶段与"计划为主、市场为辅"的阶段一样,都致力于实现计划与市场的结合,不同之处在于结合的侧重点在哪里。实际上,从邓小平南方谈话开始,人们对市场的认识进一步在思想层面实现了"松绑",根据新的世界形势与国内发展态势重新调整了市场与计划的主次关系,明确了市场的主导地位。可以说,从党的十四大发展至今,人们对于市场与计划的关系问题已经基本达成了共识,即市场调节为主、政府计划为辅,党的十八届三中全会使市场在资源配置方面的重要作用再一次得到了凸显,而党的十九大之后,这一共识在实践领域获得了全面的实施。时至今日,一方面,我国将社会主义制度的优越性与市场机制的优点相结合这一做法在实践中取得了极大的成功。另一方面,基于实践基础之上凝练而成的富有中国特色的社会主义市场经济理论也发展得日臻成熟。

回首过往,东欧剧变以后,中国的社会主义备受世人的关注,很多人都在思考这样一个问题:像苏联这样的社会主义强国都一夜之间解体了,中国的社会主义会何去何从呢? 江泽民指出:"东欧剧变,苏联解体,是世界社会主义遭受的巨大挫折。为什么苏联这样一个发展了七十多年的社会主义国家还会解体呢? 一些善良的人们产生了疑问和困惑,对世界社会主义的前途也存在这样那样的忧虑,甚至在我们的一些党员和干部中也程度不同地产生了'信仰危机'。这是客观存在,我们不承认、不正视不行……目前,从经济、科技发展和物质文化生活水平来看,发达资本主义国家比我们这样的发展中社会主义国家要高得多。这也是客观存在,我们不承认、不正视也不行。"[1]

---

① 江泽民:《论"三个代表"》,中央文献出版社,2001 年,第 55～56 页。

的确如此,我们必须要正视目前的世界局势以及中国的处境。在当今仅有的五个社会主义国家中,中国是最大的一个社会主义国家,也是探索社会主义发展道路方面的"领头羊"。可以毫不夸张地说,社会主义道路在当今世界是否可以继续探索与发展下去,社会主义制度是否仍然可以和资本主义制度抗衡下去,成败的关键在于中国,中国在东欧剧变之后对国内局势的稳定掌控让很多别有用心的阴谋家没有得逞,随后展开的一系列紧锣密鼓的经济改革措施使社会生产力飞速发展,中国在世界政治舞台上的崛起使全世界的社会主义者、共产主义者看到了社会主义、共产主义事业的新发展。在全球化浪潮席卷一切并且一浪高过一浪的当今时代,中国如果回到闭关锁国的历史老路上拒斥现代化也是全然不可能的,我们国家因为落后而挨打的历史教训历历在目,曾经自诩的"天朝上国"在欧洲人的枪炮声中荡然无存,中国人心中烙下的历史印记浓缩为《易经》中的一句经典话语:"天行健,君子以自强不息。"①唯有自身变得强大,才能防止外敌的入侵。那么如何使中国变得强大? 强大的标志无非是社会进步、经济繁荣、政治稳定、文化昌明、环境宜居及人民幸福。一言以蔽之:要使中国变得强大,必须要提高我国的综合国力。

笔者近年来经常赴国外参与学术交流活动,在此过程中接触到不少的国外学者,在与这些学者的交谈过程中了解到很多关于中国特色社会主义的看法。2010 年 11 月至 12 月赴美国斯坦福大学进行学术交流活动时,碰到了该校的一位伊朗裔的学者,他在交谈中首先表示相当喜欢中国的历史文化,接着又说明自己对马克思主义有着某种情结,最后问笔者如何看待中国自 1978 年以来开展的改革开放,并且尖锐地提问:中国目前走的到底是资本主义道路还是社会主义道路? 笔者的回答是:我们是社会主义国家,但是我们也需要发展,为了实现发展的目的,我们采用了市场经济的手段。当然,关键的一点是我们在社会主义基本制度的前提下来发展市场经济,因此这是我们中国的特殊之处,即搞有中国特色的社会主义市场经济模式。对

---

① 《易经》,梁海明译注,山西古籍出版社,1999 年,第 2 页。

于笔者的回答,对方最后表示赞同。笔者后来又于2011年、2012年、2014年、2015年、2016年、2017年、2018年及2019年,分别赴欧美发达资本主义国家及一些发展中国家进行学术交流,在与一些学者、当地民众及高校的学生交谈的过程中,也多次被问到类似的问题。

　　笔者的这些亲身经历表明:中国自党的十一届三中全会以来进行的改革开放一直受到以美国为首的西方世界的关注,这种关注既来自一些在高等学府专门从事中国问题研究的西方学者,也来自普通的人群,其中不乏年轻一代,他们主要是基于近年来中国经济的快速腾飞而开始关注中国运行的经济模式。从研究中国问题的西方学者的角度来看,一方面,大部分的左翼学者一如既往地对中国的社会主义市场经济模式寄予了厚望,他们期待中国通过这一经济模式为世界带来更多的惊喜,同时也对当前中国运用市场机制的"度"颇为关注,他们担心中国在运用市场机制发展经济的过程中市场元素运用过多会使整个国家偏离社会主义的方向,从而改变制度的性质重蹈东欧剧变的覆辙。这方面的例子有施韦卡特,他写了一本名为《反对资本主义》(Against Capitalism)的著作,2002年他在为此书的中文版所写的"序言"中提及,在对东欧和苏联深感失望的同时,在中国看到了希望。他说:"倘若我们真的是历史唯物主义所界定的那种有创造性的、讲究实际的、善于解决问题的人,倘若此书的基本论点是正确的,那么,无论在此处,还是在别处,一种沿着这里的理论所提示的路线走下去的经济重构行动迟早会加以尝试。"①他这里所说的"别处"首先指的是中国。按照施韦卡特的观点,中国当前正处在一个十分重要的历史关头,必须要面对何去何从的历史选择,他向中国提出了一系列的问题:1978年开始的改革进程会在向市场经济的过渡中达到极限吗? 它会放任某些力量在可预见的将来像俄罗斯改革所做的那样把国家瓦解掉吗? 它会仍然捍卫社会主义的基本价值取向,并创造出某些优越于资本主义的东西,成为真正"有中国特色的市场社会主义"

---

　　① ［美］戴维·施韦卡特:《反对资本主义》,李智、陈志刚等译,中国人民大学出版社;2002年,中文版序言,第5页。

吗? 不可否认,像施韦卡特这样的左翼学者对中国的社会主义市场经济既满怀期待,又有些情绪纠结,存在一些困惑。

另一方面,右翼的学者则对中国在运作社会主义市场经济过程中出现的一些负面效应、社会问题进行夸大及批判,甚至有学者将中国的社会主义市场经济模式变形为"中国特色的资本主义"(Capitalism with Chinese Characteristics),还有一些西方主流经济学家认为中国在过去多年来一直不断地向西方的资本主义实践稳步迈进。① 此外,一些没有鲜明的政治倾向的西方学者则比较中肯地指明了中国在当前发展社会主义市场经济过程中伴随而来的一些结构性的、客观性的问题,比如国有企业工人的下岗失业、部分官员腐败、贫富差距拉大及农民负担沉重等问题。有国外学者如此评价:"中国的市场发展带来了各种各样的问题。宏观方面,这些问题包括污染、社会不稳定、腐败、对政府的不信任以及失业。个人方面,除了最年轻一代的中国人外,其他人都觉得自己多少对生活的迅速变化有点迷失方向。"②还有的学者这样说道:"中国在运用市场及市场机制之时遭遇到了前所未有的挑战,即'残酷的市场逻辑',这是任何社会主义者或者说社会的导向性系统必须要努力与之配合,作出改变的。"③

上述各家之言代表了外界对中国实施社会主义市场经济的不同声音,正因为中国特色的社会主义市场经济模式是在特殊的历史背景下走的一条相当特殊的道路,所以存在一些思想上的顾虑及困惑是在所难免的。无论是左翼的忧心忡忡还是右翼的非议或是折中派的客观描述,都无法阻挡中国改革开放的勇气与信心。所谓"兼听则明,偏听则暗",我们可以倾听来自各方的意见或建议,但是必须要明确自己的目标和前进的道路。既然我们选择了走有中国特色的社会主义道路,那么只能是将马克思主义的基本原

---

① See Joel Anderas, *A Shanghai Model?* In *New Left Review*, 2010(9,10), London, p. 63.

② [美]乔舒亚·库珀·雷默等:《中国形象:外国学者眼里的中国》,沈晓雷等译,社会科学文献出版社,2006 年,第 303 ~ 304 页。

③ Lin Chun, *The Transformation of Chinese Socialism*, Duke University Press, Durham and London, 2006, p. 251.

理与中国的现实紧密结合在一起,边摸索边总结经验及时调整实践活动,按照邓小平的话来说就是"摸着石头过河",没有其他成功的经验可以借鉴。在运用市场机制的过程中,无论改革开放的力度和程度有多大多深,都必须坚持社会主义制度这一基本前提。回顾中国构建社会主义市场经济模式的历史过程,这是一条相当艰难、曲折的道路。

1992年10月,党的十四大报告明确规定把建立社会主义市场经济体制作为我国经济体制改革的目标,此前我们经历了一个酝酿提出、初步形成、不断摸索和不断完善的过程。在这一过程中,我们一次又一次面对思想上出现的各种困惑:如何应对在经济改革中运用市场机制而产生的各种实际难题? 如何弱化市场作为资源配置方式所隐含的潜在的负面因素? 我们不断地在实践过程中探寻这些问题的答案,并不断总结经验,调整发展的方向。党的十四大报告从总体上概括了社会主义市场经济体制的基本特征,并详细论述了这一体制的各项重大原则:第一,计划经济不等于社会主义,市场经济不等于资本主义,计划和市场都是资源配置的手段,尽管它们采取的方式、它们的功能不同,但这并不代表社会基本制度的特征,不属于基本制度的范畴;第二,社会主义市场经济体制是一种既有计划又有市场的经济体制;第三,社会主义市场经济体制是同社会主义基本制度结合在一起的,是社会主义的经济体制。①

事实表明,党中央制定的相关政策都被很好地贯彻到了实际的社会经济领域中。有相关统计数据显示,截至1992年,在我国当时的工业生产中,国家的指令性计划约占总产值的10%,绝大多数的工业消费品和相当多的生产资料也已经放开经营,市场调节的广度和力度都有所增加。在经济运行方面,我国的市场体系逐渐发育和成熟起来,计划经济的管理模式在当时的经济生活中已经不再占据主导地位。② 1993年11月,党的十四届三中全会通过了《中共中央关于建立社会主义市场经济体制若干问题的决定》,进

---

① 参见张彬等:《当代中国科学社会主义思想研究》,人民出版社,2005年,第255~256页。
② 参见刘林元等:《跨越世纪的征途》,南京大学出版社,2001年,第135页。

一步制定了社会主义市场经济体制的总体规划,要求在坚持以公有制为基础、多种经济成分共同发展的方针指导下,建立"三个制度"与"两个体系":建立产权清晰、权责明确、政企分开、管理科学的现代企业制度;建立以按劳分配为主,效率优先、兼顾公平的收入分配制度;建立多层次的社会保障制度。建立全国统一开放的市场体系;建立以间接手段为主的完善的宏观调控体系。1997年9月,党的十五大提出要建立比较完善的社会主义市场经济体制,加快国民经济市场化的整体进程,并提出了包括调整所有制结构、加快推进国有企业改革等各项内容在内的具体措施。2002年党的十六大制定了全面建设小康社会的战略目标:根据十五大提出的到2010年、建党一百年和新中国成立一百年的发展目标,我们要在21世纪头二十年,集中力量,全面建设惠及十几亿人口的更高水平的小康社会,使经济更加发展、民主更加健全、科教更加进步、文化更加繁荣、社会更加和谐、人民生活更加殷实。这是实现现代化建设第三步战略目标必经的承上启下的发展阶段,也是完善社会主义市场经济体制和扩大对外开放的关键阶段。经过这个阶段的建设,再继续奋斗几十年,到21世纪中叶基本实现现代化,把我国建成富强民主文明的社会主义国家。①

党的十六大提出的目标相当明确,即到21世纪中叶,我们将基本实现现代化,建成富强、民主、文明、和谐的社会主义现代化国家,这一目标的实现过程同时也是进一步完善社会主义市场经济体制的过程。我们期望能够用一百年左右的时间走完发达国家几百年走过的路程,这体现了中国人民的雄心壮志以及不屈不挠、自强不息的民族精神。2003年10月,党的十六届三中全会通过了《中共中央关于完善社会主义市场经济体制若干问题的决定》,这一决定对完善社会主义市场经济体制的方方面面进行了具体的部署与规划。2007年10月,党的十七大报告指出:实现未来经济发展目标,关键要在加快转变经济发展方式、完善社会主义市场经济体制方面取得重大进展,要大力推进经济结构战略性调整,深化对社会主义市场经济规律的认

---

① 参见《中国共产党第十六次全国代表大会文件汇编》,人民出版社,2002年,第18页。

识,从制度上更好发挥市场在资源配置中的基础性作用,形成有利于科学发展的宏观调控体系。2012 年 11 月,党的十八大强调了要全面深化经济体制改革,而经济体制改革的核心问题是处理好政府和市场的关系,必须更加尊重市场规律,更好发挥政府作用。2013 年 11 月,党的十八届三中全会进一步提出要推进我国的市场化进程,使市场在资源配置中起决定性作用。2019 年党的十九届四中全会通过的决定指出:"必须坚持社会主义基本经济制度,充分发挥市场在资源配置中的决定性作用,更好发挥政府作用,全面贯彻新发展理念,坚持以供给侧结构性改革为主线,加快建设现代化经济体系。"①2020 年党的十九届五中全会对如何全面深化改革,构建高水平社会主义市场经济体制,推动有效市场和有为政府更好结合,进行了深入阐述。

以上主要论述了中国社会主义市场经济理论的提出与完善过程,这一过程并非一朝就可功成,而是一个逐步深化、不断变革的过程。中国社会主义市场经济理论的创立是我国经济体制改革中最让人瞩目的理论成果,也是建设有中国特色社会主义伟大事业这一时代课题中的应有之义。这一理论对中国自 1978 年以来开展的改革开放实践产生了重大的指导作用,其意义主要体现在以下三个方面:

第一,进一步丰富了马克思主义的经济理论,使马克思主义基本原理体现出强烈的时代特征,为实现马克思主义理论体系的时代化做出了贡献。经济领域一直是马克思、恩格斯研究的重点。很多西方学者将马克思定义为哲学家、社会学家以及经济学家。为什么对马克思冠之以"经济学家"的头衔,主要原因恐怕还在于马克思写出的鸿篇巨制——《资本论》。一部《资本论》使人们看到了马克思对以大卫·李嘉图、亚当·斯密等人为代表的古典政治经济学的继承、批判与超越。早在 19 世纪 40 年代初,马克思和恩格斯就在详细考察资本主义经济运行状况的基础上,指出了资本家剥削工人的秘密所在,即剩余价值理论的提出。在随后进行的多年研究工作中,马克

---

① 《〈中共中央关于坚持和完善中国特色社会主义制度、推进国家治理体系和治理能力现代化若干重大问题的决定〉辅导读本》,人民出版社,2019 年,第 19 - 20 页。

思和恩格斯全面细致地揭示了资本主义经济发展的基本规律,并进而揭示出资本主义生产方式的历史地位及其发展趋势。但是在马克思、恩格斯那里,他们由于受到所处时代的限制,基本上持有相同的观点,即将市场关系和资本主义私有制密切相连,认为未来的公有制社会是消灭商品经济的历史阶段。这一观点为列宁、斯大林所接受并在苏联建国初期进行了实践中的尝试。按照马克思的观点,在资本主义社会中,产品之所以成为商品,除其他个别原因之外,最主要的原因是生产资料私有制的存在,由于有了私有制和社会分工,使社会生产是个人的事情的同时又要让渡给社会其他人,从而产生了生产的私人性和社会性的矛盾。马克思这样说道:"可见,商品形式的奥秘不过在于:商品形式在人们面前把人们本身劳动的社会性质反映成劳动产品本身的物的性质,反映成这些物的天然的社会属性,从而把生产者同总劳动的社会关系反映成存在于生产者之外的物与物之间的社会关系。由于这种转换,劳动产品成了商品,成了可感觉而又超感觉的物或社会的物。"①

马克思的论述表明:在反对私有制这一点上他和所有的空想社会主义者的主张相一致,即将人类产生不平等的现状归因于私有制的存在。他还进一步对资本主义私有制批判道:"共产主义的特征并不是要废除一般的所有制,而是要废除资产阶级的所有制。"②恩格斯也同意马克思的观点,他在《反杜林论》中这样说道:"只有按照一个统一的大的计划协调地配置自己的生产力的社会,才能使工业在全国分布得最适合于它自身的发展和其他生产要素的保持或发展。"③马克思、恩格斯对公有制和市场机制的关系问题的看法在当今时代看来是需要进一步完善的。他们的经济理论提出的背景是170多年前的西方资本主义社会,这么多年过去了,很多经济的构成要素发生了极大的改变,比如虚拟经济的发达、电子货币的出现等等,我们只有根据当今时代的现实状况来丰富马克思主义的理论宝库,才能在与时俱进中

---

① 《马克思恩格斯选集》(第二卷),人民出版社,1995年,第138页。
② 《马克思恩格斯选集》(第一卷),人民出版社,1995年,第286页。
③ 《马克思恩格斯选集》(第三卷),人民出版社,1995年,第646页。

保持马克思主义的科学性。中国社会主义市场经济理论的提出,是对社会主义经济作出的科学概括,是对马克思主义的重大发展,也是我国经济体制改革的基本理论依据,其理论的高度决定了中国特色社会主义道路的成功与否。

第二,有力地指导了中国特色社会主义伟大实践过程的顺利展开,在实践过程中不断自我提升,实现了马克思主义基本原理与中国国情相结合,为马克思主义的中国化做出了历史贡献。讲到马克思主义的中国化问题,首先让人想到毛泽东领导的中国新民主主义革命的胜利,这是一次马克思主义与中国国情相结合的伟大创举。邓小平曾经指出改革开放是中国的第二次革命,这次革命也是马克思主义与中国国情相结合的成功范例。从1978年党的十一届三中全会到2020年党的十九届五中全会,我们走过了在理论和实践两个层面上探索社会主义市场经济模式的历程。理论层面的循序渐进在前面小节中已经进行过系统的梳理,从实践层面来讲,1979年开始,我们首先进行了农村的经济改革,建立了统分结合与双层经营的家庭联产承包责任制;1984年开始实施城市的改革,先是放权让利,接着实行租赁制、承包制及股份制等等;1994年重点开展了财税体制、金融体制、计划和投资体制、外汇和外贸体制、物价和流通体制五大宏观经济体制的改革;1995年进一步深化了国有企业的体制改革,以建立现代企业制度为目标等。党的十九届四中全会召开之后,我国加强了这方面的现实推进。党的十九届五中全会则在这方面提出了进一步的要求。

上述这一系列的改革没有其他国家的成功经验可以借鉴,是我国在马克思主义基本原理的指导下,在认真分析中国实际发展状况的基础上,展开实践中的摸索活动。马克思主义是科学的世界观及方法论,但是我们不能一切从教条出发、从"本本"出发,必须在中国的实践活动中寻找到马克思主义的生命力。同样,西方发达国家经济发展和企业管理成功的经验并不能直接搬到中国来用,必须要结合中国当前政治、经济及社会等发展的实际情况和当前企业管理的实际情况,做到"中西结合"。回顾经济体制改革以来的岁月,我国的经济发展蒸蒸日上,经济活动总体上由封闭走向开放、由计划走向市场,产品的提供方面也由原来的物资短缺转变到如今的商品丰富多样、琳琅满目。广大人民群众亲身体验了采用社会主义市场经济体制后带来的现实变化,这种变化是整个社会不断向社会主义的美好蓝图迈进。我们已开启全面建设社会主义现代化国家新征程,必须主动创新,使经济更加繁荣,各项制度更加完善,只有这样才可以为现代化目标的实现以及中华民族的伟大复兴奠定一个坚实牢靠的物质基础。

第三,为我国的经济体制改革指明了正确的方向,开辟了社会主义现代化建设的崭新途径。众所周知,东欧曾经的几个社会主义国家都进行过一系列经济改革运动,其中以苏联的改革最为典型。苏联在列宁、斯大林、赫鲁晓夫、勃列日涅夫以及戈尔巴乔夫时代都进行过不同程度的经济改革运动,但是总体上都失败了。戈尔巴乔夫在1985年3月上台之后,重点提出了加速战略,包括两个方面的含义:加快经济发展速度和加快经济体制改革。这些改革措施取得了一定的成效,但是没有提供真正能解决具体问题的措施,对于经济比例严重失调的重工轻农结构缺乏有力的调节。苏联经济体制改革的失败给我们提供了很大的启示:我们国家的经济体制改革必须要找到一个正确的方向和一种合适的途径。我国的改革开放始于1978年,其中也包括经济体制的改革。在此之前,中国的领导人面对经济状况恶化的局面曾经尝试过三次改革,这三次改革的时间分别为1956年、1958年和1970年,但是总的说来都没有找到正确的方向,也没有出台有力的相关政策,只是对整体上的经济状况产生了相当微弱的影响。1978年以后的经济体制改革层层深入,逐步完善了各项措施,调动了社会各方面的积极性,促进了社会生产力的发展,引起了整个社会关系和社会生活的深刻变化,如今的人们不再将市场经济视为社会主义国家的洪水猛兽,大家普遍接受了这样一条经过实践检验过的真理:社会主义与市场经济之间并不存在矛盾,社会主义制度下也可以发挥市场的功效。我国的经济体制改革无疑是成功的,如今生产力走上了稳步发展的道路。

中国社会主义市场经济理论的提出与完善,表征了人们在思维方式上的一次革命。正如江泽民所指出的那样:"创新是一个民族进步的灵魂,是一个国家兴旺发达的不竭动力。"①社会主义市场经济理论的确立是马克思主义理论体系内的一次自我创新,是马克思主义中国化、时代化的重大理论成果之一,它在对社会主义运行机制、所有制结构、收入分配等各个方面都有了比马克思、恩格斯所设想的共产主义的第一阶段,以及列宁、斯大林等人所探索的社会主义模式更加充分与清晰的认识。冷战结束以后,世界形势向多极化方向发展,国与国之间的相互依存越来越紧密。踏入新世纪以后,随着现代科技的迅猛发展,东西方之间的交流在互联网等电子媒介的推动之下变得日益频繁,社会主义国家要想实现更好、更快地发展,必须要具有全局意识和世界眼光,必须敢于向西方资本主义国家学习先进的经济管理模式和理念,同时加强双方的联系与合作,不能像过去那样因意识形态上的差异就切断了与西方发达资本主义国家对话的途径。中国社会主义市场经济理论的提出,正是出于这方面的长远考虑。

实践证明,我国引入西方国家所普遍采用的市场经济体制,对于全面推进中国的社会主义现代化事业是非常有帮助的。近年来,我国的 GDP 年均增速8%左右,同时对世界经济增长的贡献率达到40%～50%。虽然在遭遇新冠肺炎疫情之后,我国的经济发展受到了一定的影响,但疫情控制期间马上做到了复工复产,力争将损失降到最低。西方资本主义国家对中国的态度从"中国崩溃论"转变到"中国威胁论",再转变到"中国责任论",甚至随着美国金融危机和欧洲债务危机的出现,有了"英雄救美""英雄救欧"的论调,这里的"英雄"指的就是当今中国,这些都反映了中国特色社会主义是在反思和批判单一计划经济的弊端的基础上,开始义无反顾地探索市场与社会主义的结合之路。中国特色社会主义理论创建者之一的邓小平,以远大的发展眼光和对世界经济局势的正确把握,对计划经济和市场经济各自的优点和缺点作了正确的评价,并以求真务实的工作态度在实践中大胆地尝试社会主义基本制度下市场机制的合理运作。自此,中国在改革开放的道路上取得了一系列成绩,形成了中国特色的社会主义市场经济模式。他使

---

① 本书编写组编:《十六大报告辅导报告》,人民出版社,2002 年,第12 页。

中国在探索市场与社会主义的关系方面做出了卓越的贡献。回顾历史,以1978 年召开的党的十一届三中全会为标志,我国进入了改革开放的新时代。邓小平将社会主义市场经济体制确立为经济改革的目标,他提出社会主义也可以搞市场经济,反对将市场经济当作反映社会制度的范畴。由此,我国进行了一系列的社会主义改革实践。改革开放 40 多年来取得的辉煌成就证明,我们只有将坚持社会主义基本制度和发展市场经济两者结合起来,既发挥社会主义制度的优越性又发挥市场配置资源的有效性,才能在风云变幻的世界局势中立于不败之地。

第七章　市场与社会主义的价值目标

追溯历史,社会主义思想诞生于 16 世纪初,而"社会主义"这个词最早出现于 19 世纪初的法国,自此以后便经常被当作"资本主义"的反义词来运用,它对于当今世界上的一部分人群而言是具有特殊情结的一个词。自从托马斯·莫尔于 1516 年发表空想社会主义的开山之作《乌托邦》以来,人类对于社会主义理想的追求和社会主义道路的探索就从未停止过。社会主义究竟为什么而奋斗? 或者说社会主义制度最吸引人的亮点是什么? 为什么在革命岁月里有那么多的仁人志士为社会主义、共产主义的理想不计个人的荣辱,甚至不惜抛头颅、洒热血? 为什么在当代资本主义空前的繁华中依然有很多学者对社会主义的理想信念不舍不弃? 答案恐怕就是"平等"。回顾资本主义私有制确立的历史,它曾经是一种非常先进的制度,在代替封建专制的过程中显示出相当大的历史优越性,对社会生产力的发展起到了空前的解放与推动作用。但是,资本主义私有制存在以下体制性弊端:一是造成了社会的严重不平等现象,包括从经济的不平等所生发出来的各种不平等现象;二是生产资料私人占有与社会化大生产之间的矛盾,这一矛盾造成了生产的无序性,从而导致了生产率的降低并影响了社会生产力的上升空间。

西方的自由民主制度表面上将"民主""自由""平等"及"博爱"等当成自己追求的价值目标,实质上却用这些口号掩盖了资本主义私有制统治下资产阶级对无产阶级残酷的剥削、压榨。在这方面,当今西方的一些资产阶级政治家更是打着这些旗帜为自己拉政治选票,而实际上所谓的民主选举恰恰是金钱政治,参加竞选的往往本身就是大企业主或大资本家,对于普通民众尤其是贫困的底层民众而言,没有巨额财力作为竞选资金来支撑,也就没有资格去参加竞选,这无疑是政治领域的严重不平等现象。在这方面,美国式的民主最具有典型性,美国前任总统特朗普就是大商人出身,其在开展政治外交活动时商人的那种精明表现得一览无遗。美国打着传播"自由""民主"及"平等"的旗帜,却本着霸权主义的精神到处干涉别国的内政,甚至带头发动武力干预。

反观中国,从中国文化的角度来说,儒、释、道三家的学说都具有"和"的基调,主张人与社会、人与他人、人与自然的和谐共处。"大同社会"是儒家所追求的最终的人类社会形态和最高的人类社会发展阶段,在这一社会中,每个人平等地享有社会物质财富,在各个方面人人平等。在涉及人与周围世界的关系时,儒家主张"中庸之道""以和为贵"。以老子和庄子为代表的道家强调人应当淡泊名利,远离尘世,待在宁静的山野之间,降低对物质的欲求,通过人自身的反省与修行达到一种宁静和谐的生存状态。佛家文化注重众生平等,不仅将平等的观念运用到处理人与人之间的关系上,而且还移植到人与自然的相处上,主张人与自然万物都是相互平等的,人应当怀揣慈悲之心,尊重、关爱自然界的飞禽走兽与一草一木。此外,中国传统文化所崇尚的"四海之内皆兄弟"体现了博大的"治世情怀"与"天下情怀",我们超越了中国的地域限制,并且超越了狭隘的民族主义,体现了一种高度的平等精神。平等的观念发展至今,体现在党的十八大所提出的社会主义核心价值观当中。党的十八大提出,倡导富强、民主、文明、和谐,自由、平等、公正、法治,爱国、敬业、诚信、友善,积极培育和践行社会主义核心价值观。其中,"富强、民主、文明、和谐"是国家层面的价值目标,"自由、平等、公正、法治"是社会层面的价值取向,"爱国、敬业、诚信、友善"是公民个人层面的价值准则,从中可以看出,平等是社会层面的价值取向之一。

市场最主要的价值目标在于提高效率,失去了效率的市场机制必然丧失了运作的活力,而社会主义的主要价值目标恰恰是追求平等、实现公平,若没有了对平等的孜孜以求,则社会主义就不是真正的社会主义了。当然,社会主义与市场必须相互结合,没有市场就不讲效率,不讲效率的社会主义生产力必然发展缓慢,这样的社会主义只能是人人贫困,人人挣扎在生存线上,那样的平等是没有任何意义的。我们在探究市场与社会主义的关系之时,涉及对市场与社会主义价值目标的讨论,具体化为对效率与公平问题的阐释,本书在以下的章节中,将结合中国特色社会主义在经济领域的发展历程展开较为详细的论述。虽然本书着重分析了中国特色社会主义对市场与社会主义关系的探索,时间主要从1978年党的十一届三中全会开始算起,但是从理论与实践两方面的逻辑发展脉络来看,我们应当对1978年党的十一届三中全会以前的新中国发展历史有所追溯,如此才能更加清楚地认识到中国特色社会主义对市场与社会主义关系探究的前因后果、来龙去脉,更加客观、准确地把握中国特色社会主义对市场与社会主义关系探究的发展趋势。

第一节　注重公平、忽视效率

如前所述,平等是基本的社会主义价值目标。从16至18世纪的莫尔、托马斯·康帕内拉(Tommas Campanella)、托马斯·闵采尔(Thomas Münzer)、摩莱里(Morelly),以及19世纪的圣西门、约瑟夫·傅立叶(Joseph Fourier)、欧文等空想社会主义者那里开始,"平等"就被设置为社会主义的基本价值目标。自此以后,每一代的社会主义者几乎都坚持了这一基本价值目标,甚至将它当成社会主义的代名词,从不同的角度提出自己的一套理论试图解决资本主义私有制下的社会不平等问题,尤其是欧文、傅立叶等人不惜耗费自己的家产通过购买田地、开办工厂等实践活动来实现人人平等的社会主义理想。以空想社会主义的开山鼻祖莫尔为例,他在《乌托邦》中虚构了一个航海家航行到一个神奇的乌托邦岛的旅行见闻。在那里,财产是公有的,人民是平等的,实行着按需分配的原则,领导人是经过全民投票公选的方式产生的,除了总督为终身制外,其他人担任职务都经过选举而产生,如果总督对人民实行暴政,人民有权将其罢免。莫尔所描绘的乌托邦是人类思想意识中最美好的社会,在这个理想的国度里,没有压迫、不公和贪婪等各种丑恶的人性与社会现象,只有平等、和谐、善良等一切美好的东西,无异于人间的天堂。莫尔关于乌托邦的天才的想象与16世纪英国的社会现实是密切相连的。当时的英国正处于都铎王朝统治时期,残暴的国王亨利七世和亨利八世通过历史上臭名昭著的"圈地运动"和一系列血腥立法,为资本主义生产方式的建立积累了资金和大量自由却一贫如洗的雇佣劳动力,使整个社会出现了"羊吃人"的奇怪现象。基于对当时社会出现的不公平现象的深入思考以及对饱受磨难的劳苦大众的深切同情,莫尔借用手中的笔向世人展现了一个人人平等地占有社会财富的理想社会。

以莫尔及欧文等人为代表的空想社会主义者的努力最终都在残酷的现实环境中烟消云散了,这主要是因为社会物质生产力的发展还没有到达一定的水平,社会物质产品还没有极大丰富,资本主义私有制的发展还有一定的空间,任何人为地拔高社会生产力水平的行为都是徒劳无功的,不过他们对平等、自由等人类美好理想的追求会永留青史,激励着一代又一代的社会主义者去追求。正如恩格斯在《社会主义从空想到科学的发展》一文中所揭示的那样:"不成熟的理论,是同不成熟的资本主义生产状况、不成熟的阶级状况相适应的。解决社会问题的办法还隐藏在不发达的经济关系中,所以只有从头脑中产生出来。社会所表现出来的只是弊病;消除这些弊病是思维着的理性的任务。于是,就需要发明一套新的更完善的社会制度,并且通过宣传,可能时通过典型示范,从外面强加于社会。这种新的社会制度是一开始就注定要成为空想的,它越是制定得详尽周密,就越是要陷入纯粹的幻想。"①恩格斯对空想社会主义的评价一针见血,当然,他也充分肯定了空想社会主义的理论意义,从理论来源上来看,空想社会主义是马克思主义的三大来源之一,无论是马克思还是恩格斯都受到了空想社会主义者思想的启迪。

平等与公平这两个词意义相近,人们常常把它们混淆着使用,在日常生

---

① 《马克思恩格斯选集》(第三卷),人民出版社,1995年,第724页。

活中往往没有进行严格意义上的区分,在英语当中,平等用 Equality 来表示,而公平则用 Fairness 来表示,很多字典也在互换的意义上来使用这两个词汇,它们一般在政治哲学、伦理学领域中被广泛运用。公平一般是某事上所讨论的较公认的、主观的关系,其标准是历史的,就不同的社会制度而言,人们评价某一社会制度更公平,是相对于以前的社会制度而言的,人们评价同一社会制度时,公平总是相对于某一特定尺度而论,在认识和评价是否公平的问题上,人们总是从特定的目的出发,评价的标准和尺度带有明显的主观色彩和极大的差异性,公平不是绝对的公平,一般是一定社会关系下的相对的公平。平等一般是同时、同地层面上所讨论的较天然的、客观的关系,平等的真实含义及其衡量标准虽然也具有一定的相对性,但不受时代、社会制度等条件的制约,它是公平的理想境界,是最高意义上的公平。中国特色社会主义关于市场与社会主义关系的探索过程中,与市场所注重的效率相对应使用的是社会主义的公平。效率一词往往在经济学领域中被广泛运用,从经济学角度讲,效率的基本含义是指投入与产出或者成本与收益之间的对比关系。一般来说,效率总是和发展生产力、提高劳动生产率和增加经济收益相联系的,效率高者收益高,反之收益低。在现代工业社会,机器化的社会大生产已得到大量普及,农业社会时期家庭小作坊式的手工生产大大缩减,尤其是在进入 21 世纪之后,整个社会的发展速度愈来愈快,在上海、北京、深圳等现代化大都市中,无论是在生产领域还是在日常生活领域中,人们对效率的追求都达到了前所未有的程度。当然,对效率的追求和快节奏的现代化生活方式引发了一系列社会问题,快节奏生活、高效率工作所带来的巨大压力使当今社会患精神疾病的人越来越多。

暂且不论单纯地追求效率所产生的负面效应,关于"效率与公平"这一对范畴,如果我们用唯物辩证法的观点来进行深入分析,可以看到两者之间存在着相辅相成、相互依存的辩证关系,具体如下:

第一,公平是保证效率的前提,没有公平作为前提条件,就不可能实现效率所设定的目标。具体而言,公平是保证社会生产、活动和生活过程正常进行的必要条件,离开公平谈效率是不现实的,若一个社会只追求效率而不讲究公平,那么社会的贫富差距将不断扩大,那些生活在贫困中的人们便会产生不满情绪,日积月累终究会造成社会的不稳定现象。

第二,效率是实现公平并推动公平发展的基本条件之一。之所以说效率能够实现公平、推动公平的发展,最根本的原因就在于效率的提高与生产力的发展是成正比的,生产效率越高表示生产力水平越高,而生产力水平又直接制约和决定着社会的公平状态和公平观念。

第三,效率与公平两者之间可以相互促进。从实际的社会发展过程来看,效率较低的社会生产力水平必然相对高效率的社会要低,其社会中公平的实现也只能停留在低水平上,也就是说,一个社会的效率低下那么其社会公平状况发展也会较缓慢,有待于实现的公平空间也会相对更大。反过来,一个社会的效率较高那么其社会公平状况发展也会较快,人们对社会的满意度就会提高,公平的实现有助于提高整个社会的效率,从而相应地促进社会生产力在较短的周期内获得较快的发展。可以说,效率要求并推动着公平机制的建立、变革和不断完善。

从以上的分析可以得出结论:效率与公平两者之间的关系至关重要,与社会的发展密切相连。这也是中国社会主义市场经济从改革开放伊始就在不断思考的重要问题,我国曾经在不同的历史阶段分别对"效率"与"公平"两者之间的关系进行了定位。1949年新中国成立至1956年社会主义三大改造基本完成这段时期内,我国当时的情况是计划经济与市场经济并存,旧中国遗留下的一些资本主义工商业和手工业都保留着市场的成分,因此既存在注重效率,也存在强调公平。而在1956年社会主义三大改造基本完成确立起社会主义制度到1978年改革开放之前的这段时间内,我国主要采用了单一的计划经济体制,在计划占绝对的统治地位而市场基本上处于消亡的状况下,我国片面地强调公平而排斥效率,这个阶段维持了二十多年,期间效率与公平呈现相互对立、排斥的状况,即便是在1978年改革开放之初,社会上仍然有一部分人希望维持计划经济体制下只注重公平而忽略效率的原有局面,反对市场及市场所倡导的效率问题。我们可以将1956年社会主义制度确立至1978年党的十一届三中全会召开之前这一时期对效率与公平问题的探究称为"注重公平,忽视效率"阶段。

计划经济体制在我国社会主义制度确立以后实施了二十多年的时间,这一体制的特点是国家直接掌控全社会的资源分配,以社会化大生产为必要前提,以生产资料公有制为基础,通过国家指令性计划与指导性计划来实施对全社会经济活动的直接管理和调节,具体操作上往往实施自上而下的强制性行政指令。客观地说,计划经济体制在我国的实施有其历史的先进之处,比如,对于快速有效动员与集中有限的资源,在较短的历史时期内恢复解放战争胜利后的国民经济和保卫国家安全,较快地建立起比较完整的工业化基础发挥了重要作用。但随着时间的推移,外部与内部条件的变换,计划经济体制本身所具有的固有弊端也逐步显露出来,比如,物质分配由国家统一计划分配,市场没有可以发挥作用的余地,导致经济发展缺乏张力与活力;又如,经济管理和决策权集中在中央政府那里,地方政府及企业基本上没有相关的自主权,这导致地方政府缺乏工作的积极性,企业则缺乏生产的积极性;再如,从效率与公平的关系角度来说,社会生产环节大家统一行动,不讲究效率,在收入分配上大搞平均主义,企业理所当然地吃国家的"大锅饭",企业员工理所当然地吃企业的"大锅饭",如此平均主义盛行,表面上似乎人人平等,但事实上导致生产缺乏积极性、灵活性,企业与企业之间、员工与员工之间缺乏竞争意识,尤其是企业员工无论干多还是干少,结果都一样,如此便日渐懒散,在工作中逐渐丧失了创新意识与主体意识,时间一久,造成了企业整体上的效率低下。总体上看,计划经济体制越到后期越表现出僵化、不灵活的缺陷,这些问题导致了当时我国社会生产力发展速度较慢,在世界范围内与西方发达资本主义国家相比较而言,落后的距离越来越大。

第二节　效率优先、兼顾公平

"效率优先、兼顾公平"阶段以1993年党的十四届三中全会召开为标志,这一原则的提出,表示我国对于市场与社会主义关系的探索进入了全新的历史阶段,突破了"注重公平,忽视效率"阶段的局限性,认为在经济领域,尤其是在收入分配时可以将效率与公平两者结合起来进行考虑,并在此基础上对效率与公平两者孰先孰后进行了排序,通过这种排序表明了当时历史阶段的分配重点。从1978年党的十一届三中全会至1993年党的十四届三中全会这段时间内,我国对于效率与公平问题的探索主要表现为由过去的相互排斥与对立转变为注重两者的相互结合。当然,在此过程中,由于受到长期实施计划经济体制、反对市场机制的影响,公平一开始被放在更加显眼的位置,效率则被放在公平的后面来予以考虑。从党的十一届三中全会到党的十四届三中全会,期间经历了十几年的时间跨度,这是一个较长的过渡期。

具体而言,党的十一届三中全会以后,我国对市场及其倡导的效率问题改变了传统的看法与做法,即不再全面排斥与敌视,不再将市场化当作资本主义私有化,同时也开始在社会主义的政治制度下重视效率问题。党的十一届三中全会公报中指出:应该在党的一元化领导之下,认真解决党政企不分、以党代政、以政代企的现象,实行分级分工分人负责,加强管理机构和管理人员的权限和责任,减少会议公文,提高工作效率,认真实行考核、奖惩、升降等制度。采取这些措施,才能充分发挥中央部门、地方、企业和劳动者个人四个方面的主动性、积极性、创造性,使社会主义经济的各个部门各个环节普遍地蓬蓬勃勃地发展起来。公社各级经济组织必须认真执行按劳分配的社会主义原则,按照劳动的数量和质量计算报酬,克服平均主义;社员自留地、家庭副业和集市贸易是社会主义经济的必要补充部分,任何人不得乱加干涉。[1] 这段话显示,我国开始充分意识到排斥市场与不注重效率所产生的一系列问题,并明确地提出要克服平均主义,允许社会自留地、家庭副业和集市贸易的存在与发展,意味着鼓励人们打破吃"大锅饭"的现象,充分发挥个体的主动性、积极性、创造性。虽然在党的十一届三中全会公报中还没有出现"效率优先,兼顾公平"的字眼,但是对市场及效率的"松绑",标志着自社会主义制度在我国确立到党的十一届三中全会这一时间跨度内形成

---

① 参见《改革开放以来历届三中全会文件汇编》,人民出版社,2013年,第7~9页。

的"注重公平,忽视效率"阶段的结束,无论是理论层面还是实践层面,越来越多的信号表示我国开启了公平与效率的结合之路,越来越多的人开始接纳市场,将提高效率当作自己的一种工作诉求。毋庸置疑,党的十一届三中全会为1993年党的十四届三中全会提出"效率优先,兼顾公平"的收入分配原则作了最初的铺垫。

1984年召开的党的十二届三中全会在报告中指出:长期以来在消费资料的分配问题上存在一种误解,似乎社会主义就是要平均,如果一部分社会成员的劳动收入比较多,出现了较大的差别,就认为是两极分化,背离社会主义。这种平均主义思想,同马克思主义关于社会主义的科学观点是完全不相容的。历史的教训告诉我们,平均主义思想是贯彻执行按劳分配原则的一个严重障碍,平均主义的泛滥必然破坏社会生产力。当然,社会主义社会要保证社会成员物质、文化生活水平的逐步提高,达到共同富裕的目标。但是,共同富裕绝不等于也不可能是完全平均,绝不等于也不可能是所有社会成员在同一时间以同等速度富裕起来。如果把共同富裕理解为完全平均和同步富裕,不但做不到,而且势必导致共同贫穷。只有允许和鼓励一部分地区、一部分企业和一部分人依靠勤奋劳动先富起来,才能对大多数人产生强烈的吸引和鼓舞作用,并带动越来越多的人一浪接一浪地走向富裕。由于一部分人先富起来产生的差别,是全体社会成员在共同富裕道路上有先有后、有快有慢的差别,而绝不是那种极少数人变成剥削者,大多数人陷于贫穷的两极分化。鼓励一部分人先富起来的政策,是符合社会主义发展规律的,是整个社会走向富裕的必由之路。① 这里再一次强调了平均主义的弊端,阐明了认为社会主义就应当搞平均分配的观点是错误的,有悖于马克思主义的相关原则,并对鼓励一部分人先富起来再带动所有人实现共同富裕的政策进行了理论上的详细阐释,没有"先富"群体带动"后富"群体,那将陷入共同贫困。事实证明,社会主义的目标是最终达到共同富裕,而绝非大家一起挨饿。

---

① 参见《改革开放以来历届三中全会文件汇编》,人民出版社,2013年,第39～40页。

特定的时代造就特定的理论,正当中国特色社会主义在 20 世纪 80 年代、90 年代积极探索效率与公平的关系问题之时,发生了震惊国内外的东欧剧变,经历了东欧剧变发生之后短时期内的强烈震撼与深度困惑,无论是社会主义阵营还是资本主义阵营,整个东西方的人们似乎都在寻找导致东欧剧变发生的各方面原因。其中两大主要原因不言而喻:一方面,僵化的计划经济体制使经济活动在组织实施的过程中缺乏效率,一切按计划指令严格执行,导致工人普遍对于生产行为的积极性降低;另一方面,领袖个人崇拜之风盛行,中央领导层权力过于集中,从上到下各级组织的腐败现象日益严重,而底层老百姓日常生活物资匮乏,政治权利得不到保障,社会公平正义缺失,广大人民群众对政权领导者的怨言越积越多,终于形成了火山爆发的态势。

我国在反思东欧剧变的过程中,也重新对市场与社会主义的关系进行了定位,1992 年邓小平南方谈话起到了澄清思想认识误区,带头树立改革开放新理念的重要作用,犹如黑暗中的一盏指路明灯,为中国人对姓"资"还是姓"社"问题的争论找到了正确的答案,使我国的改革开放事业开辟了一个新的发展空间。

1993 年党的十四届三中全会胜利召开,这次会议的一大亮点是明确提出了"效率优先,兼顾公平"的收入分配原则。党的十四届三中全会通过的决定这样说道:"建立以按劳分配为主体,效率优先、兼顾公平的收入分配制度,鼓励一部分地区一部分人先富起来,走共同富裕的道路……"①在涉及建立合理的个人收入分配和社会保障制度时,又进一步指出:"个人收入分配要坚持以按劳分配为主体、多种分配方式并存的制度,体现效率优先、兼顾公平的原则。劳动者的个人劳动报酬要引入竞争机制,打破平均主义,实行多劳多得,合理拉开差距。坚持鼓励一部分地区一部分人通过诚实劳动和合法经营先富起来的政策,提倡先富带动和帮助后富,逐步实现共同富裕。"②

---

① 《改革开放以来历届三中全会文件汇编》,人民出版社,2013 年,第 57 页。
② 同上,第 72 页。

　　如何处理效率与平等的关系问题是中国特色社会主义构建和完善社会主义市场经济体制需要解决的重大时代课题。针对我国二十多年采用计划经济体制所造成的弊端,尤其是平均主义思想严重阻碍企业与劳动者积极性的状况,"效率优先、兼顾公平"的原则被及时地提了出来,这一原则提出的背景是在经济领域中特别是在收入分配时不注重效率,而片面地追求所谓的公平,从而造成了人浮于事、凡事"一刀切"的现象,我国具体国情的发展状况决定了在当时的时代背景下,为了充分调动企业和广大人民群众的生产积极性,效率被放在公平之前予以考虑。"效率优先"意味着经济效益是最为重要的,而"兼顾公平"则意味着在考虑经济效益之外还要考虑公平问题,当然,一旦发生经济效益与公平相冲突的时候,还是应当优先考虑经济效益。

　　毫无疑问,这一原则是针对我国具体的国情提出的。从我国的历史发展来看,人口众多、底子薄,又曾经在社会主义经济建设中走过了一段弯路,我们的社会主义市场经济理论是在生产力相对落后的发展阶段提出的,我国进行社会主义市场经济的建设只能在解放和发展生产力的基础之上,才能最终实现共同富裕,也就是解决公平的问题。邓小平提出:"社会主义的本质,是解放生产力,发展生产力,消灭剥削,消除两极分化,最终达到共同富裕。"①这段话高屋建瓴、简明扼要地回答了社会主义的本质是什么的问题,将对社会主义的认识提高到了一个新的境界。他还在一次谈话中强调:"我们在改革中坚持了两条,一条是公有制经济始终占主体地位,一条是发展经济要走共同富裕的道路,始终避免两极分化。我们吸收外资,允许个体经济发展,不会影响以公有制经济为主体这一基本点。相反地,吸收外资也好,允许个体经济的存在和发展也好,归根到底,是要更有力地发展生产力,加强公有制经济。只要我国经济中公有制占主体地位,就可以避免两极分化。当然,一部分地区、一部分人可以先富起来,带动和帮助其他地区、其他

---

① 《邓小平文选》(第三卷),人民出版社,1993年,第373页。

的人,逐步达到共同富裕。"①邓小平关于社会主义本质的论述以及他所主张的让一部分人先富起来再带动其他人富起来的观点实质上也阐明了效率与公平的关系问题。他不仅一再强调"走社会主义道路,就是要逐步实现共同富裕"②,也强调社会主义发展需要讲究效率:"现在,周边一些国家和地区经济发展比我们快,如果我们不发展或发展得太慢,老百姓一比较就有问题了。所以,能发展就不要阻挡,有条件的地方要尽可能搞快点,只要是讲效益,讲质量,搞外向型经济,就没有什么可以担心的。低速度就等于停步,甚至等于后退。"③

党的十六大报告指出:"要形成与社会主义初级阶段基本经济制度相适应的思想观念和创业机制,营造鼓励人们干事业、支持人们干成事业的社会氛围,放手让一切劳动、知识、技术、管理和资本的活力竞相迸发,让一切创造财富的源泉充分涌流,以造福人民。"④这段话传递出来的信息是:充分调动人们创造财富的积极性,鼓励人们通过各种方式发展社会生产力,使各种生产要素和社会资源的作用充分发挥,有利于最大限度地提高社会效率,创造良好的物质基础。

2003 年召开的党的十六届三中全会对如何进一步完善社会主义市场经济体制提出了进一步的理论总结与理论思考,阐述了我国经济体制改革所面临的新形势与新任务,强调进一步深化经济体制改革的重要性与紧迫性。关于效率与公平的关系问题,这次大会的决议对十年前提出的"效率优先,兼顾公平"的收入分配原则进行了重申,指出:要完善按劳分配为主体、多种分配方式并存的分配制度,坚持效率优先、兼顾公平,各种生产要素按贡献参与分配。整顿和规范分配秩序,加大收入分配调节力度,重视解决部分社会成员收入差距过分扩大问题。以共同富裕为目标,扩大中等收入者比重,提高低收入者收入水平,调节过高收入,取缔非法收入。加强对垄断行业收

---

① 《邓小平文选》(第三卷),人民出版社,1993 年,第 149 页。
② 同上,第 373 页。
③ 同上,第 375 页。
④ 《中国共产党第十六次全国代表大会文件汇编》,人民出版社,2002 年,第 15 页。

入分配的监管。健全个人收入监测办法,强化个人所得税征管。完善和规范国家公务员工资制度,推进事业单位分配制度改革。①

此外,党的十七大报告强调发挥人民的首创精神,保障人民的各项权益,走共同富裕的道路,统筹城乡发展、区域发展及经济社会发展等等,也体现了兼顾效率与公平的原则。

2008 年召开的党的十七届三中全会重点讨论了关于推进农村改革发展的若干重大问题,虽然这次大会以农村为重点,并没有就效率与公平之间的关系问题展开专题讨论,但是其中也表达了对公平问题的看法,大会形成的决议指出:"调整国民收入分配格局,巩固和完善强农惠农政策,把国家基础设施建设和社会事业发展重点放在农村,推进城乡基本公共服务均等化,实现城乡、区域协调发展,使广大农民平等参与现代化进程、共享改革发展成果。"②

第三节　两者兼顾、注重公平

从我国目前的现实状况来看,无论是资源配置以市场为基础,还是市场化的程度,社会主义市场经济体制都进入了一个发展与完善的新时期。如何处理效率与公平的关系问题依然是构建和完善社会主义市场经济体制需要面对的重大问题。2017 年 10 月党的十九大首次提出习近平新时代中国特色社会主义思想。习近平新时代中国特色社会主义思想是全党全国人民为实现中华民族伟大复兴而奋斗的行动指南,是对十八大以来党的理论创新成果的最新概括和表述,系统回答了新时代坚持和发展什么样的中国特色社会主义、怎样坚持和发展中国特色社会主义等一系列重大问题。中国特色社会主义进入了新时代,针对现实中涌现出来的问题,我国在原有体制基础上调整了对效率与公平关系问题的定位,确切地讲,从党的十八大召开

---

① 参见《改革开放以来历届三中全会文件汇编》,人民出版社,2013 年,第 133～134 页。

② 《改革开放以来历届三中全会文件汇编》,人民出版社,2013 年,第 150 页。

至今,我们不再像过去那样旗帜鲜明地强调"效率优先,兼顾公平",而是强调效率与公平兼顾,并逐步有意识地强化对社会公平的考量。毕竟当下我国社会的主要矛盾发生了转变,不再是过去的人民日益增长的物质文化需要同落后的社会生产之间的矛盾,而是人民日益增长的美好生活需要和不平衡不充分的发展之间的矛盾,对社会公平问题的重视恰恰是为了解决这一矛盾,离开了公平,就无法解决当前社会的主要矛盾,也就无法真正实现社会主义所一直推崇的价值目标。

既然市场是手段,社会主义是目的,那么市场机制发挥作用最终是为了实现全体社会成员的公平,包括经济、政治、受教育、就业等各个方面的公平。虽然中国到目前为止进行的改革取得了很大成绩,但与此同时,在改革的过程中,也出现了一些负面效应。这些负面效应中最突出的是两大矛盾:第一,人与自然之间的矛盾加剧,表现为生态失衡、环境恶化、资源短缺等,我国一些大城市的大气和水污染现象十分严重,酸雨面积占国土面积的三分之一,七大水系近一半河段被严重污染;第二,人与人之间的矛盾加剧,主要表现为贫富差距不断扩大,按照相关的基尼系数统计,目前我国的基尼系数已经远远超过0.4的警戒线。如果这些问题得不到解决的话,我国的社会主义事业将无法得到可持续发展。对于改革过程中出现的一些问题,我们国家的领导人已经采取了一系列措施进行整治,这些措施包括加强生态环保方面的制度建设,完善监督机制,加大对污染环境的惩罚力度、加大对社会弱势群体的帮扶力度、为他们开辟新的受教育渠道和就业渠道等等。

通过多年的实践探索与理论研究,我们在充分利用市场机制的过程中,也逐步发现并清楚地认识到,尽管在社会主义制度下对市场的运用与资本主义制度下对市场的运用有所不同,但市场经济本身蕴含着的一些弊端仍要引起我们的高度警惕,这些弊端主要体现在以下四个方面:

第一,市场机制条件下劳动力成为商品,有可能出现工人与劳动产品的异化。我国的所有制结构是以公有制为主体,多种所有制经济共同发展。非公有制经济在我国经历了一个从无到有的过程,如今基本上形成了与国有、集体经济三足鼎立的格局,并且日益成为推动国民经济快速发展、解决人民群众就业问题的重要力量。大量私营经济、个体经济等非公有制经济的存在使劳动力成为商品的现象难以避免。工人作为商品在企业中运作，就不能直接占有自己的劳动产品，从而导致工人与劳动产品之间的异化。随着近年来我国改革开放的步伐加快和程度加深，西方发达资本主义国家的一些消费理念不断冲击着我国传统的消费理念。当今西方发达资本主义国家最盛行的是"消费至上主义"，这一消费理念使"消费资本主义"成为当代资本主义的最新发展趋势之一，其所推崇的核心价值观即以"物"为中心，以"商品"为人们生活的指挥棒。这种价值观的错位很容易导致人们在生活体验上的一种误区，即似乎人对物、对商品的占有越多生活的幸福指数就越高。随着西方这股消费理念在我国消费领域的不断泛化，工人生产出来的"物"越来越成为工人生活的主宰，由此从另一个角度加深了工人与劳动产品的异化程度。

第二，市场机制条件下劳动过程的组织往往以效率为先，有可能导致工人与劳动本身的异化。行业竞争的激烈性导致大部分企业都将效率放在第一位。为了提高劳动生产率，这些企业通过各种现代化生产手段的运用，尽可能地去缩短不同劳动的转换时间，以致工人的劳动过程简化成了反复进行的单一动作，工人在劳动过程中丧失了多种多样的生产旨趣和生产才能，比较容易出现厌恶、压抑的情绪，致使劳动者与劳动本身相异化。党的十四大以来，针对长期施行计划经济所造成的平均主义思想严重阻碍劳动者积极性的状况，我们着重强调了效率优先、兼顾公平的原则。党的十八大以来，则显示出对公平的关注。总的说来，我们的社会主义市场经济理论是在生产力相对落后的发展中国家提出的，我国进行社会主义市场经济的建设只能在解放和发展生产力的基础之上才能最终实现共同富裕，也就是解决公平的问题。

第三，市场机制条件下效率为先的原则，可能会导致人与人的类本质之间的异化。众所周知，我国依然处于并将长期处于社会主义初级阶段，我们必须从这一实际情况出发。在社会主义初级阶段，我们面临的重要任务就是尽快发展生产力，满足人民日益增长的美好生活需要。在社会主义制度框架内对市场机制的运用正是建立在对我国现阶段发展的准确定位和对当前任务的清晰认识之上的。我们运用市场手段,必然涉及市场机制效率为先的原则。如前所述,在效率为先的原则指导下,企业主会想方设法增加劳动者的劳动强度以提高劳动生产率,这就有可能引发劳动者与劳动本身的异化,使劳动不再成为符合人的类本质的"自由自觉的活动",由此也就造成了人与人的类本质相异化。

第四,市场机制在一定程度上会放大竞争关系,可能会导致人与人之间的异化。毋庸置疑,竞争是市场经济条件下实施资源配置的一条主要途径。回顾资本主义生产方式的形成及发展过程可以看到,竞争是市场经济条件下实施资源配置的一条主要途径,市场机制条件下行业竞争的激烈性使大部分企业都优先考虑效率问题。在全球化、信息化的当今时代,企业之间的利益大战愈演愈烈,为了占有更多的市场份额,企业主和企业主之间的竞争非常激烈,一旦失去竞争力,企业将马上面临破产,即所谓的"大鱼吃小鱼"。工人与工人之间的竞争也相当激烈,一旦失去竞争力,工人将马上面对失业。这些都会引发人与人之间关系的异化。体力劳动和脑力劳动的不同分工无形中会造成人与人之间的等级差异性。这种等级差异性如果长期存在,会构成一线从事体力劳动的基层员工与以脑力劳动为主的高级管理层人员之间的沟通障碍,沟通障碍反过来又加剧了他们之间的关系异化,出现不平等的现象。从实际的生产过程来看,企业主在组织劳动时往往以效率为先,而较少从雇佣劳动者的角度出发来考虑生产过程,这就有可能导致工人与劳动过程及劳动行为本身的异化。此外,企业只注重效率之后,劳动者之间的人际交往以及劳动者与管理人员之间的沟通较少,致使人与人之间彼此冷漠,这些因素都导致了员工心理的病变。

以上是在发展和完善中国社会主义市场经济体制的进程中出现的一些劳动异化倾向,但是这些现象与马克思的异化劳动理论中提到的资本主义制度下的劳动异化现象具有本质上的区别。我们是在社会主义制度的前提下来发展市场经济的,社会主义的本质是解放和发展生产力,消灭剥削,消除两极分化,最终达到共同富裕,社会主义制度的优越性就在于它是为广大人民群众谋福祉,为最终过渡到人人自由、充分发展的共产主义社会而努力。目前的这些问题都是一些局部的、阶段性的问题,党和政府不仅重点关注这些问题,还采取了积极的措施去解决,其中重要的一点就是在社会主义发展进入新时代之后,更加强调公平。

2012年党的十八大报告指出:必须坚持走共同富裕道路。共同富裕是中国特色社会主义的根本原则。要坚持社会主义基本经济制度和分配制度,调整国民收入分配格局,加大再分配调节力度,着力解决收入分配差距较大问题,使发展成果更多更公平惠及全体人民,朝着共同富裕方向稳步前进。千方百计增加居民收入。实现发展成果由人民共享,必须深化收入分配制度改革,努力实现居民收入增长和经济发展同步、劳动报酬增长和劳动生产率提高同步,提高居民收入在国民收入分配中的比重,提高劳动报酬在初次分配中的比重。初次分配和再分配都要兼顾效率和公平,再分配更加注重公平。完善劳动、资本、技术、管理等要素按贡献参与分配的初次分配机制,加快健全以税收、社会保障、转移支付为主要手段的再分配调节机制。深化企业和机关事业单位工资制度改革,推行企业工资集体协商制度,保护劳动所得。多渠道增加居民财产性收入。规范收入分配秩序,保护合法收入,增加低收入者收入,调节过高收入,取缔非法收入。① 这里明确提出了初次分配和再分配都要兼顾效率和公平,再分配更加注重公平,这一提法改变了过去一直反复强调的"效率优先,兼顾公平",说明我国在社会生产力快速发展到一定阶段之后,开始重新将目光聚焦于公平问题,因为社会主义的本质要求在一部分地区和一部分人先富起来以后,带动其他地区与其他人共同走上富裕的康庄大道,共同富裕是社会主义的奋斗目标,也是社会主义与资本主义相互区别的本质特征。

2013年11月召开的党的十八届三中全会提出要进一步深化改革,进一步推动我国的市场化进程,大会通过的《中共中央关于全面深化改革若干重大问题的决定》指出:坚持社会主义市场经济改革方向,以促进社会公平正

---

① 参见《中国共产党第十八次全国代表大会文件汇编》,人民出版社,2012年,第14~33页。

义、增进人民福祉为出发点和落脚点,进一步解放思想、解放和发展社会生产力、解放和增强社会活力,坚决破除各方面体制机制弊端,努力开拓中国特色社会主义事业更加广阔的前景。要让一切劳动、知识、技术、管理、资本的活力竞相迸发,让一切创造社会财富的源泉充分涌流,让发展成果更多更公平惠及全体人民。紧紧围绕使市场在资源配置中起决定性作用深化经济体制改革,坚持和完善基本经济制度,加快完善现代市场体系、宏观调控体系、开放型经济体系,加快转变经济发展方式,加快建设创新型国家,推动经济更有效率、更加公平、更可持续发展。紧紧围绕更好保障和改善民生、促进社会公平正义深化社会体制改革,改革收入分配制度,促进共同富裕,推进社会领域制度创新,推进基本公共服务均等化,加快形成科学有效的社会治理体制,确保社会既充满活力又和谐有序。① 这是大会根据当今时代的特征制定的新政策,当今时代的最大特征就是信息化、现代化,世界金融市场可谓“瞬息万变”,或许某一个国家、地区发生的某件事情就会产生“蝴蝶效应”,导致世界经济产业链发生变化。资本在当今世界的运用非常广泛,而我国在这方面相比西方发达资本主义国家而言,起步较晚,因此急需规范资本市场,加强国家对金融领域的监管力度,深化金融体制改革,有效防范金融危机,尽量规避金融风险。

党的十八大以来,在以习近平同志为核心的党中央领导下,我国改革开放全方位向前推进,经济、政治、文化、社会、生态文明、党的建设、外交等各个领域、各个方面,都取得了举世瞩目的成就。这是每一个中国共产党人,每一个中国人都能感同身受的。这几年中国人民在中国共产党领导下所展开的波澜壮阔而富有勃勃生机的实践活动以及所取得的相应成就,已经为深刻的理论凝练、理论提升、理论创新提供了基础和条件。

党的十九大报告指出:人民生活不断改善。深入贯彻以人民为中心的发展思想,一大批惠民举措落地实施,人民获得感显著增强。脱贫攻坚战取得决定性进展,6000 多万贫困人口稳定脱贫,贫困发生率从 10.2% 下降到

---

① 参见《改革开放以来历届三中全会文件汇编》,人民出版社,2013 年,第 176～178 页。

4%以下。教育事业全面发展,中西部和农村教育明显加强。就业状况持续改善,城镇新增就业年均 1300 万人以上。城乡居民收入增速超过经济增速,中等收入群体持续扩大。中国特色社会主义进入新时代,我国社会主要矛盾已经转化为人民日益增长的美好生活需要和不平衡不充分的发展之间的矛盾。我国稳定解决了十几亿人的温饱问题,人民美好生活需要日益广泛,不仅对物质文化生活提出了更高要求,而且在民主、法治、公平、正义、安全、环境等方面的要求日益增长。同时,我国社会生产力水平总体上显著提高,社会生产能力在很多方面进入世界前列,更加突出的问题是发展不平衡不充分,这已经成为满足人民日益增长的美好生活需要的主要制约因素。①

党的十九大报告统筹安排,直面当今棘手的社会问题,即贫富差距不断扩大的问题,重新阐释了社会主要矛盾的内容,并反复强调要以人民为中心,全心全意为人民谋福祉。我国要尽快成为社会主义现代化强国,必须依靠全体人民勠力同心,团结协作,共同奋斗,这样我国的综合国力才能更加强盛,物质产品才能更加丰富,人民才能实现美好生活的预期目标,社会公平也将会得到更大的保障。无疑,党的十九大提出了一系列新的理论观点,这些观点高瞻远瞩,具有鲜明的指向性、战略性及前瞻性,为新时代中国特色社会主义理论体系增添了新的内容,使新时代中国特色社会主义实践获得了新的发展。中国共产党的全部历史经验,特别是改革开放以来的历史经验显示:我们所取得的每一次重大进步和成功,都离不开党的创新理论的指导。与此同时,中国共产党的全部历史经验,特别是改革开放以来的历史经验又告诉我们:党的创新理论都是在党领导中国人民所进行的伟大实践的基础上形成的,这种伟大的实践是党的创新理论形成的源泉。中国特色社会主义理论体系是改革开放以来实践创新的理论总结,它的真理性已经被中国特色社会主义实践所获得的巨大成功所证明。没有在中国共产党领导下的中国人民伟大的改革开放的实践创新,就没有作为当今世界社会主

---

① 参见习近平:《决胜全面建成小康社会 夺取新时代中国特色社会主义伟大胜利——在中国共产党第十九次全国代表大会上的报告》,人民出版社,2017 年,第 5~11 页。

义运动之"领头羊"和曙光的中国特色社会主义。

2018年3月,李克强总理在所作的政府工作报告中指出:五年来,人民生活持续改善。脱贫攻坚取得决定性进展,贫困人口减少6800多万,易地扶贫搬迁830万人,贫困发生率由10.2%下降到3.1%。居民收入年均增长7.4%,超过经济增速,形成世界上人口最多的中等收入群体……坚持以人民为中心的发展思想,着力保障和改善民生,人民群众获得感不断增强。在财力紧张情况下,持续加大民生投入。全面推进精准扶贫、精准脱贫,健全中央统筹、省负总责、市县抓落实的工作机制,中央财政五年投入专项扶贫资金2800多亿元。实施积极的就业政策,重点群体就业得到较好保障……我们所做的一切工作,都是为了人民。要坚持以人民为中心的发展思想,从我国基本国情出发,尽力而为、量力而行,把群众最关切最烦心的事一件一件解决好,促进社会公平正义和人的全面发展,使人民生活随着国家发展一年比一年更好。① 中国社会主义市场经济在注重效率的同时也致力于实现公平,既包括分配领域的公平,又包括生产领域的公平。

根据马克思、恩格斯的想法,未来的共产主义社会实行的是生产资料公有制,他们有时将代替资本主义的未来社会称为"共产主义",有时又称为"社会主义",生产资料社会成员共同占有是社会主义经济制度或者说是共产主义经济制度的主要特征,在他们为未来美好社会设计的蓝图中,整个社会是"自由人的联合体",社会每个成员共同占有生产资料,不存在生产资料个人占有的情况,真正实现了对资本主义生产方式的历史性超越。马克思、恩格斯的设想鼓舞了一代又一代的社会主义者朝此目标不懈努力。

中国社会主义市场经济将"公平"这一社会主义的价值目标贯穿于生产领域与分配领域之中,尤其是强调了劳动者的劳动权利和劳动者与生产之间的关系,即劳动者在生产过程中处于相互平等的地位,是生产活动的主人而不是奴隶,劳动成果由劳动者共同占有。如前所述,中国社会主义市场经济体制的核心是社会主义公有制,在目前的历史发展阶段,我们采取了以公

---

① 参见 http://www.offcn.com/shizheng/2018/0323/29350.html。

有制为主体,多种所有制经济共同发展的特殊形式。无论是社会主义公有制中的国家所有制还是集体所有制,都强调生产资料属于全体人民或劳动者集体所有,劳动者在生产过程中相互之间是一种互助合作的关系,而不是一部分人遭受另一部分人压榨和盘剥的关系。在目前的分配领域,我国主要采用的是与所有制形式相匹配的"各尽所能,按劳分配"为主的原则。按照改革开放总设计师邓小平的设想,在实现一部分地区先富起来再带动后发展的地区,最终达到共同富裕的过程中,我国政府可以通过第一次分配、第二次分配甚至第三次分配来尽力实现分配领域的公平。

正如《论社会主义与市场经济兼容》一书中所指出的那样:"用来检验制度优劣的就是效率和公平这两把尺子,中国在改革开放的实践中创造的社会主义和市场经济兼容的制度模式就需要用这两把尺子来检验。共同富裕是社会主义制度的目标,这一目标实际就是要达成效率和公平的高度统一。但是达到共同富裕需要一个过程,这个过程走得怎样,它选择的路径、时间、方式如何,也就是说,在富裕起来的过程中是什么人先富起来,采取什么方式先富起来,富裕是以何种方式和速度传播的,以及富裕人群和贫困人群之间的财富关系和财富如何转移,都会影响最终能否达到共同富裕的目标。正确处理好这些问题可以做到效率和公平的统一。效率与公平的统一是社会主义与市场经济兼容的制度安排的本质要求和检验标准。"[①]这段话说得非常透彻,我们一定要谨慎地处理好效率与公平的关系问题,尽快缩小我国目前不同的社会阶层之间的收入差距。

---

① 陈锦华、江春泽等:《论社会主义与市场经济兼容》,人民出版社,2005 年,第 629 页。

第八章　市场与社会主义所有制

　　除了注重社会主义与市场经济相结合、"无形之手"与"有形之手"、效率与公平相结合之外,中国社会主义市场经济的另外一大亮点是走出了对社会主义国家所有制的认识误区。所有制是社会经济制度的核心内容,涉及社会经济运行的动力问题,人们往往将特定的所有制形式与特定的社会属性及社会发展阶段联系在一起,中国社会主义市场经济关于市场与社会主义关系的探索包含对市场与社会主义所有制的讨论,反对市场必然导致反对非公有制经济。马克思和恩格斯指出:"一切所有制关系都经历了经常的历史更替、经常的历史变更。"[1]可以说,所有制中隐含着人类社会由低级阶段不断向高级阶段演变的发展轨迹。所有制采取怎样的结构,归根结底是由社会生产力决定的,如果社会生产力没有发展到一定的水平,想要人为地拔高生产力水平,采取与生产力水平不相适应的所有制结构,那么就会阻碍生产力的发展,在实践中遭遇挫折。

　　正如《论社会主义与市场经济兼容》一书中所指出的那样:"所有制安排决定一个国家的基本经济制度。随着中国改革开放的逐步深化,对于所有制安排的理解也在不断地深化。这不仅仅是一个简单的所有制比例或产值比重的问题,而且是国家的意识形态的集中体现,它主要通过是由国有资产还是由私有财产主导国民经济来说明国家的基本性质。只有在国有资产居国民经济主导地位的条件下,代表公众利益的群体的意愿才有物质基础,公

---

　　① 《马克思恩格斯选集》(第一卷),人民出版社,1995年,第286页。

共决策才能真正体现以人为本、促进经济社会和人的全面发展和逐步实现共同富裕的思想理念。"①实际上,回顾新中国成立以后的发展史可以看到,我们对社会主义所有制的探索并不是一帆风顺的,由于受到一些错误思想的影响,我们走了不少弯路。

第一节　单一公有制阶段

确切地说,我国在对公有制经济与其他所有制经济相结合这一问题的探究上经历了一个较长的过程。公有制与市场能否兼容、如何兼容、公有制与其他所有制经济如何保持和谐等问题,我们在实践过程中付出了很大的努力来进行摸索。回顾过去,非公有制经济在我国经历了一个从无到有的过程,这一过程同时也是我国经济制度变迁和社会结构重建的过程。

我国在 1949 年 10 月新中国成立之后,立即着手进行经济的恢复工作。经历了多年的战争,旧中国的生产力发展水平受到严重影响,各行各业百废待兴,必须尽快稳定社会秩序,刺激生产力的发展。作为半封建半殖民地性质的旧中国,农业停滞,工业凋零,人民群众生活极度困苦,社会失业率严重,所有制结构包含官僚资本、外国垄断集团资本、农村封建地主所有制、比重不大的私营及个体经济、少量革命根据地的公营经济。总体而言,情况较为复杂。面对这样的现实状况,我国主要采取了平衡财政、遏制通货膨胀、恢复农业生产和工业生产、恢复交通业、进行土地改革和发展农业合作社、没收官僚资本、建立全民企业及发展私营工商业等一系列措施,通过这些措施的有效实施,建立了新民主主义经济,其中的经济成分依然比较复杂,既有属于公有性质的成分,又有属于私有性质的成分,具体而言,包括国营经济领导下的全民经济、个体经济、私人资本主义经济、合作经济以及国家资本主义经济五种经济成分。

第一个五年计划,简称"一五"计划(1953—1957),是在党中央的直接领

---

① 陈锦华、江春泽等:《论社会主义与市场经济兼容》,人民出版社,2005 年,第 590 页。

导下由周恩来、陈云主持制定的,1955 年 7 月经第一届全国人民代表大会第二次会议审议通过。该计划超额完成了规定的任务,实现了国民经济的快速增长,并为我国的工业化奠定了初步基础。1957 年,全国工业总产值达到 783.9 亿元,比 1952 年增长 128.3%,平均每年增长 18%;钢、原煤、发电量分别比 1952 年增长 296%、96%、166%,为新中国成立前最高年产量的 5.8 倍、2.1 倍、3.2 倍;一大批旧中国没有的基础工业部门开始建立起来。全国农业总产值 1957 年达到 604 亿元(按 1952 年不变价格计算),比 1952 年增长 25%,平均每年增长 4.5%;粮食、棉花产量分别达到 19505 万吨和 164 万吨,比 1952 年分别增长 19% 和 26%,平均每年增长 3.7% 和 4.7%。全国居民平均消费水平由 148 元提高到 205 元,提高 38.5%,农民由 62 元提高到 79 元,提高 27.4%。[①] 第一个五年计划的制定与实施标志着全面建设社会主义的开始。这一时期,我国由新民主主义社会进入了向社会主义过渡的时期,在此期间实施了对资本主义工商业、个体农业和手工业的社会主义改造。当时为适应多种经济成分的存在和发展,采取了一些灵活政策,取得了较好的成效,但是由于某些方面要求过急,农业、轻工业、重工业比例不协调的苗头已经出现,造成物资市场供应紧张,在这个时期内也实行了对粮、棉、油的统购统销。

在 1956 年社会主义三大改造基本完成之后,我国绝大部分的集体工商业都已经转为国营,剩下的少量合作店、合作组也基本上只是保留了形式,实际上都归国营企业统一核算。农业方面的情况是:到 1956 年底,参加农业合作社的农户达到 96%,其中土地等主要生产资料归集体所有的高级社占 88%。总体的局面是非公有制经济被视为社会主义制度的对立物而被消灭,最后所剩无几。此后的"文化大革命"期间,"左"的思潮大泛滥、大升级,使全国陷入严重的政治危机和社会危机。在追求"一大二公三纯"的所有制形式的推动下,一方面,非公有制经济被作为"资本主义的尾巴"割掉;另一方面,片面强调全民所有制的优越性,低估集体所有制存在和发展的必然

---

① 参见胡绳:《中国共产党的七十年》,中共党史出版社,1991 年,第 387～388 页。

性,混淆全民所有制和集体所有制的界限,认为公有制范围越大越好,公有化程度越高越好,强调发展全民所有制,有意削弱集体所有制,取消个体所有制,使所有制结构朝着单一公有制结构的全民所有制发展。到 1978 年,全国工业总产值中全民所有制企业占 77.6%,集体所有制企业占 22.4%,其他经济成分基本为零。① 在 1978 年 2 月召开的第五届全国人民代表大会第一次会议上,华国锋代表国务院作政府工作报告,提出了"新时期"的总路线,其中仍然折射出受到"左"倾思想的影响。报告对当时国民经济比例失调的情况估计不足,急于求成,提出了要建设 120 个大项目的计划,包括建设十大钢铁基地、九大有色金属基地、十大油气田等高指标,这个方针的执行,造成了国家财政困难和国民经济比例更加失调的结果,使国民经济的发展雪上加霜。② 从这段话可以看出,当时政治上的思想倾向对经济活动产生了直接的影响,在经济体制上改革方面大搞"赶超",为了实现高指标及高速发展而不顾生产力的实际水平,最终造成的结果是经济体制改革无法稳妥、有效地进行。

　　为什么我国在进入社会主义社会之后到党的十一届三中全会召开之前这段历史时期内,在所有制方面对公有制情有独钟？其中有许多方面的原因。从历史的角度来看,传统的社会主义者一般将公有制视为社会主义制度与资本主义制度相区别的关键。自托马斯·莫尔以降,几乎所有的空想社会主义者都很纯粹地反对私有制,提倡公有制。而以马克思、恩格斯为代表的科学社会主义同样反对私有制,将私有制视为资本主义社会人与人之间产生不平等现象的根源。马克思、恩格斯指出:"共产党人可以把自己的理论概括为一句话:消灭私有制。"③马克思、恩格斯对私有制的态度对其后的马克思主义者产生了很大的影响。无论是空想社会主义者基于社会文化精英的良知而提出的反对私有制,还是马克思、恩格斯基于对社会表象的洞

---

① 参见钱胜:《建国 60 年,中国非公有制经济的制度创新》,载《中国经济 60 年:道路、模式与发展》,上海人民出版社,2009 年,第 25 页。

② 参见中共党史研究室:《中共党史大事年表》,人民出版社,1987 年,第 415 页。

③ 《马克思恩格斯选集》(第一卷),人民出版社,1995 年,第 286 页。

穿,挖掘出历史的本质来批判私有制,都是认为只有实现社会财富的公有,才能真正实现社会成员的平等。无论是空想社会主义者乌托邦式的情怀寄托还是经典马克思主义理论对未来理想社会的蓝图设计,或者是已经在现实中遭遇失败的苏联模式的社会主义,都将单一的公有制作为社会主义国家的基本经济制度,人们也由此认为公有制是社会主义国家的主体特征,判断一个国家的性质是社会主义还是资本主义,主要看其是否采用公有制。实际上,这一认识是存在一定偏差的,如果照搬经典,有可能导致"一刀切"现象,导致教条主义盛行,这方面的弊端我们可以在苏联模式的社会主义那里清楚地看到。我国当时在所有制方面对公有制的追求受到了苏联的很大影响,这与当时所处的国内外局势密切相关。

第二节　公有制为主体,非公有制经济为补充阶段

党的十一届三中全会以后,我国开始致力于从马克思主义基本原理和中国具体国情相结合的原则出发,而不是机械地按照教条来建设中国的社会主义,积极开展了社会主义所有制结构层面的勇敢探索,并强调促进非公有制经济的发展,随后相应地出台了这方面的一系列政策法规。从党的十一届三中全会到党的十三大,这段历史可以说是"公有制为主体,非公有制经济为补充"阶段。1981 年召开的党的十一届六中全会通过了《关于建国以来党的若干历史问题的决议》指出:"社会主义生产关系的发展并不存在一种固定的模式,我们的任务是要根据我国生产力发展的要求,在每一个阶段上创造与之相适应和便于继续前进的生产关系的具体形式。"①这段话表明,我国对于非公有制经济在社会基本经济制度中的作用有了与过去不同的看法,这是一种富有创新意义的积极探索,既不同于传统的社会主义政治,也不同于西方价值观主导下的西方经济的所有制结构,毫无疑问,在当时的国内外背景下,我国在深刻反思新中国成立以后出现的一些问题的基础上,努

---

① 转引自肖文海、彭新万:《中国社会主义市场经济理论》,经济管理出版社,2011 年,第 27 页。

力地转变观念,积极探索更加符合社会生产力发展的生产关系的具体形式。

1984 年召开的党的十二届三中全会指出:"明确认识社会主义计划经济必须自觉依据和运用价值规律,是在公有制基础上的有计划的商品经济。"①这段话明确表达了公有制在我国经济中的主体地位及所发挥的基础性作用。大会报告进一步强调:全民所有制经济是我国社会主义经济的主导力量,对于保证社会主义方向和整个经济的稳定发展起着决定性的作用,但是全民所有制经济的巩固和发展绝不应以限制和排斥其他经济形式和经营方式的发展为条件。集体经济是社会主义经济的重要组成部分,许多领域的生产建设事业都可以放手依靠集体来兴办。我国现在的个体经济是和社会主义公有制相联系的,不同于和资本主义私有制相联系的个体经济,它对于发展社会生产、方便人民生活、扩大劳动就业具有不可代替的作用,是社会主义经济必要的有益的补充,是从属于社会主义经济的。当前要注意为城市和乡镇集体经济和个体经济的发展扫除障碍,创造条件,并给予法律保护。特别是在以劳务为主和适宜分散经营的经济活动中,个体经济应该大力发展。与此同时,我们也要在自愿互利的基础上广泛发展全民、集体、个体经济相互之间灵活多样的合作经营和经济联合,有些小型全民所有制企业还可以租给或包给集体或劳动者个人经营。坚持多种经济形式和经营方式的共同发展,是我们长期的方针,是社会主义前进的需要,绝不是退回到建国初期那种社会主义公有制尚未在城乡占绝对优势的新民主主义经济,决不会动摇而只会有利于巩固和发展我国的社会主义经济制度。②

坚持市场化改革的取向,并不意味着否定社会主义公有制,而是将非公有制经济视为公有制经济的有益补充,两者之间谁"主"谁"次",界限是非常分明的,当时公有制经济已经不像新民主主义经济时期还没有在我国占主体地位,而是在我国具有绝对的优势,因此,鼓励非公有制经济的发展对公有制经济的主体地位构不成威胁。

---

① 《改革开放以来历届三中全会文件汇编》,人民出版社,2013 年,第 29 页。
② 参见《改革开放以来历届三中全会文件汇编》,人民出版社,2013 年,第 42 页。

非公有制经济在我国已经发展了几十年，如今基本上形成了与国有、集体经济三足鼎立的格局，并且日益成为推动国民经济快速发展、解决人民群众就业问题的重要力量，中国经济的腾飞离不开非公有制经济所做的贡献。但是近年来却出现了一些对非公有制经济的地位与功能认识上存在偏差的现象，社会上更是一度盛行所谓的"国进民退"之说，究竟是中国当前的市场化程度不够还是太过？究竟是中国经济改革的自由化色彩太浓还是经济改革过于保守？党的十八届三中全会起到了答疑解惑的关键性作用。自党的十八届三中全会以后，我国把建立混合所有制作为深化经济体制改革的一项重大举措，那么在具体的操作层面到底如何把握好公有制经济与非公有制经济之间的"度"呢？这一问题没有现成的答案，一切正处在上下求索的过程中。

第三节 公有制为主体，多种所有制经济共同发展阶段

根据我国现阶段的经济发展状况，一方面，我国目前的历史定位是正处于并将长期处于社会主义初级阶段，离马克思、恩格斯所设想的社会产品极大丰富的共产主义社会还有很长的路要走，我们需要将过去被计划经济所束缚的生产力解放出来，尽快弥补经济短板，以公有制经济之外的其他多种所有制经济，包括私营、合资、外资等促进市场经济的更好发展。另一方面，面对改革开放以后我国经济领域各种经济成分鱼龙混杂的局面，以及信息化、全球化时代国际经济风险容易蔓延等特点，我们应当坚持以公有制为主体，让一些关系到国计民生的重要行业、重要资源由国家来掌控。实践已经证明，我们目前采用的以公有制为主体，多种所有制经济共同发展的基本经济制度符合我国的具体国情，在推动我国经济快速发展的过程中成功地抵御了 2008 年的金融危机及随后演变成的世界范围内的经济危机。西方学者奈特·温斯特认为，中国之所以能在资本主义世界危机中做到"独善其身"，关键在于国家更为直接和有效的调控，而中国之所以能够运用这种直接的调控，是因为中国的国有经济和计划调节并没有完全被私有制和市场化所

取代。①

从"公有制为主体,非公有制经济为补充"阶段到"公有制为主体,多种所有制经济共同发展"阶段的转变,主要发生在 1987 年召开的党的十三大。党的十三大明确提出鼓励发展个体经济、私营经济的方针。党的十三大报告《沿着有中国特色的社会主义道路前进》指出:必须以公有制为主体,大力发展有计划的商品经济。商品经济的充分发展,是社会经济发展不可逾越的阶段,是实现生产社会化、现代化的必不可少的基本条件。在所有制和分配上,社会主义社会并不要求纯而又纯,绝对平均。在初级阶段,尤其要在以公有制为主体的前提下发展多种经济成分,在以按劳分配为主体的前提下实行多种分配方式,在共同富裕的目标下鼓励一部分人通过诚实劳动和合法经营先富起来。② 从 1978 年党的十一届三中全会到 1987 年党的十三大,在前后共 9 年的时间内,我国开辟了社会主义建设与发展的新阶段,在社会主义生产力的解放与发展方面取得了很大的成就。1988 年召开的党的十三届三中全会则对如何进一步贯彻落实党的十三大主旨精神进行了具体的部署,十三届三中全会探讨了如何深化企业改革的问题,指出:"一要推动政企分开,使有条件的企业真正放开经营,二要认真完善承包制,进行以公有制为主体的股份制试点和发展企业集团试点。"③

1993 年 11 月,党的十四届三中全会通过了《中共中央关于建立社会主义市场经济体制若干问题的决定》,进一步制定了社会主义市场经济体制的总体规划,要求在坚持以公有制为基础、多种经济成分共同发展的方针指导下,建立"三个制度"与"两个体系"。1997 年党的十五大提出以公有制为主体、多种所有制经济共同发展是我国社会主义初级阶段的一项基本经济制度,并提出了包括调整所有制结构、加快推进国有企业改革等各项内容在内的具体措施,认为非公有制经济是我国社会主义市场经济的重要组成部分。

---

① 参见范春燕:《近年来西方左翼学者关于中国特色社会主义的争论及其启示》,《国外理论动态》,2011 年第 7 期。

② 参见 http://cpc. people. com. cn/GB/64162/64168/64566/65447/4526368. html。

③ 《改革开放以来历届三中全会文件汇编》,人民出版社,2013 年,第 52 页。

2002 年党的十六大报告继续强调要坚持和完善这一基本经济制度,深化国有资产管理体制改革。2007 年党的十七大提出要形成各种所有制经济平等竞争、相互促进的新格局。

2012 年 11 月,党的十八大报告指出:全面建成小康社会,必须以更大的政治勇气和智慧,不失时机深化重要领域改革,坚决破除一切妨碍科学发展的思想观念和体制机制弊端,构建系统完备、科学规范、运行有效的制度体系,使各方面制度更加成熟更加定型。要加快完善社会主义市场经济体制,完善公有制为主体、多种所有制经济共同发展的基本经济制度。要毫不动摇巩固和发展公有制经济,推行公有制多种实现形式,深化国有企业改革,完善各类国有资产管理体制,推动国有资本更多投向关系国家安全和国民经济命脉的重要行业和关键领域,不断增强国有经济活力、控制力、影响力。毫不动摇鼓励、支持、引导非公有制经济发展,保证各种所有制经济依法平等使用生产要素、公平参与市场竞争、同等受到法律保护。健全现代市场体系,加强宏观调控目标和政策手段机制化建设。① 无疑,要进一步深化市场化改革,必须要打破一些原有的体制机制,不能抱着传统的观念看待非公有制经济。

2013 年 11 月,党的十八届三中全会提出,全面深化改革要发挥经济体制改革的牵引作用,而在布局经济体制改革时,首先是坚持和完善基本经济制度。十八届三中全会通过的决定强调:公有制为主体、多种所有制经济共同发展的基本经济制度,是中国特色社会主义制度的重要支柱,也是社会主义市场经济体制的根基。公有制经济和非公有制经济都是社会主义市场经济的重要组成部分,都是我国经济社会发展的重要基础。必须毫不动摇巩固和发展公有制经济,坚持公有制主体地位,发挥国有经济主导作用,不断增强国有经济活力、控制力、影响力。必须毫不动摇鼓励、支持、引导非公有制经济发展,激发非公有制经济活力和创造力。国有资本、集体资本、非公有资本等交叉持股、相互融合的混合所有制经济,是基本经济制度的重要实

---

① 参见《中国共产党第十八次全国代表大会文件汇编》,人民出版社,2012 年,第 17~19 页。

现形式,有利于国有资本放大功能、保值增值、提高竞争力,有利于各种所有制资本取长补短、相互促进、共同发展。允许更多国有经济和其他所有制经济发展成为混合所有制经济。国有资本投资项目允许非国有资本参股。允许混合所有制经济实行企业员工持股,形成资本所有者和劳动者利益共同体。支持非公有制经济健康发展。非公有制经济在支撑增长、促进创新、扩大就业、增加税收等方面具有重要作用。①

此次大会的一个亮点就是提出积极发展混合所有制经济,并强调国有资本、集体资本、非公有资本等交叉持股、相互融合的混合所有制经济是基本经济制度的重要实现形式。积极发展混合所有制经济是深化国有企业改革、完善基本经济制度的必然要求。这里所说的混合所有制经济,从宏观层面上我们可以将其理解为既包括国有、集体等公有制经济,也包括个体、私营、外资等非公有制经济,还包括具有国有经济和集体经济成分的合资、合作经济。自党的十八届三中全会以后,我国已经把建立混合所有制作为深化经济体制改革的一项重大举措。2019 年党的十九届四中全会通过的决定进一步强调:"毫不动摇巩固和发展公有制经济,毫不动摇鼓励、支持、引导非公有制经济发展。探索公有制多种实现形式,推进国有经济布局优化和结构调整,发展混合所有制经济,增强国有经济竞争力、创新力、控制力、影响力、抗风险能力,做强做优做大国有资本。"②无疑,大力推进我国的市场化进程是当前中国的最新社会现实,怎样处理好市场与社会主义的关系问题不仅是一个重大的理论创新问题,也是一个重大的实践创新问题。

改革开放至今,一方面,公有制经济一直对经济发展起主导作用,主要的贡献来自国有企业,当然,有一部分国有企业存在低效、亏损、资产流失严重等问题,但通过实施以"抓大放小"为主要原则的改革战略,国有企业的改革取得了很大成功,提高了生产效率,实现了资产重组,并逐步建立了现代企业制度,使国有企业的发展更加规范、更加有持续的张力。另一方面,非

---

① 参见《改革开放以来历届三中全会文件汇编》,人民出版社,2013 年,第 180～183 页。
② 《〈中共中央关于坚持和完善中国特色社会主义制度、推进国家治理体系和治理能力现代化若干重大问题的决定〉辅导读本》,人民出版社,2019 年,第 20 页。

公有制经济在我国如雨后春笋般迅速发展起来,成为公有制经济必要的、有益的补充。举例来说,2016 年 5 月 8 日海关的一组统计数据表明:2016 年 1—4 月份我国进出口总值 7.17 万亿元,比去年同期下降 4.4%,但民营企业进出口总值却呈现增长的趋势,为 2.78 万亿元,增长了 7%,明显优于全国平均水平,占我国进出口总值的 38.8%。[①] 这样的例子举不胜举,由此可见,非公有制经济对推动我国的经济发展功不可没,是我国社会主义市场经济不可或缺的重要部分。我国主张的公有制经济与其他所有制经济相结合的观点,已被历史证明是应对错综复杂的国内外经济环境的正确策略。这一点对其他发展中国家,尤其是对其他社会主义国家有一定的启示作用。

综上所述,通过认真剖析中国社会主义市场经济在社会主义与市场经济相结合、市场与计划相结合、效率与公平相结合及公有制经济与其他所有制经济相结合这四大方面取得的经验,以及这些经验对其他发展中国家产生的正面影响,可以更深刻地认识到中国社会主义市场经济在发展过程中经历的艰辛及通过这种艰难摸索取得的伟大成就,有助于我们坚持进一步完善中国社会主义市场经济体制的决心。

在社会主义制度的基本框架内合理运用市场机制,是以邓小平同志为主要代表的中国共产党人带领全中国人民实现马克思主义基本原理与当代中国现实状况有机结合的一大创举。尤其值得一提的是,我们不断地在实践过程中探究着问题的答案,这也是中国特色社会主义最吸引人之处——做到了理论与实践的紧密结合。社会主义市场经济理论作为中国特色社会主义理论富有创意的亮点之一,被广泛地运用于中国特色社会主义伟大实践并在此过程中不断得以丰富、发展。

多年来我们在社会主义制度的框架内运用市场机制所取得的成绩是有目共睹的,"中国模式""中国道路""中国经验""中国奇迹""北京共识"之所以得到世界范围内的广泛认同,主要原因在于中国近年来在经济体制改革方面取得的巨大成就。中国对全球市场的参与度愈来愈高,已经成为世界

---

① 《人民日报》,2016 年 5 月 9 日。

经济发展中一股不可或缺的重要力量。仅就经贸合作的领域而言,据相关统计数据显示,自中国于2001年12月加入世贸组织10年来,平均每年进口7500亿美元的商品,相当于为贸易伙伴创造了1400多万个就业岗位;在华外商投资企业累计汇出利润2617亿美元,年均增长30%;由于进口中国商品,美国消费者过去10年共节省开支6000多亿美元,欧盟每个家庭每年可以节省开支300欧元。这些数据表明,随着中国的社会主义市场经济体制不断完善,中国的改革开放程度不断提升,中国的发展为全世界人民带来了益处。此外,在2008年的国际金融危机中,中国以其独特的社会主义市场经济模式综合运用经济和金融两大杠杆,尽可能减少了金融危机带来的危害,同时也为重建世界金融秩序、稳定世界经济状况发挥了积极的作用。随着世界经济的复苏,中国凭借社会主义市场经济模式融入全球经济一体化过程的优越性将进一步得到体现。对于中国在社会主义制度下恰当运用市场机制所取得的成功经验,曾经鼓吹西方的自由民主制度是"历史的终结"的美籍日裔学者弗朗西斯·福山不得不承认:中国模式构成了对西方资本主义制度的唯一挑战。他这样评价道:"当今世界对自由民主主义最严重的也是唯一的挑战来自中国。中国领导人成功领导了从中央集权的苏联式计划经济向有活力的开放式经济转变的浩大工程,并在这一过程中表现出令人惊叹的能力……许多人现在十分羡慕中国的体制,不仅因为它所取得的经济成就,更因为与过去几年里美国和欧洲同时患上令人痛苦的政策瘫痪症相比,中国的体制能够迅速作出重大而复杂的决定。"①

这段评价既不来自当今中国政府和中国学者的自我夸耀,也不属于当今西方左翼学者的激进观点,而是出自一个西方资本主义世界"守护者"形象的右翼学者之口,这多少让人有些诧异。1989年,福山作为一个年仅36岁的年轻学者,曾以发表在美国新保守主义期刊《国家利益》上的《历史的终结》一文,表达了对资本主义自由民主制度的信心,他认为当时世界上发生的一系列重大事件不仅仅意味着冷战的结束,而且是历史本身的终结,这些

---

① 　[美]弗朗西斯·福山:《历史的未来》,转引自《参考消息》,2012年1月13日。

变化无可争辩地表明西方思想和自由民主制度的胜利。他又于 1992 年在
《历史的终结和最后的人》一书中大肆宣扬资本主义自由民主制度是人类历
史发展至今最为完美的制度。在福山看来,虽然人类未来还将面临经济、技
术和环境等方面的诸多问题,但是这些问题都不足以构成瓦解资本主义体
系的力量,资本主义社会将会成为人类历史发展的最后一种社会形态。如
今他却只能依据对客观现实的真实判断来对中国的社会主义市场经济体制
作出如上的评价,从一位西方右翼学者思想变化的角度显示出中国特色社
会主义所实行的社会主义市场经济体制所具有的强大生命力和现实性,"中
国模式"的成功不容世界小觑。

当然,我们也应当看到摆在面前的新挑战:在实现社会主义现代化的重
要历史时期,我国的社会主义市场经济发展一直处于新常态,即在保持多年
的高速增长状态后开始有所回落和减缓。根据国家统计局的相关统计结果
显示,2016 年第一季度我国 GDP 同比增长 6.7%。从表面上来看,经济增长
进一步呈现回稳态势,情况似乎不容乐观,但实际上并非如此,正如习近平
主席所指出的那样:"新常态下,中国经济增速虽然放缓,实际增量依然可
观。"①经济新常态的出现并不意味着中国社会主义市场经济的发展会就此
停滞不前,也并不表示中国社会主义市场经济丧失了其历史必然性与先进
性,而是说明它遇到了更严峻的挑战,中国的经济发展进入了"换挡期",需
要调整原先的产业结构,尽快寻找到新的发展引擎与经济生长点。从国际
的发展状况来看,处于"后金融危机时代"的世界经济发展整体呈现下滑的
趋势,而我国的经济发展道路以出口导向型为主,因而受到国外市场萎缩的
极大影响。从国内的发展状况来看,我国过去长期作为"世界的工厂",依靠
大量廉价的劳动力从事代加工,现在新的状况已经形成,随着我国人口老龄
化的加剧,人口红利正在逐步丧失。这两大因素加上其他诸如生态环境治
理成本加大、自然资源日益紧缺等因素,导致我国出现经济发展新常态,因

---

① 习近平:《谋求持久发展,共筑亚太梦想——在亚太经合组织工商领导人峰会开幕式上的演
讲》,《人民日报》,2014 年 11 月 10 日。

而需要进一步完善社会主义市场经济体制，找准社会主义与市场经济、市场与计划、效率与公平、公有制经济与其他所有制经济的最佳结合点，使它们之间的定位更加符合当下的世情与国情。此外，由于新冠肺炎疫情的影响，我国正面临诸多国内外新的挑战，我们需要进一步发挥制度优势，鼓足干劲战胜前进道路上的这些挑战。

我们在研究和教学的过程中深深感到，当今我们在理论上仍然有许多重大问题还没有解决，甚至落在了实践的后面。这里且列举若干：在经济理论方面，还没有真正说清楚社会主义社会中资本与劳动的关系问题；在社会理论方面，还没有真正说清楚如何解决财富占有差距过大和发展不平衡的问题；在文化理论方面，还没有说清楚现代视野下中国传统文化中哪些是精华哪些是糟粕的问题；在国际理论方面，还没有真正说清楚中国提倡的"共同价值"如何与西方资本主义的价值观对接与包容的问题。所有这些都需要在理论上作出新的回答，但无疑，这种理论回答不是仅靠我们的理论家面壁就能完成的，不是仅凭翻阅"老祖宗"所留下的书就可大功告成的。事实证明：首先靠的是我们的实践。只有勇于实践，勇于创新的实践，才能对这些问题作出回答，并实现理论上的创新，而不断创新的理论则能更好地指导实践从原有的成功走向新的成功。

西方市场社会主义对中国社会主义市场经济的启示

通常来说，谈到经济改革，必然会涉及西方主流经济学的很多原则、原理、模型，不管社会制度是否存在根本性的差异，这些原则、原理及模型都在一定程度上是相通的。回顾我们以往的做法，的确从西方主流经济学那里借鉴了很多经验，此外，我们也从西方市场社会主义获得了诸多启示。西方市场社会主义并不属于西方主流经济学的范围之内，其理论彰显出独一无二的两大特征：第一，它处在当代资本主义制度之下，却以社会主义的立场、方法去批判及反思当代资本主义制度的缺陷，尤其是那些被有意识地掩盖起来的社会黑暗面；第二，面对世界社会主义运动在现实层面遭遇到从未有过的危机状态，它一如既往地坚持对社会主义前途与命运的探索，无论世事如何变迁，始终将社会主义、共产主义视为不变的信仰。也许在西方一些右翼政客及学者眼中，西方市场社会主义者属于资本主义社会中的"离经叛道者"，但是在站在社会主义阵营的我们看来，他们恰恰是马克思主义的追随者，是社会主义、共产主义信仰的坚守者，也是我们友好的同盟者，他们关于市场与社会主义的各种理论模型建构往往以马克思主义政治经济学为基石，为社会主义在现实世界的经济改革创新提供了更宽广的理论视野。诚如国内某些学者所言，抛开西方市场社会主义的理论闪光点不说，它自身还存在不少理论缺陷，比如理论与现实的差距过大、试图在资本主义根本政治制度基础上渗透社会主义思想的不彻底性等。不过这些为人所诟病的地方，也可以从反面为中国社会主义市场经济的进一步完善提供借鉴之处。

第九章　西方市场社会主义对中国社会主义
市场经济的正面启示

　　在前面的章节中,我们一方面大致介绍了西方市场社会主义的主要理论流派,另一方面深入分析了中国社会主义市场经济的改革创新,通过对这两方面内容的深度把握和总体概观,旨在以当今中国社会主义改革实践中的问题为导向,探究西方市场社会主义给中国社会主义市场经济带来的启示,为破解当前我国在新时代的语境中进一步深化改革出现的系列难题提供理论思考,从而推进中国社会主义市场经济的理论创新与实践发展,进而推进整个中国特色社会主义建设事业往纵深发展。如前所述,西方市场社会主义身上体现出的很多理论闪光点,对于中国社会主义市场经济存在诸多方面的可借鉴之处。所谓"他山之石,可以攻玉",西方市场社会主义作为国外社会主义思潮中的一个分支,与中国特色社会主义有许多相似之处,比如对社会主义及共产主义的执着追求、对马克思主义的继承与发扬、对资本主义制度的反思与批判等等,但是又有许多不同之处,比如东方与西方理论视野的差异性、对市场与社会主义结合过程中更偏重于市场还是更偏重于社会主义的不同立场等。这些相似与不同从各个方面构成了西方市场社会主义对中国社会主义市场经济的启示,既包括正面的启示,也包括反面的启示,但正面的可借鉴意义远远大于负面的可借鉴意义。本章主要从如何实现市场机制与社会主义的更好结合、如何处理好市场与计划及政府之间的关系、如何处理好效率与公平的关系,以及如何推进公有制经济与其他所有制经济相结合这几个方面,阐述西方市场社会主义对中国社会主义市场经济的正面启示,这种启示意义既具有理论性,又具有现实性。

第一节　市场机制与社会主义相结合

自新中国成立以来,围绕经济体制的改革,我国进行了一系列摸索与创新活动,经历了从社会主义计划经济体制到社会主义市场经济体制的嬗变。多年来,我国的社会主义经济体制改革始终围绕一个关键问题:如何处理好市场机制与社会主义这两者之间的关系? 在新中国成立以后逐步确立起来的社会主义计划经济体制时期,我国对于市场机制与社会主义关系问题的探索几乎处于停滞状态,党的十一届三中全会召开之后,我国加快了经济体制改革的步伐,重新开启了对市场机制与社会主义关系问题的探索。此后,党的十四大明确提出建立社会主义市场经济体制的目标,在理论密切联系实践、反复总结正反两方面经验的基础上,不断加强市场机制与社会主义的有机结合,使我国对于市场机制与社会主义关系问题的探索不断得以丰富。

如何处理好市场机制与社会主义的关系这一问题同样引发了西方市场社会主义者的思考,当然,由于客观历史条件的限制,西方市场社会主义者对这两者关系的探索主要停留在理论层面,而在现实层面则实施较少。他们提出了富有创新性的观点,既没有简单地否定马克思、恩格斯关于市场机制的思想,也没有因为东欧剧变导致的世界社会主义运动陷入低谷而放弃社会主义理想,结合时局发展,进一步剖析了市场机制与社会主义之间的关系,他们的思考为我国探索市场机制与社会主义之间的关系问题提供了启示,具体表现在以下两个方面:

第一,认为社会主义尽管在现阶段遭遇挫折,但依然是人类需要不懈追求的美好理想,社会主义可以通过恰当地利用市场机制而弥补自己的缺陷,从而使自身变得更好、更完善。以当代西方市场社会主义者为例,他们处于东欧剧变之后这样一个特殊、敏感和重要的历史时期:一方面,西方右翼学者为资本主义制度欢呼;另一方面,社会主义理论阵营内部开始出现分裂,不少社会主义制度的拥护者、社会主义理想的追随者开始转变立场,质疑社会主义。面对社会主义在现实与理论两方面都遭遇到的困境,当代西方市场社会主义者没有放弃社会主义理想,而是另辟蹊径,在反思计划经济体制弊端的基础上,深入思考市场机制在社会主义中的性质定位问题,即弄清市场机制与社会主义到底是何种关系,在此基础上坚持探索市场机制与社会主义结合的可能性与必要性,力图通过有效发挥市场机制对资源的配置功能来为社会主义注入新的活力及张力,以市场拯救陷入逆境的社会主义。由此可见,苏联模式社会主义的失败并不影响人们对社会主义诉求信心的重塑,反而使这一诉求更加迫切。比如,在前面的章节中我们曾经提到主张"经济民主的市场社会主义模式"的施韦卡特对市场机制与社会主义关系的看法,他认为两者必须相互结合。施韦卡特的判断直接将症结摆在了人们面前:既然缺乏市场的社会主义已经被事实证明是难以存续的,那么应当如何实现市场与社会主义的"联姻"呢? 当然,这涉及每个国家的具体国情,需要根据特定情况来采取相应的措施。当代西方市场社会主义者在坚持社会主义理想之余,纠正了长期以来传统社会主义者的一个认识论上的误判,即认为市场机制与社会主义没有可融性。他们的相关理论为中国在东欧剧变之后风云变幻的国内外环境中,继续高举社会主义旗帜,艰难探索市场机制与社会主义的结合之路并带领其他的社会主义国家走出低谷提供了启示。在现实社会主义遭遇严峻挑战之际,传统西方市场社会主义者也曾经展开积极的理论思考,他们当中有一部分人的观点还被付诸实践。比如在前面章节中我们重点介绍的布鲁斯的"导入市场机制的计划经济模式"、锡克的"以市场机制为基础的分配计划模式"及科内尔的"宏观控制下的自由市场模式"等,都旨在为僵化的传统计划经济体制注入活力,为市场机制在社会主义中发挥作用开拓空间。传统西方市场社会主义者对市场机制与社会主义相结合这一路径的探索,也对我国的相关探索具有启迪作用。

　　第二,无论是市场机制还是计划机制,都只是一种经济运行的具体机制,并不代表政治制度的根本性质。在理论界往往有不少学者将市场等同于资本主义,而将计划等同于社会主义,仿佛市场就是资本主义社会的代名词,而计划则是社会主义社会的标签。仍然以当代西方市场社会主义者为例,东欧剧变使他们开始从理论探究与经验事实两方面重新思考起市场、计划与社会主义这三者之间的关系问题,施韦卡特提出:"把资本主义等同于市场是保守的自由放任主义的辩护者和大多数市场改革的左翼反对者的致命错误。"①实质上,市场与计划都是一种中性机制,是社会主义和资本主义都可以利用的经济手段。一方面,虽然市场经济本质上是市场配置资源的经济,但也不能忽视政府计划的重要作用,如果一味强调"市场万能论",对市场过度推崇将导致市场作用失衡,并导致整个社会的不稳定;另外一方面,如果仅仅注重经济活动的计划性而排斥市场,则会使经济发展缺乏灵活性及驱动力,甚至不排除重蹈东欧剧变覆辙的可能。当代西方市场社会主义者判断市场与计划各自职能的相关理论,尤其是强调市场是一种中性机制的思想以及关于市场与社会主义可以"联姻"的论调,为中国在 20 世纪 90年代初解答改革开放姓"资"还是姓"社"问题的困惑,并在弄清计划与市场复杂关系的基础上把市场机制运用到社会主义中去,发挥了积极的启示作用。

毋庸置疑,作为效仿苏联的产物,我国的社会主义计划经济体制曾在特定的历史时期发挥过重要作用,比如在当时的历史语境中对于巩固我国的红色政权、巩固国家的社会主义性质以及恢复在战争中停滞不前的社会生产力等,都产生过积极的作用。后来随着国际时局的变化、我国生产力的进一步复苏、经济规模的不断扩大和经济成分的不断复杂化,过于僵硬的计划经济体制的弊端才逐渐凸显。这些弊端包括:社会资源由政府直接分配,导致企业丧失独立性,缺乏自主创新的活力与张力;生产遵照国家指令进行,容易造成产销脱节;依赖行政部门管理国民经济,容易重复建设,资源配置效率低下;财政上统收统支,分配领域平均主义严重,极大影响人民群众的生产积极性。这些弊端促使人们不得不进行一系列深刻的反思,反思的结果是:从具体国情出发,将目光转向资源配置更加灵活有效的市场机制,从

---

① [美]伯特尔·奥尔曼编:《市场社会主义——社会主义者之间的争论》,段忠桥译,新华出版社,2000 年,第 7 页。

而打破那种将某一具体经济运行机制等同于特定社会政治制度的思维定式,更好地解放和发展生产力。时至今日,我们可以通过回溯历史对社会主义计划经济体制的弊端展开反思,但却不能以历史虚无主义的眼光去否定社会主义计划经济时代所取得的成绩。有学者指出:"计划经济体制在中国实施近三十年,对经济发展起过积极的历史作用,主要是有效地动员和集中有限的资源,迅速恢复解放战争胜利后的国民经济和保卫国家安全,迅速建立起比较完整的工业化基础。"①

党的十一届三中全会以后,随着改革开放的力度不断加大,我国开始了由社会主义计划经济体制逐步向社会主义市场经济体制转型的探索过程。这一探索既有与其他国家相似的由计划经济向市场经济转变的共性,又与苏东地区国家政治制度因彻底变更而走上市场化道路有着本质区别。通过实现单一社会主义计划经济向社会主义市场经济的转变,我国也从一个农业国逐步向现代化工业大国转变。我国对市场机制的运用,是为了进一步彰显社会主义制度的生机与活力,更有效地推动社会生产力向前发展,更好地为人民群众谋福祉。事实证明,这一做法是我国富起来的关键因素,也是我国强起来的重要因素。回顾我国的市场化改革之路,可谓"一波三折",既在理论层面帮助人们消除对市场机制的误解,引导人们对其有一个全方位的认识及客观公正的评价,又在实践层面循序渐进地推动市场机制与社会主义的相互结合,具体如下:

第一,引导人们廓清对市场机制的误读。反对市场与社会主义"联姻"是部分传统社会主义者的观点,这一观点的理论预设是经济运行机制代表了政治制度的根本属性,具体而言,计划是社会主义的标签,市场则是资本主义的代名词。从社会主义改造基本完成到党的十一届三中全会召开之前,我国有相当一部分人沿袭了部分传统社会主义者的看法,将市场机制定性为资本主义的衍生物加以拒斥,甚至在我国改革开放的最初几年里,人们对于社会主义社会能否运用市场机制仍然存在很大困惑。显然这是一种错

---

① 陈锦华、江春泽等:《论社会主义与市场经济兼容》,人民出版社,2005 年,第 171 页。

误的认识，但是观念是行动的先导，一旦形成，其转变需要一个过程。实践已经证明，无论是计划还是市场，都不过是经济运行的机制，可以为不同性质的社会制度服务，计划经济不等同于社会主义，市场经济也不等同于资本主义。部分传统社会主义者教条式地理解马克思主义，他们看到了马克思和恩格斯对商品生产的批判却没有深入理解其批判以物质资料极大丰富为前提，而现实世界像中国这样的社会主义国家，虽然跨越了资本主义的"卡夫丁峡谷"，但在物质资料的积累方面存在"断层"，因此引入市场机制发展社会经济是必要手段。现阶段，市场机制在我国成功运用所取得的诸多成就有力地驳斥了部分传统社会主义者的错误观点。

第二，市场机制逐步在我国发挥作用，为社会主义建设事业贡献力量。在新中国成立至社会主义三大改造基本完成的过渡时期内，我国的经济既有属于市场经济的部分，又有属于计划经济的部分，前者主要来自旧中国遗留下的资本主义工商业，后者主要通过实施社会主义改造得以确立。而到了此后的计划经济时期，计划经济则占据绝对优势，我国的计划经济体制主要效仿苏联，社会资源由政府计划集中分配管理，企业的基本任务是在政府部门的领导下按照计划提供产品，缺乏真正意义上的市场。直至改革开放以后，我国才逐步走上了对市场机制的探索运用之路。我国市场化取向的社会主义经济改革并不是一蹴而就、一帆风顺的，从计划经济时代将市场与社会主义两者对立起来，对市场经济加以排斥，到社会主义市场经济时期主张市场与社会主义两者的兼容，促进市场经济的深入发展，这一变化过程体现了我国对于发展社会主义经济的重大原则、重要因素的深刻认识。党的十一届三中全会以来，我国市场化取向的经济体制改革大致经历了这样一个过程：由计划经济为主、市场调节为辅，到有计划的商品经济，接着到建立社会主义市场经济体制，再到完善社会主义市场经济体制。通过一系列的改革创新，我国逐步实现了从计划经济体制到市场经济体制的成功转型，有力地促进了市场机制与社会主义的有机结合。令人欣喜的是，党的十八届三中全会提出市场要对资源配置起决定性作用，这使我国社会主义市场经济的发展呈现新一轮勃勃生机，党的十九届四中全会又进一步加强了这方面的制度保障。

可以这么说,市场机制与社会主义的相互融合"永远在路上",只有"现在进行时"而没有"现在完成时",虽然对于市场机制与社会主义如何实现最佳结合的问题,我国主要是进行自主探索,尤其强调实践出真知,但是西方市场社会主义的理论与实践在一定程度上为我们提供了可供参考的资源,其中不乏智慧的火花,对于中国社会主义市场经济今后的改革也有一定的启迪与帮助。

第二节　处理好市场、计划与政府的关系

从具体的操作层面来讲,社会主义与市场机制的结合其表现形式之一即政府对经济的计划调控职能与市场对资源的自由配置效能相结合。亚当·斯密(Adam Smith)在其《国富论》一书中提出了一个著名的概念,即将市场称为"看不见的手"。如果放任市场这只"无形之手",资源配置完全依靠市场,也就是说包括生产、交换、分配和消费在内的全部社会经济生活,都受市场供给和需求的自发调节和支配,那么就会陷入"市场万能论"。"市场万能论"是早期古典自由主义经济学家的基本信条,这一信条已经被资本主义世界频发的经济危机所打破,坚持"市场决定一切"便会导致市场的失灵、失范、无序状态。与"无形之手"的称呼相对应,如果我们将政府计划调控称为"有形之手",那么过分推崇国家对经济的干预、设计、规定,就容易陷入另一个极端——高度集中的计划经济模式,就会导致经济缺乏活力及自由度。如前所述,这一模式在我国的经济发展历史进程中已经充分显示了其弊端。既然全然依靠市场这只"无形之手"和全然依靠政府计划调控这只"有形之手"都行不通,那么只有实施两者的有机结合才是一条促进经济发展的正确路径。新加坡学者陈惠华精辟地指出:"毫无疑问,国有化的做法永远都不能轻易采取,但是,真正的自由市场实际上也不可能存在。现实世界总是介

于两者之间,因此必须通盘考虑。"①的确如此,只有"无形之手"与"有形之手"两者相互结合,才能强而有力地保障经济社会获得平稳、持续、健康的发展。

对于如何处理市场、计划与政府这三者之间的关系问题,西方市场社会主义者并不陌生。传统西方市场社会主义者大都对高度中央集权的计划经济时代深有体会,很多人目睹东欧剧变造成的"现实社会主义"的失败,作为有良知的左翼学者,他们试图以自己的学说打破传统计划经济的藩篱,为社会主义寻找到一条新的路径,即将社会主义与市场机制相融合的路径。在前面的章节中我们曾经提到过兰格、布鲁斯、锡克等人的理论模式,他们在阐述过程中都或多或少地提到了市场、计划与政府之间的关系问题。西方市场社会主义由兰格首开先河,他凭借自身深厚的西方经济学基础及马克思主义政治经济学知识,将市场机制引入社会主义的经济改革领域,探索市场与计划两者的结合。当然,兰格是以传统社会主义的计划经济为立足点,在此基础上再来引入市场机制。他试图通过自己的理论模式表明:市场与计划可以相容,社会主义可以在公有制的基础上通过模拟市场竞争来实现有效配置资源的目的。兰格的理论可以说在一定程度上破除了长期生活在传统计划经济体制下的人们对于市场机制的偏见。

继兰格之后,布鲁斯与锡克等人引导人们在反思单一计划经济体制带来的严重弊端的过程中继续向市场迈进。虽然布鲁斯在 20 世纪 80 年代以后对于市场机制越来越偏爱,但是他在 20 世纪五六十年代尝试探索市场社会主义的道路之时,其依据的主要理论基础和现实基础仍然是传统的计划经济体制。他的理论模型被称为"导入市场机制的计划经济模式",仅仅从名称上就可以看出他是在计划经济模式的基础上讨论如何运用市场机制的。此外,锡克的"以市场机制为基础的分配计划模式"和科尔内的"宏观控制下的自由市场模式"都和兰格及布鲁斯一样,讨论了市场与计划的关系问题,不过与兰格及布鲁斯有所不同的一点是,锡克及科尔内的理论模式引入

---

① 陈惠华:《变革:市场中的政府角色》,刘阿钢译,北京大学出版社,2014 年,第 14 页。

了更多的市场元素,即逐步由原来的以社会主义计划经济体制为基础慢慢向市场机制倾斜。传统西方市场社会主义者在探讨市场与计划的关系之时,不可避免地会涉及在社会主义性质的经济改革中如何发挥政府作用的问题,所以市场、计划与政府这三者之间的关系定位经常是相辅相成的。

　　除了传统西方市场社会主义者讨论的话题中涉及市场、计划与政府这三者之外,当代西方市场社会主义者也关注了这三者之间的关系。由于在当代西方市场社会主义者所处的时代,市场机制已经在全球范围内发挥出越来越大的作用,他们自身又长期生活在西方自由民主制度之下,对于市场机制的运用极为熟悉,所以他们的理论模式往往以市场机制为基础,在此前提下再来渗透社会主义元素,而且他们对于社会主义元素的引入主要集中在分配领域,他们希望通过政府发挥管控作用,促进社会的平等、公正,进而实现社会主义人人平等的价值目标。无论是罗默与扬克,还是米勒与施韦卡特等人,都以相当的篇幅在自己的理论模型中阐述了对社会主义价值目标的追求。

　　西方市场社会主义对市场、计划及政府这三者之间关系的重视,增强了中国特色社会主义这方面的意识。分析其从"立足于计划,引入市场"到"立足于市场,结合计划"的发展过程,我们可以获得相关启迪,即市场应当与计划相互结合,才能更好地激活社会的经济发展潜力。此外,西方市场社会主义者希望通过更好发挥政府作用,促进分配领域的平等与公正,进而实现对社会主义价值目标的追求,也对中国社会主义市场经济更好发挥政府作用,提供了一定的启示意义。

　　与苏东地区原有社会主义国家及另外一些发展中国家采用的疾风骤雨般的激进式改革有所不同,中国的改革总体上走的是一条温和、稳健、渐进的道路,包括经济改革、政治改革及文化改革等,其中的政治改革最为谨慎,因为我们并不希望我国的改革像苏东地区原有社会主义国家那样最后变成了改向,而经济改革相对于其他领域的改革而言步子要迈得更大、更快一些,这与我国迫切地希望在短期内尽快缩小与西方发达国家的经济差距有关。在经济体制改革的过程中,我们不断探索如何正确处理市场、计划及政府三者之间的关系问题,这种探索既体现在理论层面,又体现在实践层面,两者相辅相成,使中国的市场化改革进行得如火如荼。

回顾历史可以看到,党的多次全国代表大会和中央全会都涉及对市场、计划及政府三者关系的探讨。具体而言,我国经历了一个从"计划与市场的关系"到"市场与政府的关系"的认识过程。1982年党的十二大报告提出,我国经济改革的根本性问题是贯彻计划经济为主、市场调节为辅的原则。1987年党的十三大报告提出,要注重计划与市场的内在统一。1992年党的十四大报告在确立我国经济体制改革的目标是建立和完善社会主义市场经济体制的同时,提出要使市场在社会主义国家宏观调控下对资源配置起基础性作用。1997年党的十五大报告再次强调,要使市场在社会主义国家宏观调控下对资源配置起基础性作用。江泽民在2000年1月19日的讲话中指出:"我们发展社会主义市场经济,一定要充分发挥市场对资源配置的基础性作用。同时,也要看到,我国市场体系还不完善,市场本身又存在一些难以克服的缺陷。因此,我们必须努力健全宏观调控体系,善于正确运用包括预算、税收、转移支付等在内的财政手段,发挥其在资源配置、收入分配、调控经济、监督管理上的重要职能作用,以促进我国经济健康发展和社会全面进步。"[①]随后,2002年党的十六大报告提出,要在更大程度上发挥市场在资源配置中的基础性作用,健全统一、开放、竞争、有序的现代市场体系,同时完善政府的经济调节、市场监管、社会管理和公共服务的职能等。2007年党的十七大报告提出,要更好发挥市场在资源配置中的基础性作用。2012年党的十八大报告中强调要全面深化经济体制改革:"深化改革是加快转变经济发展方式的关键。经济体制改革的核心问题是处理好政府和市场的关系,必须更加尊重市场规律,更好发挥政府作用。"[②]2013年党的十八届三中全会通过了《中共中央关于全面深化改革若干重大问题的决定》,再次强调经济体制改革是全面深化改革的重点,核心问题是处理好政府和市场的关

---

① 《江泽民文选》(第二卷),人民出版社,2006年,第509~510页。

② 《中国共产党第十八次全国代表大会文件汇编》,人民出版社,2012年,第19页。

系,使市场在资源配置方面起决定性作用,同时更好发挥政府作用。

从以上党的多次全国代表大会和中央全会的相关论述可以看出,由于我国在建国初期曾经在较长一段时间内采用苏联单一的计划经济模式,以致我国在经济改革的过程中,一直比较重视政府计划调控这只"有形之手"对经济运行的调控与管理,这种调控与管理是多重性的,既包括宏观领域又包括微观领域,而另一方面对市场这只"无形之手"的放开则相对保守,是一个逐步扩大的过程。从以往的实践经验来看,政府在经济发展中的主导作用明显,对经济的管理权限过大,导致出现了很多问题与隐患。比如,在资源的配置过程中存在"权钱交易",滋生各种腐败现象等。这里值得一提的是,随着市场机制在我国的广泛运用,政府进一步明确了自己的职能定位,给予了市场更多的发展空间。众所周知,从党的十八届三中全会开始,市场在资源配置领域由过去的"起基础性作用"转变为"起决定性作用",这一语词的转换表明了我国在新的时代背景下进一步全面深化改革,尤其是经济改革的决心,也说明我国在处理"无形之手"与"有形之手"关系上的重大的立场调整。进一步深化我国的经济体制改革,既要进一步激活市场主体的活力,清除那些阻碍市场和价值规律充分发挥作用的因素,更要通过有效转变政府职能,采用简政放权、减税让利等手段,使市场机制的运用更加富有成效。张维迎指出:"只有坚定不移地推动市场化改革,将自由竞争推进到市场的所有领域,中国企业的发展才能赢得更大的驱动力……"[1]当然,更好发挥政府作用并不是简单的一句口号,而应当发挥实效,在增强市场机制效用方面要"有所为",在阻碍市场发挥资源配置决定作用方面则"有所不为"。在市场对资源配置起决定性作用的前提下,政府由"主导型"向"服务型"转变,通过简政放权、减税让利等途径,使市场有更多的自由发展空间。在此基础上,政府可以通过更多的间接管理、区域性调控及定向调控等方式来更好发挥自身的作用,特别是致力于政策性服务及一些基础性服务,协调、统筹各方面的利益关系,为市场进一步发挥力量营造一个良好的经济环境,同

---

① 张维迎:《通往市场之路》,浙江大学出版社,2012 年,第 53 页。

时在此基础上,进一步加强法律、法规等对自由市场的制约,使市场经济的运行更加规范、有序。

市场与政府之间的关系对于我国的经济体制改革至关重要,只有在顶层设计层面理清、理顺市场与政府的关系问题,才能在基层实践层面不断创新和有所突破。无疑,政府作为宏观调控的行为主体,直接影响到市场机制的运作空间,许多微观层面的具体实施细则是市场和政府关系的进一步延伸、拓展,反之,我们在思考如何解决操作层面遭遇到的各种现实难题之际,也必然会追溯到市场与政府之间的关系定位。资源配置完全由政府掌控已被证明是不可取的,同样道理,真正完全的自由市场实际上也是乌托邦式的存在。对于保持市场持续的张力与活力而言,关键在于如何把握政府与市场这两者之间的"度"。那么,如何使政府的宏观调控保持恰当的"度"呢?党的十八届三中全会强调既要发挥市场对资源配置的决定性作用,同时还要更好发挥政府作用。这里,政府发挥作用位于市场的决定性作用之后,另外我们也应当清晰地认识到政府更好发挥作用是为了使市场对资源配置能更好地发挥决定性作用。

从我国的现实发展来看,新中国成立以后曾经在一段时期内采用的计划经济留下了一定的印记,其中包括政府的角色与定位问题。从我国的文化历史渊源来看,受2000多年的封建专制思想的影响,一些官员产生了端着"铁饭碗"的骄纵情绪,而政府部门也往往带着高高在上的"衙门"嫌疑。因此,从改革开放以来,我国一直都注重处理好市场、计划与政府这三者之间的关系问题。从提倡简政放权到大规模的精简机构,都显示了我国转变政府职能,提高政府办事效率的决心。以国务院的改革为例,改革开放以来,我国已进行了多次国务院政府机构改革,力图降低行政成本,提高办事效率,国务院组成部门已由1982年的100个削减为2008年的27个。2013年2月28日,党的十八届二中全会审议通过了在广泛征求意见基础上提出的《国务院机构改革和职能转变方案》,全会建议国务院将这个方案提交十二届全国人大一次会议审议。2013年3月10日,国务院机构改革方案公布,除国务院办公厅外,国务院设置组成部门25个。2018年3月17日,十三届全国人大一次会议表决通过了关于国务院机构改革方案的决定,国务院正部级机构减少 8 个,副部级机构减少 7 个,除国务院办公厅以外,国务院设置组成部门共 26 个。从国务院的机构改革变迁可以一窥我国转变政府职能,弱化传统意义上的政府角色与功能的力度。党的十九大报告对如何深化机构和行政体制改革进行了专门的论述:"统筹考虑各类机构设置,科学配置党政部门及内设机构权力、明确职责。统筹使用各类编制资源,形成科学合理的管理体制,完善国家机构组织法。转变政府职能,深化简政放权,创新监管方式,增强政府公信力和执行力,建设人民满意的服务型政府。"[①]

转变政府职能,弱化传统意义上的政府角色与功能,不是一句空话,也不是"做秀",必须将各项措施落到实处,产生实际的效果,在实践过程中完成真正的转型,切实将官僚作风转变为服务意识,将服务好老百姓作为政府的宗旨与责任,同时还应当注意"有所为"和"有所不为"相互结合,给予企业足够的自主权。转变政府职能主要包括以下两个方面:

第一,由一个全能型的政府转变为一个有限职能的政府。由"大政府,小社会"转变为"大社会,小政府",政府不能管得太多,面面俱到,什么都要管必然造成什么都管不好,该放手给企业的就得放手给企业,如此才能充分调动企业生产与销售的主动性、积极性、灵活性,该由市场竞争来标识产品的价格就应当放手任市场机制发挥作用,如此才能适应市场的需求,保持供求关系的稳定性、有序性、合理性。从我国的现实发展来看,如前所述,在计划经济时代我国政府管得太多,管得太死,政府这只"看得见的手"往往是一只"闲不住的手",这样容易造成企业生产缺乏自主性,企业家忙于应付政府制定的各项政策,一旦有创新行为,便担心国家政策变化得太快,使创新行为产生意想不到的风险,导致了部分企业不愿创新,甘于守旧,对国家政策的依赖性太强,无法在国际竞争加剧的时代大背景下获得生存与发展。这种状况直到改革开放以后才逐步好转。在全球化、信息化速度越来越快的

---

① 习近平:《决胜全面建成小康社会 夺取新时代中国特色社会主义伟大胜利——在中国共产党第十九次全国代表大会上的报告》,人民出版社,2017 年,第 39 页。

时代背景下,一旦国外产品在国内市场开始流通,就会在短时间内迅速占据国内市场的份额,而国内那些墨守成规、缺乏创新意识和创新行为的企业很快就会失去市场竞争力,淹没在全球化、信息化的浪潮中。因此,必须给予企业足够的自主空间,鼓励企业强化创新意识和创新行为。今后进一步深化我国的经济体制改革,政府一定要充分调动企业的主动性、积极性、灵活性,保持供求关系的稳定性、有序性、合理性。

第二,增强政府的办事效能,提高网上服务能力。这是一个网络化全面开启的时代,转变政府职能不是一句脱离实际的政治口号,而应当在实践过程中完成真正的转型,将官僚作风转变为服务意识、服务态度,将服务好对象群体——广大人民群众作为自己的宗旨与责任。近年来,我国政府已经在实践中不断推动机构改革工作,精简政府职能部处,提升职能部处人员的服务能力和政府部门的办事效率。为了促进我国的国家治理能力现代化,加快国内政务与国际接轨,应当充分发挥网络平台的优势,将网上办事作为现场办事的有力补充手段,通过在网上公布相关的办事流程与具体办事手续,使政务公开化、透明化,缩小模糊地带的人员权力空间,真正地使广大人民群众,尤其是一些企业人员,足不出户就能办理相关事务,缩短行政审批流程。在这方面,德国政府的做法值得我们借鉴。德国人以严谨、规范、按部就班的行为方式为世人所熟悉,他们的一些地方政府做事也是一丝不苟、非常认真。随着互联网技术的广泛传播,德国的一些政府部门为了提高办事效率,将相关的办事流程公布在政府网站上,鼓励普通民众从网络了解具体操作流程,若需要在某一天办理事务,可以先在网上办事系统里进行预约,到了当天再去具体部门办理时,政府工作人员便提早在办公室门口等候,办事态度认真,服务意识强,办事效率较高,在民众中赢得了较好的信誉。

中国在如何有效地使市场与政府有机结合这方面的做法对亚、非、拉其他发展中国家产生了积极的影响,尤其在拉美世界具有广泛的影响。20世纪70年代,拉美地区很多国家盲目崇拜"欧美模式",希望通过完全自由化的市场来快速发展经济,结果纷纷掉进了"拉美陷阱",丧失了对市场经济的驾驭能力,导致出现了通货膨胀、失业率增加、环境恶化等一系列问题。委内瑞拉规划与发展部前部长费利佩·佩雷斯曾指出:"我认为邓小平所倡导的改革开放是一项很好的决策,尤其是在经济方面向市场开放,因为单靠计划经济已经不能很好地发挥作用了,这和当年列宁曾经倡导的新经济政策具有同样的作用,可以进一步发展社会的生产力。如果仅仅依靠实施中央计划经济,把包括人们日常生活在内的一切事物都规定好,这是令人难以想象的,无法真正地促进经济的高速发展,而市场则更为灵活。如果企业被当地的政府所掌控,这些企业就缺乏自主性,而中央政府是不可能直接掌控小企业的,我们应当将政治力量和经济运行结合起来。"[1]可以看出,他对中国社会主义市场经济的相关政策赞赏不已。此外,古巴前领导人劳尔·卡斯特罗也多次表示要学习中国的经济改革经验,为古巴的计划经济体制增添活力。相对于其他国家而言,中国作为当今世界第二大经济体和最大的社会主义国家,其经济改革经验更具借鉴意义。

综上所述,在现实层面,对于如何处理好市场、计划及政府的关系问题,尤其是如何处理好市场与政府的关系问题,我国已经取得了一系列令人称颂的成绩。无论是从过往对市场、计划及政府三者关系的探索历程来看,还是从当下我国进一步深化中国社会主义市场经济体制的改革、进一步处理好市场在资源配置中的决定性作用与更好发挥政府作用之间的关系问题来看,西方市场社会主义的相关理论无疑对我们具有一定的启示意义。值得强调的是,传统西方市场社会主义在计划经济的基础上引入市场元素的做法及当代西方市场社会主义在东欧剧变之后依然坚持社会主义理想,并为传统社会主义开辟新的市场社会主义路径的做法,都对我国产生了一定的、实质性的、积极的影响。

---

[1]　金瑶梅:《中国改革实践中的马克思主义》,同济大学出版社,2015年,第210页。

第三节　处理好效率与公平的关系

提及市场机制,人们的第一反应往往是其对资源配置的高效性,也就是说,市场机制给人留下深刻印象的一点便是"讲究效率",而提及社会主义,人们则通常为其对公平的执着追求而动容。的确如此,运用市场机制的主要目的在于提高效率,建设社会主义最主要的价值目标在于实现公平,因此效率与公平的关系在一定意义上折射出市场机制与社会主义的关系定位。如何处理好效率与公平的关系问题一直是构建和完善中国社会主义市场经济体制需要解决的重大时代课题,这既关系到经济社会的持续、平稳发展,又牵涉到为人民群众谋幸福、使人民群众切身体会到经济社会发展带来的一切可喜成果的问题。在前面的章节中,我们曾经回顾了新中国成立以来我国处理效率与公平关系问题的大致过程,主要分为三个发展阶段:"注重公平,忽视效率"阶段、"效率优先,兼顾公平"阶段及"两者兼顾,注重公平"阶段。第一个阶段强化公平而弱化效率,这是计划经济时期的必然产物,反映了当时在收入分配时不注重效率,片面追求所谓的"公平",从而造成"一刀切"的现象。第二个阶段将效率置于公平之前,凸显了我国从计划经济体制向市场经济体制转型引发的直接效应,这一阶段是我国从"站起来"到"富起来"的转折期、关键期。第三个阶段主要发生在社会主义市场经济体制不断完善、经济体制改革创新不断往纵深推进的过程中,这一阶段强调初次分配兼顾效率和公平,而再分配应当更加注重公平,表明我国在利用市场机制快速提升经济实力的同时,开始更加注重对社会公平的考量,毕竟离开了公平就无法实现社会主义共同富裕的价值诉求。通过这三个主要发展阶段,我们可以看到,我国一直依据国情的最新变化,不断重构效率与公平的关系,使之既符合经济社会的发展需求,又考虑人民群众的普遍权益。

很长一段时间以来,中国社会主义市场经济一直在尝试破解如何充分利用社会主义制度的独特优越性,使市场机制这匹"容易脱缰的马"在社会主义宏观调控措施下有序、平稳、高效地推动经济社会往前发展这一难题,并取得了一系列令人感到欣喜的成绩。只有既充分发挥市场机制的长处，不断激发其活力，又利用社会主义制度的优点规避其内含的、潜在的缺点与风险，才能使社会主义社会的物质生产力持续且平稳地得到提升，进而更加有效地实现社会整体上的公平性。对于如何处理好效率与公平的关系问题，西方市场社会主义者展开了一系列的理论思考与探究，他们的相关论述为中国社会主义市场经济提供了一定的启示意义，具体如下：

第一，市场与社会主义的结合是为了更好地实现效率与公平的"双赢"。市场机制的优点在于以激烈的行业竞争鞭策企业不断提高劳动生产率，社会主义制度的优越性在于尽可能地实现广泛的社会公平，以为人民谋福祉为己任，两者的结合可以实现优势互补。以当代西方市场社会主义者为例，他们反思了苏联模式的社会主义之后，重新阐述了效率与公平的关系，认为市场与公平并不冲突，市场与社会主义的有机结合具有在效率与平等上的双重吸引力。主张"虚拟证券的市场社会主义模式"的罗默在其代表作《社会主义的未来》一书中，明确表示他的任务是建立一种崭新的理论模式以探讨市场机制与社会主义两股力量的结合，而这一新模式既考虑效率又追求平等。主张"实用的市场社会主义模式"的扬克在阐释自己理论模式的主要特征时也表达了类似的观点。扬克认为现存的资本主义市场体系在提升经济效率这一点上具有不可替代性，只要对其加以一定的变革就可以为我所用，以实现社会主义的重要价值目标——社会公平。皮尔森对此进行了评价，他这样说道："对于这些倡导者来说，市场不仅是社会主义取得更大经济效率的手段，而且也是达到更大程度的个人自由或自由的平等价值、发展民主以及提高社会公正的途径。"[①]罗默与扬克的这些探究表明，当代西方市场社会主义之所以与其他社会主义模式有很大的不同，关键在于想通过市场机制与社会主义的完美结合，最终能够做到效率与公平两者兼顾，即一方面实现提升效率的目标，另一方面实现社会公平的目标。不难看到，当代西方

①　[英]克里斯托弗·皮尔森：《新市场社会主义：对社会主义命运和前途的探索》，姜辉译，东方出版社，1999 年，第 104 页。

市场社会主义者的这些观点对中国社会主义市场经济解决"先富"与"后富"的问题并最终实现共同富裕,既使市场机制为中国经济社会的发展推波助澜,又使其有助于实现社会主义的价值目标,尤其是在现阶段进一步深化中国社会主义市场经济体制的改革,采取合理有效的措施尽快缩小贫富差距,既使中国经济高效率地向前发展,又使所创造的社会财富公平地惠及广大人民群众,具有积极的启示作用。

第二,完善制度设计可以监管以追求效率为主旨的市场,公平更重要的是机会享有上的公平而不是收入分配上的公平。传统社会主义者往往对市场持反对的态度,并热衷于通过揭露市场机制的残酷性来实现对资本主义制度的深刻批判,他们认为仅仅依靠单一的市场机制,一味讲究追求效率,必然会导致资源与机会分配过程中的严重不公平。事实如此,在市场机制发挥作用的前提下,人们在资源分配上的"你争我抢"及企业在行业竞争中的"你死我活",也就是所谓的"丛林法则",这些都不过是司空见惯的事情,在推崇市场万能的学者看来,不需要遭到任何伦理学视域内的抨击与责备。在市场机制的效率原则会妨碍社会的公平这一点上,西方市场社会主义者与传统社会主义者观点一致,共同反对市场原教旨主义者的冷漠,不同之处在于前者认为可以通过完善的制度设计来约束市场机制的任性行为,从而防止不公平,而传统社会主义者则主张只有完全排斥市场机制,才能从根本上消灭社会的不公平现象。

西方市场社会主义者所强调的公平更多的是机会获取上的公平而不是收入分配上的公平,或者说强调起跑线上的公平而不是结果状态的公平。以当代西方市场社会主义者为例,主张"劳动者管理型市场社会主义"的马克·福勒贝(Marc Fleurbaey)阐述了对机会平等的看法:"柯亨、罗默等人提出的机会平等理论是起跑线理论……他们主张应当使个人在平等的条件下来作出选择,由个人承担选择结果的做法是公平的,无论这一做法是否会导致不公平的结果。"①另一位当代西方市场社会主义者美国的阿瑟·奥肯(Arthur M. Okun)也提出："我自信更大的机会平等将产生更大的收入平等。"②当然,判定西方市场社会主义者更加注重机会获取上的公平,并不等于说他们放弃了对收入分配领域公平的追求。既然当代西方市场社会主义者从来没有将社会主义、共产主义的理想信念抛之脑后,那么他们必然会坚持在收入分配方面的公平性。

很多西方市场社会主义者,尤其是当代西方市场社会主义者,主张将社会经济活动所产生的利益平均分配给社会每一个成员或者企业每一个员工。他们实现主张的具体途径是实施"分配决定论",即不在乎生产资料的所有权在谁手里,而主要看利润如何进行分配、在利润的分配上是否体现公平,对于企业而言则看其是否体现出所有企业人员共同占有,对于社会来说则看其是否体现出所有社会成员共同占有社会物质财富。此外,有相当一部分西方市场社会主义的理论家寄希望于通过"第二次分配"来缩小社会成员之间的贫富差距。从传统西方市场社会主义者的阐述来看,他们对于社会主义在实现公平这一主要价值目标方面抱有很大的信心,布鲁斯曾经这样描述社会主义制度对分配的公正性的保障:与充分就业的实现和周期波动的消除一道,分配的公正性也被看成是这个过程中的极为重要的事情。可以说,西方市场社会主义者的这些观点对中国社会主义市场经济在充分利用市场,发挥市场优点的过程中,如何通过制度保证来尽量避免市场的贪婪、无序及失衡等弊端,同时在实现公平这一价值目标的过程中更加注重机会的公平、事实上的公平,而不是收入结果的公平、形式上的公平,具有积极的启示作用。

当然,在借鉴西方市场社会主义关于如何处理好效率与公平的关系之时,我们也应当看到其与中国社会主义市场经济的不同之处,即两者在实现

---

① Marc Fleurbaey, Equality of Resources Revisited, in *Ethics*, Vol. 113, No. 1, Chicago: The University of Chicago Press, 2014, October, p.83.

② [美]阿瑟·奥肯:《平等与效率:重大的抉择》,陈涛译,中国社会科学出版社,2013年,第57页。

公平这一社会主义价值目标的具体途径方面存在很大的不同。西方市场社会主义者花了很多的笔墨探讨了如何通过实现分配领域的公平来促进整个社会的公平性,但他们的这一思路某种程度上回归了空想社会主义者对平均主义的青睐,多少带有乌托邦性质,而中国社会主义市场经济非常重视理论与实践的契合性,通过相关制度层面的诸多强化措施,不断推进社会公平的实现,既包括分配领域的公平性,又包括生产领域的公平性,还有其他很多方面的公平性。举例来说,在我国暴发新冠肺炎疫情之时,人民群众的治疗费用由国家统一负担,体现了医疗资源使用上的公平性,这也是社会主义价值目标的很好体现。在这一点上,西方自由民主制度统治下的资本主义国家无法与我们相比,毕竟资本主义私有制将少数有钱阶级、特权阶级的根本利益放在第一位,当社会的医疗资源有限时,不会一视同仁地对待普通民众。

第四节　公有制经济与其他所有制经济相结合

所有制是一个社会经济制度的关键部分,人们常常将一定的所有制形式作为特定社会的主要特征,也就是说,有什么样的所有制,人们就会直接将其所属的社会定性为什么样的社会,比如是"资本主义社会"还是"社会主义社会"。按照传统社会主义者的观点,市场机制与资本主义社会相匹配,而单一的公有制则适用于社会主义社会。实质上,这样的观点已被无数历史事实证明是错误的。在前面的章节中我们已经结合新中国成立后我国对经济体制的探索过程进行了相关阐述,对经济体制的探索如此,对其他方面的探索亦如此。正是在反复"试错"的基础上,我国致力于不断总结经验教训,不断开拓探索,使纠正错误和改革创新并举、理论创新与实践调整结合,在社会主义基本政治制度不动摇的根本前提下大力推动市场与社会主义的持续融合。

促进市场与社会主义相结合不是一句简单的口号,随之而来的难题在于:表征市场机制活力与创新性的各种非公有制经济如何实现与公有制经济的兼容？我国提供的答案是：进行从观念领域到实践领域的持续创新，基于公有制主体地位之上探索实现形式的多样化。我们在反思单一公有制的基础上实现了发展与经济体制的双重转型。在前面的章节中，我们已经较为详细地阐述了市场与社会主义所有制的关系问题，这里我们可以从公有制变化的角度再来简单回顾一下我国市场化取向的经济体制改革。新中国成立以后，我国开始了从新民主主义向社会主义的过渡，由于历史原因，这一时期还没有形成单一的公有制。按照传统社会主义者的观点，社会主义应当消灭私有制，建立完全的公有制，遵循这一逻辑，新中国成立初期我国不断地向这一目标趋近。在社会主义三大改造基本完成之后，我国基本上形成了单一的公有制结构，主要包括全民所有制和集体所有制。这样的所有制结构在当时发挥了积极的作用，有利于生产力的恢复及发展，但随着各种条件的变化，实施单一公有制对生产力发展的阻碍越来越大，人们开始思考以实现形式及补充手段的多样化来消解单一公有制所蕴含的弊端，走市场化取向的经济体制改革之路。从当初的单一公有制到后来的"公有制为主体，多种所有制经济共同发展"，期间经历了一系列重要的变化。

这里很有必要回顾一下西方市场社会主义对公有制的看法。传统的社会主义者从马克思、恩格斯的观点出发，将社会主义的公有制归结为生产资料的国有制和集体所有制，而西方市场社会主义的学者们则提出一个不同的观点，即社会主义的公有制是社会所有制，社会所有制是社会主义作为一种独特的社会经济体制的主要支柱。本书在介绍传统西方市场社会主义及当代西方市场社会主义的代表性理论模式中，对于这方面有所提及，实际上，除了本书提到的几位西方市场社会主义代表人物对所有制问题进行探究之外，还有很多西方市场社会主义者在自己的理论体系中阐述了这方面的看法。总的说来，西方市场社会主义者并不否定社会主义公有制，但反对把它简单地归结为生产资料的国有制和集体所有制，反对"公有制拜物教"。他们试图将社会主义公有制与市场机制结合在一起，以期创造出一种既有经济效益，又能使全体公民享有更多社会平等的经济体制，在这种经济体制中资源配置由市场这只"看不见的手"来进行，包括资本市场、劳动市场与产

品市场等,而生产资料的所有权则为社会所有。其理论独特之处具体如下:

第一,与市场经济兼容的所有制形式既不是完全的资本主义私有制,也不是传统的社会主义公有制,而是独特的社会所有制。西方市场社会主义本身包含各式各样的理论流派,每一个理论流派又提出了自己的理论模型,但是各个理论流派之间几乎不约而同地达成了这样一种共识,即在所有制层面主张社会所有制。西方市场社会主义的很多学者都将社会所有制与"市场社会主义"的定义直接联系在一起。主张"合作制市场社会主义"的米勒认为:"没有一个关于市场社会主义的确切概念,它只是这样一个具有共同特征的范畴,即市场机制的广泛运用与生产性资本的社会所有制的相结合。"①皮尔森也提出:"市场社会主义是把经济的社会所有制原则与继续通过市场机制配置商品(包括劳动)的做法结合起来的一种经济和社会制度。"②通过建立比传统社会主义者所主张的公有制更加宽泛,比新自由主义者所主张的自由市场经济更加包含社会主义元素的社会所有制,西方市场社会主义者希望建立一种既区别于单纯的社会主义公有制,又区别于完全的资本主义私有制的新所有制形式。西方市场社会主义的这一理论为我国在现阶段开拓出一种新的视野来推动所有制的变革,充分利用所有制的特点进一步完善中国社会主义市场经济体制,提供了启示。

第二,社会所有制凸显了混合经济的主体特征,这种混合经济比单一形式的经济更具有包容性。西方市场社会主义者推崇的社会所有制分为两种形式:第一种社会所有制形式是混合型的所有制,第二种社会所有制形式是资本和利润的社会化和公有化。再进一步展开来说,第一种混合型的所有制又包含两方面的内容:第一,生产资料为社会公有,但公有的形式不是单一的国有制,而包括生产资料的国有、合作所有、集体所有等多种形式;第二,在这种所有制形式下,除了具有公有制经济成分外,还包括非公有制经

---

① David Miller, Equality and Market Socialism, in *Market Socialism: The Current Debate*, Edited by Pranab Bardhan and John Roemer, New York: Oxford University Press, 1993, p.304.

② [英]克里斯托弗·皮尔森:《新市场社会主义:对社会主义命运和前途的探索》,姜辉译,东方出版社,1999年,第104页。

济成分,主要是私有经济成分。按照西方市场社会主义者的观点,在这种社会所有制框架内,私有的、合作的、公共的企业相互竞争,直接的国家调节则受到严格的限制。第二种社会所有制形式是资本和利润的社会化和公有化。西方市场社会主义的学者们认为:公有制并不是通常意义上的集体或个人对某些物质生产资料的占有,在社会主义社会中,每个人对公共企业的所有权主要是指人均对全部企业利润的享有权,其实质是资本的社会化或公有化。资本和利润的公有化使资本消除了个人所有的性质,成为社会公有,企业的全体成员平等地享有获得企业利润的权利。①

从以上论述中可以看出,西方市场社会主义者在关于用什么样的所有制与市场相结合这一点上所持的态度比较宽容,对社会主义所有制的性质限定相对传统的社会主义者来说更为宽泛。他们允许存在多种所有制成分,其中包括私有经济成分,并且对于公有制应该发挥主导作用这一点也没有予以重点突出。为什么西方市场社会主义对社会主义的所有制形式不作严格要求呢? 这恐怕与他们生活的环境有一定的关联。因为他们当中的绝大多数人长时间身处于资本主义私有制之下,从小到大一直受到民主、自由的意识形态教化,并不在乎“公有制是社会主义标志性的体现”这一点。正如意大利的社会学与政治学教授恰诺·佩利卡尔在《什么样的社会主义》一文中论述的那样:“我们应当设想一种既不同于资本主义也不同于集体主义的社会经济组织。这种经济组织既保留市场和保留公民社会独立于国家之外的自治,同时又能保障公民有比生产资料私有制社会更高水平的决策参与。只要我们达不到这一点,谈论社会主义就毫无意义。”②

由此可见,西方市场社会主义者所主张的“市场机制”与“社会所有制”的结合,在某种程度上依然是“市场机制”与“私有制”的结合。西方市场社会主义者自身在理论上的模棱两可引发了西方其他一些学者的批判。比如,皮尔森将社会所有制称为西方市场社会主义的“阿喀琉斯之踵”。他这

---

① 参见俞可平主编:《全球化时代的“社会主义”》,中央编译出版社,1998 年,第 12～13 页。
② [俄]戈尔巴乔夫、勃兰特等:《未来社会主义》,中央编译出版社,1994 年,第 203～204 页。

样评价道:"我们看到,市场社会主义者为了使自己免遭更为保守的左翼的攻击,他们声称自己所践行的是一种社会主义的纲领,因为他们强调要实行生产资料的社会所有制。的确,市场社会主义可以被概括地描述成为'社会所有制加市场',(如果有区别的话)正是这种承诺把他们同传统形式的社会民主主义区分开来,同时也为自己作为一种'激进的'替代方案提供了证据。"①此外,他认为西方市场社会主义者的观点之所以受到了新自由主义者的责问,主要的原因是后者对前者提出的社会所有制深表怀疑,新自由主义者认为这种所有制是介于私人所有制和国家所有制之间的第三种财产所有形式,其真实性让人难以相信。虽然皮尔森本人对西方市场社会主义的诸多方面提出了反思,但是在关于所有制这一点上他又反过来替西方市场社会主义进行辩护:"如果这样谴责市场社会主义,即:既要求它抛弃社会所有制又同时要求它将所有经济资产国有化,既要求它追求社会公正同时又要求它抛弃社会公正,这样做看来就是违背常理了。"②

西方市场社会主义者看到了在实践领域中,多个社会主义国家采用单一公有制所带来的一系列弊端,他们通过深刻反思希望以自己的方式对此进行变革,即以社会所有制的形式来替代传统社会主义者视域中的公有制。无疑,西方市场社会主义者试图克服单一公有制经济的缺点,这一努力是值得肯定的。当一个社会的所有制已经成为约束生产力发展的桎梏,那就必须要对其进行改革,通过改革确立新的、与生产力发展要求相一致的所有制之后,市场才能更好地发挥效能。在这方面,西方市场社会主义已经在理论领域先行一步,尽管他们关于公有制及对社会所有制的阐释还有很多可供商榷的地方,一些观点也有些差强人意,但是其有关混合经济的论述为我们一方面深化对坚持和完善公有制为主体、多种所有制经济共同发展的基本经济制度的认识,另一方面积极发展基本经济制度的重要实现形式——混合所有制经济,或者说,既要确保公有制经济的主体地位以体现社会主义社

---

① [英]克里斯托弗·皮尔森:《新市场社会主义:对社会主义命运和前途的探索》,姜辉译,东方出版社,1999年,第160页。

② 同上,第168页。

会的性质,又要拓宽非公有制经济的生存及发展空间,为社会释放新的生产力,进而有效促进公有制与其多种实现形式之间的相融问题,提供了一定的正面启示意义。

关于市场与什么样的所有制相结合这个问题,中国社会主义市场经济认为:只有在坚持社会主义公有制的前提下才能运用市场机制,否则就是对社会主义的变相否定,在我国目前正处于社会主义初级阶段的历史时期,应当结合实际的国情,在坚持公有制为主体的前提下来采纳市场机制。具体而言,我们目前的所有制结构是以公有制为主体,多种所有制经济共同发展。所有制问题是社会主义经济制度的核心内容,中国社会主义市场经济体制的目标模式中就规定了公有制为主体、多种所有制经济共同发展这一基本原则,并强调公有制的实现形式可以而且应当多样化。公有制与市场能否兼容的问题,国内很多学者把它称为“哥德巴赫猜想”,需要在实践过程中付出很大的努力来进行摸索。

党的十一届三中全会以后,我国开始致力于促进非公有制经济的发展,并相应地出台了这方面的政策法规。1979 年邓小平在接见美国和加拿大客人时这样形容社会主义市场经济:“虽然方法上基本上和资本主义社会的相似,但也有不同,是全民所有制之间的关系,当然也有同集体所有制之间的关系,也有同外国资本主义的关系,但是归根到底是社会主义的。”[1]江泽民也在庆祝中华人民共和国成立 40 周年大会上的讲话中指出:“在我国经济发展中,我们要继续坚持以公有制为主体、发展多种经济成分的方针,发挥个体经济、私营经济以及中外合资企业对社会主义经济的有益的、必要的补充作用。坚持这个方针,是为了更好地发挥社会主义经济的优越性,促进我国经济的更快发展,绝不是要削弱或取消公有制经济的主体地位,更不是要实行经济‘私有化’。”[2]传统西方市场社会主义者布鲁斯早在 1991 年就对当时中国的市场化改革进行了评价:“中国走上市场取向的经济改革之路,已

---

① 《邓小平文选》(第二卷),人民出版社,1994 年,第 236 页。

② 《十三大以来重要文献选编》(中),人民出版社,1991 年,第 621 页。

历时十余年之久,沿着这条道路,她已经发展了一种独特类型的混合经济。"布鲁斯的观点可谓高瞻远瞩,他清晰地看到了中国对于公有制多种实现形式的积极探索。

党的十八届三中全会以来,我国把建立混合所有制作为深化经济体制改革的一大举措,这样做的目的是为了创造新的经济增长点,全面提升国际市场竞争力,为早日迈入现代化强国的行列打下坚实的物质基础,这也是完善基本经济制度的必然要求。混合所有制经济可以理解为既包括国有、集体等公有制经济,也包括私营、个体、外资等非公有制经济,还包括具有国有经济和集体经济成分的合资、合作经济。一方面,我们要加快国有企业改革,推动国有资本做强做优做大;另一方面,要积极发展混合所有制经济,寻求公有制实现形式的多样化,培育具有全球视野和国际竞争力的企业,激活各类市场主体,大力推进经济改革。党的十九届四中全会之后,我国更是高度重视经济体制改革领域的制度建设问题。

当然,与此同时,我们仍然需要无比清晰地认识到:必须分清公有制经济与非公有制经济的主次地位,要坚持公有制经济在国民经济中的主体地位,这关系到整个社会主义制度的巩固。在当今中国,国有企业在促进社会经济发展中起主导作用,国有经济牢牢控制着国家的经济命脉,公有资产在社会总资产中占优势,这些体现公有制主体地位的方面依然没有改变,这是我国市场化改革保持社会主义方向的关键要素。在今后进一步深化经济体制改革的过程中,我们一定要牢牢把握市场化改革的社会主义方向,无论何时都必须做到"主次分明",即在确保公有制主体地位的前提下再来积极发展非公有制经济。

第十章　西方市场社会主义对中国社会主义市场经济的反面启示

　　西方市场社会主义本身包含众多理论派别,从 20 世纪东欧剧变发生至今,尤其是21 世纪资本主义国家爆发金融危机与债务危机之后,这些西方市场社会主义内含的理论派别呈现出不同的阶段性特征,有个别理论流派之间的某些观点甚至存在相互矛盾之处。我们必须要弄清其提出的社会背景、理论渊源、内涵、实质、发展趋势等,同时运用马克思主义的立场、观点和方法对西方市场社会主义的理论进行正确的评析及定位,分清哪些是正确的,哪些是错误的,而不是简单地罗列观点。不仅仅停留在"事实判断"上,而是要进一步对其进行"价值判断",除了揭示其创新之处之外还要看清其理论缺陷,在此基础上密切联系当今中国进一步完善社会主义市场经济体制、深化改革的现实,深入挖掘出西方市场社会主义从反面对中国社会主义市场经济所具有的启示意义。当然,西方市场社会主义对中国社会主义市场经济也具有正面启示,但无论是正面启示还是反面启示,两者殊途同归,归根结底都对中国社会主义市场经济起到借鉴作用,对我们当下及在今后一段时期内进一步完善中国社会主义市场经济体制具有重要的参考价值。

第一节　避免乌托邦主义倾向

　　众所周知,英国集学者与政治家于一体的托马斯·莫尔是空想社会主义的开山鼻祖,他揭开了空想社会主义的序幕,也使"乌托邦"一词为世人所熟知,不过在人们眼中,"乌托邦"一词蕴含的贬义远远超过其褒义,大家往往带有讽刺意味地将那些不切合实际的幻想称为"乌托邦"。托马斯·莫尔之后,一代又一代的人们不断探索社会主义的各种理论模式,其中不乏先验的、脱离实际的空想与虚幻成分,比如英国的欧文、法国的圣西门及傅立叶等人,他们关于社会主义的天才设想已经被历史证明了带有强烈的空想成分,当然也使其后的学者对社会主义道路的探索"站在巨人的肩膀上"得以继续前行。马克思和恩格斯早已在自己所处的时代对空想社会主义的历史贡献作出了评价,空想社会主义是他们所创建的马克思主义的三大理论来源之一。

西方市场社会主义的最大理论缺陷即具有乌托邦主义倾向,这一不足已经被国内外众多学者批判过,尽管学者们彼此之间存在文化不同、理论立场不同、看待问题及分析问题的视角不同等差异,但是在这一点上却意外地达成了共识。不管是传统西方市场社会主义还是当代西方市场社会主义,它们的理论模式建构的确称得上精彩纷呈、各具特色,但往往在现实世界中践行起来会遭遇重重困难,有的付诸实践之后产生的影响甚微,有的甚至只能停留在理论层面而无法在实践中被实施,在某些西方市场社会主义者所阐述的理论体系中,似乎存在着一堵无形的"墙",有力地隔断了理论向实践的转化。这样的状况既令人担忧,又令人感慨,因为再灿烂的"理论之花"倘若缺乏现实的土壤,终将无法避免凋零枯萎的结局。学术界早就有学者在思考这一重要问题:为什么西方市场社会主义者提出了各种各样的理论模式,但是迄今为止,这些理论模式并没有在现实生活中被大规模践行?毫无疑问,这一反常现象在某种程度上意味着西方市场社会主义的相关理论缺乏一个牢固的、扎实的现实基础,无法做到用实践去检验这些理论的真理性、可行性。反思西方市场社会主义理论症结,我们不难看出引起此种状况的关键因素主要包括主观与客观两个方面,具体如下:

第一,从主观层面来看,主要包含三大原因。

其一,西方市场社会主义各种理论模型本身并非十全十美,而是具有一定的局限性,随着时代的变迁及现实条件发生改变,这些局限性会增加,比如同样是分析市场与社会主义的关系问题,当代西方市场社会主义的观点较之于传统西方市场社会主义的观点,对身处新时代历史方位中的我们而言,具有更现实、更具体的可借鉴意义,这里就存在理论的时效性问题。

其二,有些西方市场社会主义者的理论模型建构过于偏重学理性、思辨性,无法真正落实到实践领域,也就是说,"形而上"的理论阐述过多,而"形而下"的真材实料过少,倘若只是用于纯粹的学术研究也就罢了,但要转化为可操作的现实举措则难度较大。

其三,西方市场社会主义阵营内部的学者们经常相互之间开展理论争鸣,哪怕是处在同一时代背景下的学者,由于他们各自学术背景的不同导致看待问题的角度不一致,而对于那些身处不同时代、不同发展阶段的西方市场社会主义者而言,他们之间的理论变化就愈加明显。不同西方市场社会主义者之间的理论争鸣可以为整个西方市场社会主义学派增添活力,但是一旦产生过度争论之后,容易导致学派的"内耗",有些学者试图"另辟蹊径"来说服理论对手,如此一来就导致理论模式的建构出现不切合实际的状况,同一理论流派中的不同分支相互之间难以达成一致观点,如此一来便难以在整个学派内部之间形成一股"合力"来强化理论的可操作性、可落实性,从而导致整个学派呈现一种乌托邦倾向。

第二,从客观层面来看,主要包含三大原因。

其一,西方市场社会主义者一直生活在资本主义制度下,相对于整个资本主义世界而言,他们是社会中的少数派,并且大多数人为"学院派",而不是"当权派",其中一小部分人在政府部门中担任一定的职务,起到政府智囊团的作用。即使在他们的极力推荐之下,其所处的国家曾经试图将西方市场社会主义的若干理论付诸社会实践过程,但是都没有大刀阔斧地以全民动员的形式来推行,往往导致最后流于形式,没有取得很大的成功。而另外大部分西方市场社会主义者作为学者在高校及科研机构中从事学术研究及教学工作,他们的工作性质在某种程度上会导致理论与实践容易脱节,理论一旦与实践的连接不够紧密,就容易被涂抹上乌托邦色彩,同时他们也没有足够的政治地位和经济力量来主导现实领域中政治制度层面的变革、经济领域中的创新与变革，无法做到言行一致、知行合一。

其二，西方市场社会主义者大多数身处西方发达资本主义国家，这些国家自工业革命开启了现代化进程之后，社会生产力不断提升，目前已经处于"后工业社会"时期，人们普遍享有高度现代化带来的文明成果。这样的社会背景往往导致他们对社会主义的现实境况、发展需求缺乏鲜活的生活体验，相反却对资本主义世界的经济运行机制、经济发展趋势有着鲜活的切身体验，仅仅从怀有的社会主义情结出发，而并不具备社会主义国家的长期生活经验，对社会主义经济体制的最新运行情况并不熟悉，这必然导致西方市场社会主义者在理论模型建构上的乌托邦倾向。

其三，西方市场社会主义者试图实现市场与社会主义的结合，从本质上讲，其价值取向和资本主义的生产资料私有制之间是相矛盾的，也是和资产阶级的根本利益相冲突的，西方市场社会主义者的本意是杜绝社会的不平等现象，从而为广大人民群众谋利益，但是资本主义制度本质上是代表了少数社会成员利益的一种制度，因此在资本主义制度下是不可能真正实现市场和社会主义的价值目标相结合的，占据主导地位的资本主义世界的统治者不会甘心退出历史舞台，他们会积极运用各种意识形态统治工具和手中的实权来阻挠以西方市场社会主义者为代表的一切西方左翼力量的努力，不让西方左翼学者有机会在实践中贯彻落实为资本主义找到的包括西方市场社会主义在内的各种"可替代方案"，他们要么对西方左翼学者的理论批判嗤之以鼻、不予理睬，要么或明或暗地对部分西方市场社会主义者予以打压，这种打压就如同资本主义世界的统治者对真正的社会主义者进行打压一样，这是导致西方市场社会主义的理论无法付诸实践的一个重要客观因素。

从以上的分析我们可以大致窥见造成西方市场社会主义乌托邦倾向的主观及客观方面的原因。可以说，乌托邦主义倾向构成了西方市场社会主义的理论"短板"，这一点令人遗憾。其中既有理论本身的客观漏洞，又有理论创建者自身的主体条件限制，还有其他方面的因素，这些因素致使西方市场社会主义更多地表现为一种理论上的抽象，而远远不是现实中的具体，西方市场社会主义往往立足于经济领域,尝试通过发挥市场机制的作用来解决效率、平等及其他多方面的矛盾,而缺乏与之相配套的哲学层面的理论支撑。西方市场社会主义者运用的理论分析工具依然以西方主流经济学为主,特别是深受以米瑟斯和哈耶克为代表的新自由主义经济学的影响,当然,同时也交错掺杂了部分马克思主义政治经济学的视角,这样的理论分析工具与理论视野和在马克思主义哲学、马克思主义政治经济学及科学社会主义指导下形成的中国社会主义市场经济理论具有很大不同。在以下的行文过程中,我们将结合西方市场社会主义的具体内容来反思其乌托邦色彩,在此基础上再来深入思考中国社会主义市场经济如何更好地避免乌托邦主义的问题。

举例来说,在前一章中我们曾经重点阐述过西方市场社会主义所提出的“社会所有制”,这是很多西方市场社会主义者所达成的共识,即在所有制层面主张社会所有制。在他们看来,与市场机制发挥作用相映生辉的既不是完全的资本主义私有制,也并非单一的、传统的社会主义公有制,而应当是奉行分权形式的社会所有制,比如资本和利润的社会化和公有化。推崇社会所有制这一鲜明特征甚至使有的国外学者在定义“市场社会主义”概念之时直接将其与社会所有制相连。这方面的典型例子是米勒“合作制的市场社会主义模式”。在他构想的社会主义蓝图中,资本所有权将实现全然的社会化,在充分发挥工人合作社的作用下,工人通过高度的自治行为来实现对企业生产的掌控和民主管理,从而实现真正的社会平等。不得不说,米勒的设想很有创新意蕴,也符合社会主义的价值目标,但是从理论到实践之间的跨度实在太大,令人望而生畏,难免带有乌托邦色彩。一方面,将资本主义制度之下的广大私有企业的主导权和所有权从资本家那里转移到普通工人手中,必然不是一件轻而易举的事情,必然会严重损害资本家的根本利益、既得利益,也必然激起他们的强烈抵制,若是没有强制措施是根本不可能实现的。另一方面,假设工人获得私有企业的主导权和所有权之后,他们具体应当如何以合作制的形式实现对企业的高效管理,在这一点上米勒也没有解释清楚,相关设想相当模糊,更不用说如何付诸实践了。皮尔森对西方市场社会主义倡导的社会所有制进行了这样的评价："尽管消除大规模的资本私人拥有对于市场社会主义模式具有无可怀疑的重要性，但是作为替代资本私人所有制的社会所有制的适当形式仍是非常不清晰。"①由此，我们可以从中窥见西方市场社会主义的乌托邦主义倾向，我们不禁感慨：只有理论建构而没有现实措施，只能流于口号、止于臆想。实际上，许多西方市场社会主义者只注重经济制度的改革，而忽略相应政治制度和其他制度的同步调整改变，这样的经济制度变革缺乏基本的制度保障，必然无法实现。

尽管西方市场社会主义存在上述理论缺陷，但是我们作为社会主义制度下的马克思主义理论研究者与传播者，应当充分理解西方市场社会主义者所处的现实环境、所面对的复杂状况以及所感受到的各方面压力，并应当深刻意识到以西方市场社会主义者为代表的所有西方左翼学者的难能可贵之处。他们对社会主义、共产主义事业的钟情及对资本主义现实社会中那些阴暗面的揭露与批判，使世人对社会主义与资本主义这两种截然不同的制度有了更全面、更深入的了解。尤其值得一提的是，他们在现实世界中的社会主义运动遭遇重大挫折，一些西方发达资本主义国家右翼政客及右翼学者因此而攻击社会主义、共产主义的特殊历史时刻，勇敢地站了出来，抱着大无畏的精神与这些甚嚣尘上的反社会主义、反共产主义言论进行斗争，通过自己的努力大胆地设计未来社会主义的蓝图，这些贡献有目共睹。可以说，西方市场社会主义者的种种努力与我们遥相呼应、相互支持，不愧是我们在当今西方发达资本主义国家中有力的"同盟军"。

当然，在警惕西方市场社会主义整体上呈现的乌托邦倾向之时，我们也不能出现"一刀切"的现象，即因此而否定有一部分西方市场社会主义的理论模式在现实中被予以一定程度地实施，并产生了一定的社会影响。以传统西方市场社会主义为例，锡克、科尔内等人的理论模型对包括捷克和匈牙利在内的东欧社会主义国家的经济改革起到了一定的实际推动作用，显示

---

① ［英］克里斯托弗·皮尔森：《新市场社会主义：对社会主义命运和前途的探索》，姜辉译，东方出版社，1999 年，第 121 页。

出强烈的现实关怀及可操作性。举当代西方市场社会主义的例子来说,以米勒为代表的英国市场社会主义者的理论对英国工党在政治困境中寻求一条改革新路而言,具有积极的意义,虽然在实践领域的贯彻执行不尽如人意,带有一定的乌托邦主义倾向,但是具有一定的社会基础,体现出理论与现实的结合,换言之,其乌托邦色彩没有其他西方市场社会主义者的理论那样浓重。

对于西方市场社会主义的乌托邦倾向,我们不仅要用一双理论的"火眼金睛"辨析清楚,还要适时地反观自身,居安思危,为避免在进一步完善中国社会主义市场经济体制的过程中出现可能的乌托邦倾向而保持高度警惕。从过去的经历来看,在新中国成立初期,我国在经济发展领域曾经一度出现过"大跃进"的乌托邦倾向,这一倾向试图跨越好几个发展阶段而直接进入共产主义社会,事实证明这是极端错误的,使我国的经济发展受到重创。所幸我们清醒地意识到了这一错误倾向,并及时在随后的实践过程中加以纠正。自改革开放开创了中国特色社会主义事业之后,特别是中国特色社会主义迈入新时代的历史门槛,其显著特征之一便是现实性。中国特色社会主义理论体系的生成及发展演变可谓"生于实践,长于实践,成于实践,用于实践",其与中国社会每一阶段的最新国情发展紧密结合,牢牢扎根于中国大地,以从上到下、全国一盘棋的大规模实践活动为基础,做到一切从实际出发,具体问题具体分析,使理论从实践中诞生又回到实践经受检验,并在新的实践的基础上得到"质"的提升,如此循环往复,让理论的创新与实践的发展密切相连,保持一个动态的往复过程。无论是中国特色社会主义理论还是中国特色社会主义实践,都呈现勃勃生机。就中国社会主义市场经济体制而言,其建立与完善都是立足中国的现实土壤之上的,根据具体国情的变化予以相应的调整,真正做到了"审时度势""与时俱进",避免存在理论与实践"两张皮"的现象,有效避免了乌托邦倾向。虽然这些经验值得我们引以为傲,但是在未来漫长的经济体制改革创新道路上,谁也无法准确预测到将会出现哪些挑战和变数,只有认真反思西方市场社会主义具有的乌托邦主义理论缺陷,才能使中国社会主义市场经济的建设工作"防患于未然",有效减少或避免危机出现的概率。

第二节 注意改良主义倾向

改良主义倾向是国内学者对西方市场社会主义的理论进行反思的另一个焦点。西方市场社会主义者阵营中,除了传统西方市场社会主义理论流派中有部分来自东欧地区的学者曾经生活在社会主义制度下之外,其他绝大多数学者身处资本主义制度之下,特别是当代西方市场社会主义理论流派中的学者,基本上都来自英国、美国等西方发达资本主义国家。这些学者中尽管有些人曾经实地到访过中国,对中国这样现实世界中的社会主义国家的相关情况有了进一步的了解,但是仅仅利用短暂来华进行学术访问的机会,对中国具体国情的了解依然不够深入和全面。除了少数到访过中国的西方市场社会主义者之外,其他大部分人对社会主义国家的了解以书面知识、间接了解为主,缺乏持续、形象的具体生活体验,相对而言,他们对资本主义制度及其框架内的市场运行机制有着更为直观的感受和更为丰富的体验。这也是为什么在如何看待市场与社会主义的结合问题上,西方市场社会主义,特别是当代西方市场社会主义,更加重视市场经济的主导地位,寄希望于通过社会主义元素对市场经济的有益补充来克服单一市场经济运作产生的弊端的一大原因。与之不同,中国社会主义市场经济则在市场与社会主义的结合问题上更加注重社会主义的主体地位,在坚持社会主义制度的前提下再来看待市场机制的运用问题,希望通过市场杠杆发挥作用来实现为社会主义经济增添灵活性、自由度和生命力的目的。

一般而言,西方市场社会主义者主要在经济领域中就市场与社会主义的关系问题进行探讨,并设计可能的资本主义替代方案,尝试推动资本主义道路向社会主义道路的转变。但是,仅仅集中在经济领域就事论事是远远不够的,经济领域的创新变革必然与政治领域、文化领域及社会领域等的创新变革紧密相连、相辅相成。关于这一点,事实已经证明,历史上每一次重大的经济体制改革都牵涉到社会的方方面面。而西方市场社会主义者提出的理论模式往往缺乏与之相配套的社会其他领域的变革措施,一旦社会中占主导地位的阶级其利益受到损伤,这个阶级必然会利用自身的统治地位,拼尽全力抵制社会的变革以维护切身利益。西方市场社会主义者试图立足西方的自由民主制度之上,通过在自由市场机制中渗透社会主义元素,从而达到对资本主义制度进行“修修补补”的目的,而在资本主义如何向社会主义过渡及社会主义如何向后社会主义——共产主义过渡等关键问题上存在“理论的空场”。西方市场社会主义这一理论弱点很容易被人所攻击。

　　从西方市场社会主义者所构建的各种理论模式来看,虽然他们都十分强调对自由、平等、公正等社会主义传统价值目标的追求,但他们并不怀有传统社会主义者的革命热情,不会全盘否定资本主义制度,并尽情讴歌社会主义与共产主义,也并没有明确的目的和翔实的计划去试图推翻整个资产阶级的统治。一方面,他们的经济改革主张经常停留在社会经济活动的表面而没有碰触到资本主义经济制度的关键部分,即没有从根本上去除或淡化资产阶级在生产资料的占有及利益获取上的主体地位和优先权。另一方面,他们的经济改革措施仅仅局限在资本主义经济制度统治之下的社会经济领域内,尽管他们的本意是在西方的自由市场机制中渗透某些社会主义元素,但是根本没有与之相对应的属于社会主义性质的政治、文化及社会制度等作为基础保障,所以在操作实施层面是无法真正实现平等、自由及公平等社会主义的价值目标的。因此,我们可以毫不客气地进行属性判断,西方市场社会主义试图创建一个处于资本主义社会向社会主义社会过渡的特殊的社会阶段,属于一种不改变社会根本政治制度的改良主义设想。至于这个过渡时期究竟如何由理论走向现实,则缺少明确的步骤和举措,西方市场社会主义者自己也没有明确的目标。有学者这样说道:“我认为,当代西方市场社会主义在政治上也明显地表现为改良主义的性质,这是由于它既缺乏‘过渡’的基础和环境,又缺乏‘过渡’的机制,更缺乏‘过渡’的主体。”①虽

---

　　①　张志忠:《当代西方市场社会主义思潮:模式、理论与评价》,内蒙古大学出版社,2006 年,第297 页。

然这里所说的是"当代西方市场社会主义",但因为其无论是在时间跨度还是在主要内容上都与当下紧密衔接,所以我们可以这样认为:当代西方市场社会主义的这方面特征表征了整个西方市场社会主义的大致理论趋势。

有一点我们应当清楚地意识到,西方市场社会主义者虽然都不同程度地提出了各种社会主义的价值目标,但是他们拥护的社会制度依然是在资产阶级政党领导下的西方传统的自由民主制度,他们关心的是资本主义社会的经济体制而不是其他的上层建筑。他们所处社会的一切上层建筑都是与资本主义制度相适应的,这些资本主义上层建筑的唯一功能就是为了维护资本主义私有制,维护资产阶级的根本利益及其统治。对此,俞可平在《全球化时代的"社会主义"》一文中这样评价道:"一定的经济制度总是与一定的政治制度相联系。20 世纪 90 年代的一些西方社会主义学者在为未来的社会主义设计出新的经济体制的同时,也在思考相应的政治体制。不过,他们对政治体制的关注远远比不上对经济体制的关注,这或许是因为在他们看来,经济体制不仅比政治体制更具有根本性意义,而且对于现实的社会主义来说具有更大的紧迫性。在 90 年代以来对社会主义的重新反思过程中,他们把主要精力放到了经济体制上,还来不及详细思考社会主义的政治体制。"[①]

与西方市场社会主义的改良主义倾向全然不同,中国社会主义市场经济体制是在中国共产党领导带领全国人民不断摸索、反复思考的过程中建立并不断加以完善的,是无产阶级的政党为了实现国家富强与民族伟大复兴而义无反顾选择的一条经济发展道路。这一经济发展道路,或者更确切地说,这一经济发展模式以社会主义基本经济制度为框架,同时以社会主义政治制度、社会主义文化制度及社会主义生态文明制度等社会主义性质的上层建筑为保障,它与我国的整个社会主义制度是相一致的,和我国目前的社会主义上层建筑之间可以不断调整、不断适应、相互促进,尽管其中也会

---

① 李惠斌、叶汝贤主编:《当代西方社会主义研究》(第四卷),社会科学文献出版社,2006 年,第 17 页。

产生一些局部的摩擦与阻力,但总体上是相融合的。胡锦涛早在2011年7月庆祝中国共产党成立90周年大会上就已经指出:"中国特色社会主义制度,是当代中国发展进步的根本制度保障,集中体现了中国特色社会主义的特点和优势。我们推进社会主义制度自我完善和发展,在经济、政治、文化、社会等各个领域形成一整套相互衔接、相互联系的制度体系。"①这些具有社会主义性质的制度体系其中就包括中国社会主义市场经济体制,它和社会主义性质的其他各类上层建筑相互配合、协调一致,一起为我国的广大人民群众提供服务,维护广大人民群众的切身利益,传递人民群众的呼声与要求,通过经济社会的不断发展,为每一位社会成员谋福祉。正如习近平总书记在庆祝新中国成立65周年招待会上的讲话中所指出的那样:"我们要坚持以经济建设为中心、以科学发展为主体、以造福人民为根本目的,不断解放和发展生产力,全面推进经济建设、政治建设、文化建设、社会建设、生态文明建设,不断开拓生产发展、生活富裕、生态良好的文明发展道路,为实现全体人民共同富裕而不懈努力。"②

除此之外,一些西方市场社会主义者在反思高度集中的中央计划经济、推崇发挥市场机制效能的过程中,出现了理论的一些偏差现象。比如,布鲁斯和拉斯基在《从马克思到市场——社会主义对经济体制的求索》一书中,强调追求平等及社会福利的极端重要性,这已经在一定程度上使社会主义的关键特征发生了微妙的转换,一般而言,人们通常将公有制为主体的基本经济制度视为社会主义区别于其他各种主义的主要特征所在,但是按照布鲁斯和拉斯基的思路,不难看出对"福利国家"的推崇。显然,布鲁斯等人阐述的西方市场社会主义出现了民主社会主义或者说社会民主主义的倾向。在这一点上,罗默构建的西方市场社会主义也在一定程度上出现了类似的趋势。不过罗默理论中的这一趋势明显弱于布鲁斯和拉斯基等人理论中的这方面趋势。

---

① 《胡锦涛在庆祝中国共产党成立90周年大会上重要讲话精神学习问答》,党建读物出版社,2011年,第7页。

② 《十八大以来重要文献选编》(中),中央文献出版社,2016年,第82页。

众所周知,民主社会主义或者说社会民主主义试图走"第三条道路",但是最终偏向了资本主义道路,其实质是一种典型的改良主义,旨在将资本主义制度中的关键词"民主"和社会主义制度中的关键词"社会主义"两者结合起来,从而融合资本主义与社会主义各自的长处,达到"折中"的目的。当然,事实已经证明,这样的做法最终归于失败,民主社会主义或者说社会民主主义成了资本主义的一个"变种"。对"福利社会"的追求是民主社会主义或者说社会民主主义的一贯做法,而布鲁斯和拉斯基的观点具有这方面的倾向。

针对西方市场社会主义所具有的改良主义倾向,我们应当全方位、多角度进行审视,密切注意西方市场社会主义这方面的发展趋势,分清楚其中的哪些观点受到了资本主义意识形态的影响,哪些观点因涉及资本主义国家统治阶级的根本利益而表现出言不由衷的特点,哪些观点体现了该理论学派的学者由于长期身处资本主义制度之下而形成的自身认识的不足之处等,并从这些理论缺陷身上寻找到可供我们保持警醒的地方。在辨析、反思及批判的同时,再充分挖掘西方市场社会主义对于中国社会主义市场经济改革创新所具有的正面启示意义,通过正、反两方面意义的挖掘,全面促进中国社会主义市场经济体制的不断完善,使市场与社会主义的结合在社会主义的中国具有最佳模式。

第三节 警惕新自由主义倾向

当人们反思西方市场社会主义的理论缺陷之时,通常将其乌托邦主义倾向和改良主义倾向作为两大不足之处,往往容易忘记其新自由主义倾向,因为这一倾向经常与改良主义倾向混合在一起,所以会导致人们遗漏。

举例来说,西方市场社会主义者在试图用市场机制的自由、灵活特点去替代传统计划经济的单一、僵化之时,一定程度上就出现了新自由主义的倾向。布鲁斯和拉斯基在 1988 年的时候这样说道:当命令体制在我们的祖国波兰以及整个苏联集团内的令人沮丧的经历促使我们在 20 世纪 50 年代中期以后寻求改革的前景时,我们还是一直在努力寻求折中的解决办法,力图把宏观经济的集中计划同市场调节下国有企业的自主权融合在一起。但是,我们随后对包括中国最近十多年改革在内的曲折的各国改革过程进行了持续的和仔细观察,得出的结论(现在已经不特别新颖了)是,这一折中方法在理论上是不能成立的,如果市场化是变化的正确方向,那就应该始终如一地走下去。在实践中,早在20世纪80年代,致力于经济改革的大部分国家已经开始显示出走向完全的市场社会主义的趋势。这段话显然对于市场机制过于依赖,对于其发展前景过于自信,体现出一定的新自由主义倾向,这也提醒我们要注意,西方市场社会主义在揭示、批判传统计划经济并力主实现由计划经济向市场经济转变的过程中,一不小心就会走向另一个极端,即推崇彻底的市场化,那就会徘徊在西方自由民主制度的边缘,甚至主动向其靠拢。

说到西方市场社会主义的新自由主义倾向,排除布鲁斯和拉斯基等少数学者的理论之后不难看到,从整体上来说,当代西方市场社会主义的理论比传统西方市场社会主义的理论表现得更为明显一些。比如,在国家宏观调控对经济运行所发挥的作用方面,西方市场社会主义者的理论也体现出新自由主义色彩,而当代西方市场社会主义则比传统西方市场社会主义在这方面更突出一些。按照当代西方市场社会主义者的理论视域来看,他们往往只承认市场的作用而忽略了政府计划调控这只"看得见的手",而中国社会主义市场经济既承认市场的功能,但是也注重国家的宏观调控这只"看得见的手"。可以这么说,当代西方市场社会主义者基本上都是自由市场机制的拥护者,他们片面地强调自由市场在资源配置上的优势,将市场的作用绝对化,忽略或者轻视国家对经济的宏观调控,即便有一些理论家主张对经济进行一定的干预,也主要集中在现代企业制度的创建和完善方面,没有大面积地运用于社会经济发展的过程。经常被当代西方市场社会主义者有意无意遮蔽的一点是:市场机制本身具有一定的弊端或者说包含相当程度的风险,比如它的发展的盲目性、产业环节断裂所导致的可能的危险性、过度自由带来的生产的无序性、纯粹追求利润所产生的对资源的浪费现象、因追求利益而导致的对社会公平与平等的破坏性,以及急功近利原则主导下造成的国民经济结构畸形发展带来的不平衡性等。

自由市场机制蕴含的这些弊端恰恰可以通过运用国家宏观调控来予以解决。当然,国家计划或者说政府干预也必须保持一定的"度",过多会造成经济体制的僵化、市场机制的失效,过少则无助于解决现实问题。只有在市场这只"看不见的手"和政府计划调控这只"看得见的手"共同采取的"双手控制"之下,才能保证市场机制的有效运行。中国社会主义市场经济强调一方面要让市场在资源配置上起决定性作用,另一方面要更好发挥政府作用,也就是说,被当代西方市场社会主义者经常忽视的国家宏观调控在社会主义市场经济中同样发挥着重要作用。举例来说,中国的经济在 2008 年金融危机中受到了较大的影响,为了保证社会主义市场经济的正常运作,中国政府对经济运行进行了一系列宏观调控,体现了社会主义制度的优越性。无论是中国政府的救市行为还是美国政府和欧盟其他国家的救市行为,都表明不能过度迷信于市场,市场本身的某些缺陷依然需要政府运用行政手段予以克服。因此,"市场经济未必就是'好的'经济;对于包括中国在内的发展中国家和转型国家来说,避免掉进'坏的'市场经济,掉进'裙带资本主义''权贵资本主义'的陷阱,为市场经济的良性运作提供一个制度上的保障尤为重要"①。

在主张通过国家宏观调控对经济运行发挥作用这一点上,除了布鲁斯和拉斯基等少数人之外,大部分传统西方市场社会主义者都有这方面的认识。他们一开始是在传统计划经济的基础上再来尝试结合市场元素的,寄希望于通过市场机制的运用来激发传统社会主义的活力,也就是说,对于市场机制抱有很大期望,但是并没有像当代西方市场社会主义者那样依赖市场、高度信任市场。因此,他们大多数没有全盘否定国家对经济的宏观调控。这一点与传统西方市场社会主义者生活的时代息息相关,毕竟大部分传统西方市场社会主义者从小生活在东欧社会主义国家,受到了传统社会

---

① 复旦大学社会科学基础部编:《社会主义:理论与实践》,复旦大学出版社,2010 年,第 182 页。

主义理论的长期熏陶,他们当中很多人亲身经历了计划经济向市场经济的过渡,希望通过自己理论模式的建构为传统社会主义寻找到改革创新的突破口。

西方市场社会主义新自由主义的倾向,深深地提醒我们一定要摆正市场与社会主义的位置,只有立足所处社会基本政治制度的基础上,再来看经济体制的改革问题,才不会出现各种形式的偏差。我国是社会主义国家,毫无疑问,我国的经济体制改革必须牢牢置于社会主义基本制度的框架内来展开。我们应当在社会主义基本制度的框架内尽可能发挥市场机制的长处。回顾我国的历史,从脱胎于半殖民地、半封建社会到经过新民主主义革命进入社会主义初级阶段,落后的社会生产力与随之而来物质产品的欠缺构成了我国社会主义的先天"短板",弥补这一"短板"的关键在于尽快发展我国的社会主义经济,巩固物质基础。实践已然证明,实现市场与社会主义的有机结合,是促进我国经济快速发展的有效途径与必要手段,但这一结合不是走所谓的"第三条道路",这条道路貌似不"左"不"右",实际上最终会滑向资本主义的泥潭,而我国是在社会主义的基本制度框架内探索市场机制的有效运用,旨在利用社会主义制度的优越性和市场机制的效用促进社会生产力在较短的历史周期内快速发展。在我国,市场机制是社会主义制度不断自我完善与发展的重要手段,而不是基本政治制度变换的"催化剂"或"助推器"。

历史已经证明,仅仅注重经济活动的计划性而排斥市场运作的力量,就会使经济发展缺乏灵活性及驱动力。而相当多的现实案例则显示,从优化资源配置的角度来看,市场机制无疑是最有成效的,这是资本主义在自身发展过程中对人类社会进步所做出的重要贡献,但是市场机制并非完美无缺,其固有的弊端是发展的无序性与盲目性,尤其是在资本贪婪本性的推动下,一切以"利"字当头,忽视社会的公平、正义等价值目标。因此,如果完全放任市场机制的自由、随性发展,对自由市场机制过度推崇,必然会导致市场失灵,并导致整个社会的无序、失控、失范局面。比如在资本主义国家的发展史上就曾经出现过多次严重的经济危机,这些经济危机使资本主义国家在当时的历史语境中,社会的经济发展受到严重打击。此外,近年来在西方发达资本主义国家发生的一系列金融危机,也充分印证了完全自由市场机制的固有弊端,资本疯狂自我增值、自我扩张的贪婪本性若没有得到很好地掌控,必将吞噬其自身并进而对整个资本主义制度造成致命打击。

分析了西方发达资本主义国家对市场机制的运用情况之后,再来分析我国对市场机制的运用情况。我国是社会主义国家,采用的是社会主义市场经济体制,与西方发达资本主义国家所采用的自由市场机制有着本质的差别,制度优势非常明显。我国对市场机制的运用必须置于社会主义的基本制度框架内,这一点关系到举什么样的旗帜、走什么样的道路及中国今后往何处去等一系列重大问题,还关系到整个中国社会的长治久安问题。通过在坚持社会主义制度的首要前提下,再来思考如何充分发挥社会主义制度的优越性,可以使市场机制的运用"扬长避短",发挥出最大功效。反过来,完善的中国社会主义市场经济体制能够从一个方面反映中国社会主义制度较之于西方资本主义制度所具有的独特优越性。换言之,我国的社会主义市场经济体制既符合市场经济的"游戏规则",又体现出鲜明的中国特色,既能充分发挥社会主义制度的优越性以消除市场机制所具有的弊端,又能利用市场经济的优势充分调动和发挥社会主义制度的优越性,两者之间相辅相成。实践证明,经过四十多年改革开放的探索,市场机制在推动我国经济发展方面显示出越来越重要的作用,人们对其的态度也由开始的排斥转变到如今的普遍接受、广泛认同。

毫无疑问,我国坚持在社会主义制度框架内推进市场化改革和市场化转型是正确的历史选择,不仅使我国迅速融入全球经济一体化进程,而且凸显本国特色,为广大发展中国家,尤其是其他的社会主义国家,提供了具有强大说服力、生动性、可操作性的现实范例。举例来说,与资本主义国家相比,体现我国社会主义制度优越性的一点,即具有一个强而有力、一心为民谋福祉的政府,这样的政府能够统筹的资源多,容易集中力量为人民办实事、办大事。显而易见,政府对经济的宏观调控与市场机制发挥作用之间必须及时相互调整、相互适应,要恰当把握两者之间的"度"。为了促进市场机制的张力与活力,我国已经进一步转变政府职能,更好发挥政府促进、规范市场发展的积极作用。在今后我国进一步推动市场化改革的过程中,我们要继续坚持在社会主义制度框架内开展社会主义性质的经济体制改革,从西方市场社会主义那里吸取教训,在理论与实践两个方面都高度警惕新自由主义倾向。

结　语

　　回顾过往，中国自改革开放以来就一直致力于探索市场与社会主义的关系问题，这一问题构成了中国社会主义市场经济的核心问题。当然，探索市场与社会主义的关系问题不是一朝一夕就可以完成的，而是一个逐步展开、日益深入、长期实践摸索的过程，时至今日，我们依然没有很好地研究清楚这一问题的细枝末节，一些方面还留有较大的探索空间。从总体上来看，中国特色社会主义对市场与社会主义关系问题的探索无疑是成功的，这种探索为中国特色社会主义事业兴盛奠定了良好的社会经济基础。毋庸置疑，深入探讨市场与社会主义的关系问题是中国特色社会主义有关社会主义市场经济的重要理论创新之处。我国的经济体制改革遭遇过曲折，有过反思，更取得了令世人所瞩目的辉煌成就，这些经历从一个侧面反映了我国由简单效仿其他国家到将马克思主义基本原理、方法和本国具体国情相结合进行自主摸索、主动创新的过程。

　　立足当下，新时代中国特色社会主义正释放出强大的生命力与正能量，我们肩负中华民族伟大复兴的光荣使命，坚守共产主义崇高理想，大力推进市场化取向的经济体制改革，在新时代的坐标体系中大踏步向富强、民主、文明、和谐、美丽的社会主义现代化强国目标不断迈进。聚焦经济领域，现阶段我国正在实施新一轮的深化经济体制改革，我们应当牢牢把握住时代赋予的新契机，依据新形势，继续探索以市场与社会主义的关系为核心的一系列重大现实问题。与此同时，我们要清醒地认识到，伴随着 2020 年初以来出现的一些新情况，我国的经济发展正面对巨大挑战。从国际形势方面，也就是"世情"角度来看,全球化、信息化、网络化语境中的国际政治气候本来就复杂多变,充塞各种不确定因素,潜藏着各种风险危机,既有"蝴蝶效应",又有"蒲公英效应",一旦发生金融风险或者生态风险,几乎没有哪一个国家或者地区可以做到"独善其身",这就是习近平主席在多个重要场合反复强调的"人类命运共同体"理念。随着新冠肺炎疫情在全世界范围内到处肆虐,"人类命运共同体"理念所体现的深刻洞见及长远意义被世界上越来越多的人所认同,其重要性及紧迫性不言而喻。这场摆在全世界人们面前的特殊"战役"致使全球经济发展遭遇到了前所未有的困难,国际经济形势整体不容乐观,经济下行趋势日益明显。我国的经济以出口导向型为主,因此不景气的世界经济形势必然会对我国的经济发展产生极大的负面效应,再加上我国经济的快速发展一直以来令某些西方发达资本主义国家"如鲠在喉",它们紧紧抓着所谓的"中国威胁论"及"中国阴谋论"不放手,试图通过政治干扰、经济限制及文化排斥等种种手段来达到遏制中国的目的,这样一来我国经济进一步发展遭遇到的各方面阻力可想而知。

以美国为例,一方面不断制造中美贸易争端,由早期的"贸易摩擦"逐步转变为后期的"贸易战",试图通过贸易领域的遏制对我国实施严厉打压;另一方面又持续在外交领域用各种辞令诋毁中国。当然,正所谓"清者自清,浊者自浊",以此次新冠肺炎疫情为例,我国在疫情中沉着应对,充分发挥"集中力量办大事"的制度优势,全国团结一致、上下一心,驰援疫情重灾区,在习近平总书记的指挥带领下全民齐心协力抗击疫情,从而有效控制住了疫情在国内的进一步扩散。在我国国内疫情防控情况向好、取得阶段性胜利的同时,我们又积极主动地向世界其他受疫情影响的国家与地区给予人力、物力及财力的实质性援助,真正体现了一个大国的担当与情怀,用实际行动赢得了世界人民的尊重,充分彰显了习近平总书记所提出的"人类命运共同体"理念的丰富理论内涵及现实意蕴。

从国内最新发展状况,也就是"国情"角度来看,随着改革开放以来我国经济连续多年的快速增长,目前已由高速增长阶段转向高质量发展阶段。具有"摸着石头过河"鲜明特征的经济体制改革正处于实践创新的攻坚期,随着经济改革往纵深推进,所遭遇到的阻力会相应加大,经济体制改革的难度系数必然会增加,可能会遭遇各种形式的"反弹"。而突如其来的一场重大公共卫生事件——新冠肺炎疫情的出现,使我国的经济发展整体趋势不容乐观,经济体制改革创新领域感受到的压力增加。疫情发生以后,我国很多企业生产按下了"暂停键",不仅生产的状况如此,消费的状况也几乎止步不前,国内的旅游市场、服务行业等都受损严重,曾一度出现了"停摆"的局面。随着国内疫情防控日益趋向稳定,各行各业才开始陆续复工复产,但是疫情带来的"后遗症"仍然不容小觑。随着疫情在全球范围内的扩散,我国的外贸企业受到严重影响,外贸订单明显减少,对外贸易量明显下降,不少企业面临生存危机。想要在国内外双重压力之下化"危"为"机",进一步加快产业转型升级的步伐,提升企业的自主创新能力,尤其是不断强化企业的科技创新能力,需要调动各方面的力量来共克时艰。

在这样一个出现全球重大公共卫生事件的紧要历史关口,面对疫情全球蔓延的现实语境以及随之而来的经济发展面临更大挑战的"后疫情时代",进一步深化我国的经济体制改革,在国内外层层压力之下保持我国经济的平稳增长,不断向社会主义现代化强国目标奋进,我们必须要牢记以下两点:

第一,坚持中国共产党的领导。回顾新中国成立七十多年来的历史进程可以看到,我国革命与建设事业取得成功的关键因素是拥有一个强而有力、富有担当意识、一心为民的执政党——中国共产党。从战争年代的"革命党"到和平时期的"执政党",无论时代如何变迁、场景如何转换,中国共产党始终站在历史发展的最前沿,用敏锐的洞察力准确把握时代发展的脉搏,以卓越的政治远见、非凡的勇气与担当成为我国新民主主义革命和社会主义建设事业的领导核心。中国共产党的领导发挥了凝心聚力、统一共识、催人奋进的重要作用,在革命年代形成了高度的向心力,在和平时期又使人们对社会主义建设事业形成了高度自觉与充分自信。在新时代的新起点上,作为人民高度信任的执政党,以习近平同志为主要代表的中国共产党人不忘初心、牢记使命,不断加强自我建设和自我能力提升,带领中国人民不做时代的跟随者,而做时代的"弄潮儿",在保持改革逻辑连贯性的同时兼具动态调整的自我革新意识,向社会主义现代化强国的目标发起冲刺。毫无疑问,只有坚持党的领导,才能保证我国各个领域的稳步前进,才能及时应对前进道路上的各种风险挑战。党的十九届四中全会通过的决定指出:"中国共产党是中国特色社会主义最本质的特征,是中国特色社会主义制度的最大优势,党是最高政治领导力量。必须坚持党政军民学、东西南北中,党是领导一切的,坚决维护党中央权威,健全总揽全局、协调各方的党的领导制度体系,把党的领导落实到国家治理各领域各方面各环节。"①

以新冠肺炎疫情为例,以习近平同志为核心的党中央多次召开会议商讨"战役"部署,习近平总书记还亲临武汉考察疫情防控情况,体现了党中央对疫情防控工作的高度重视。在抗击疫情的一线,无论是医护人员队伍,还是社区干部队伍,广大党员同志充分发挥先锋模范作用,面对危险,身先士卒,得到了人民群众的一致好评。党的领导至关重要,这一点对于抗击新冠肺炎疫情如此,对于我国的经济体制改革更是如此。习近平总书记指出:"加强党对经济工作的领导,有利于集思广益、凝聚共识,有利于调动各方、形成合力。"②只有坚持党的领导,才能保证我国在进一步深化经济体制改革过程中始终保持清醒的头脑和正确的方向,不重蹈苏联的覆辙,使中国特色社会主义事业在新时代不断往纵深发展,引领世界社会主义运动迈上新台阶。

第二,坚持以人民为中心,始终将人民的根本利益作为经济体制改革的出发点与落脚点。新中国成立至今,在党的坚强领导下,我国社会处于持续的变革与发展之中。从站起来到富起来再到强起来的伟大飞跃,都离不开人民这一主体。在新冠肺炎疫情期间,广大人民群众紧紧团结在以习近平同志为核心的党中央周围,积极配合党和政府的部署要求,心往一处想,劲

---

① 《〈中共中央关于坚持和完善中国特色社会主义制度、推进国家治理体系和治理能力现代化若干重大问题的决定〉辅导读本》,人民出版社,2019 年,第6页。

② 中共中央文献研究室:《习近平关于社会主义经济建设论述摘编》,中央文献出版社,2017年,第318页。

往一处使,万众一心全力防控疫情。这一点常常令一些国外的专家和政客感叹:每一个中国人都清楚地知道自己在这一场特殊战役中的位置,都积极配合相关疫情防控工作。而中国人民对于疫情的有效防控,不仅阻止了疫情在国内的进一步扩散,而且为世界人民赢得了宝贵的时间。在这场特殊的"战役"中,中国向全世界人民展示了中国特色社会主义制度的优越性,特别是中国共产党在疫情过程中始终坚持的人民至上价值取向,调动一切力量与资源积极挽救每一个生命,切实保障人民群众的生命安全和根本利益。

回顾中国的近现代史,中国人民曾经饱受苦难,也因此而自力更生、发奋图强,在遭遇重大疫情的特殊历史时刻,更是体现了同仇敌忾、战胜病毒恶魔的坚定决心。新时期深化经济体制改革是一项时间跨度大、新问题不断涌现的伟大工程,既需要在理论上勇于创新、善于创新、乐于创新,使马克思主义的理论精髓与中国的最新社会现实紧密结合,又需要在实践中敢为人先、敢于试错,不断开拓新时代中国特色社会主义事业发展新领域,而理论与实践相辅相成的最终指向是提升人民的幸福指数。习近平总书记指出:"必须坚持人民主体地位,坚持立党为公、执政为民,践行全心全意为人民服务的根本宗旨,把党的群众路线贯彻到治国理政全部活动之中,把人民对美好生活的向往作为奋斗目标,依靠人民创造历史伟业。"①党的十九届四中全会通过的决定也再次强调:"我国是工人阶级领导的、以工农联盟为基础的人民民主专政的社会主义国家,国家的一切权力属于人民。必须坚持人民主体地位,坚定不移走中国特色社会主义政治发展道路……"②因此,我们在发挥市场机制最大效能以加快经济社会发展的过程中,必须始终坚持以人民为中心的发展思想,始终将人民的根本利益作为经济体制改革的出发点与落脚点,凸显对社会主义价值目标的诉求,使发展成果惠及全民,实现共同富裕。归根结底,中国的社会主义制度好不好,具体好在哪里,最终

① 习近平:《决胜全面建成小康社会 夺取新时代中国特色社会主义伟大胜利——在中国共产党第十九次全国代表大会上的报告》,人民出版社,2017 年,第 21 页。

② 《〈中共中央关于坚持和完善中国特色社会主义制度、推进国家治理体系和治理能力现代化若干重大问题的决定〉辅导读本》,人民出版社,2019 年,第 10 页。

的答案要由中国人民说了算。只有坚持以人民为中心，才能顺利实现第二个百年奋斗目标，早日实现中华民族的伟大复兴。

以上两点极为重要，无论是过往、当下还是将来，我们在借鉴西方市场社会主义的相关理论，探索中国社会主义市场经济关于市场与社会主义两者结合的最佳路径之时，都需要时刻谨记。本书共分为三大部分：第一部分全面回顾及系统梳理了西方市场社会主义在不同的历史阶段对市场与社会主义两者关系的探索过程，通过这种回顾及梳理，可以更好地总结西方市场社会主义的相关经验，较全面地考察其整个发展脉络，掌握其最新发展状况及趋势，从而加强对国外马克思主义的研究工作。第二部分主要结合中国共产党历史上一系列重大会议和已经出台的一系列重要文件，对我国关于市场与社会主义关系的探索进行了较为全面的回顾与较为详细的梳理，其中既包含对 1949 年新中国成立以后到 1978 年改革开放这段时间内的相关探索进行的回顾与梳理，也包括对改革开放延伸至新时代的相关探索的概括总结，通过这种回顾与梳理，旨在激发我国对社会主义改革与建设事业的信心，尤其是在中国特色社会主义进入新时代以后，现实中所取得的举世瞩目的成绩激励着我们在新时代走上新的历史征程，进一步开启中国特色社会主义伟大事业新的繁荣。第三部分介绍了西方市场社会主义对中国社会主义市场经济具有的诸多启示意义，通过从西方市场社会主义的相关理论中挖掘出宝贵的经验并吸取相关教训，更好地推动中国社会主义市场经济的理论创新，深化对中国社会主义市场经济的目标、内容、实质及意义等的理解，进一步贯彻落实党中央关于推动我国市场化进程、深化经济体制改革所出台的一系列重要文件政策。这三大部分紧密相连，构成了本书的主体脉络。

无论是回顾以前走过的路，还是审视当前正在走的路，都是为了更好地展望未来要走的路，使未来的道路越走越宽敞，越走越稳当。中国特色社会主义对市场与社会主义关系问题的探索一直建立在实践的基础之上，这一点与一切具有乌托邦倾向的理论存在天壤之别，充分体现了马克思主义实践性的特点。今后进一步深化我国的经济体制改革，还有很长的路要走，在前进的过程中,我们不可避免地要应对诸多挑战,与此同时也会面临前所未有的发展机遇,我们需要继续探索以市场与社会主义的关系为核心的一系列重大现实问题。

本书以理论联系实际,尝试将国外马克思主义的理论与当代中国马克思主义的相关理论结合在一起开展研究工作,希望借此机会抛砖引玉,使更多的学者聚焦于市场与社会主义两者关系的研究,从而为解决一系列重大现实问题提供理论思路与解决方案。在向社会主义现代化强国目标大踏步前进的现阶段,我们一定要进一步增强深化经济体制改革的信心,做好打一场"攻坚战"的准备,心无旁骛、全力以赴地开展中国社会主义市场经济的理论创新及实践发展,在新的历史起点上进一步推进我国改革开放的伟大事业,为成就中国特色社会主义在新时代取得新的辉煌而努力。相信在未来几年内,我国凭借社会主义市场经济模式融入全球经济一体化过程的优越性将更为凸显,必将为世界社会主义运动提供改革创新的丰富经验,也相信我国的社会主义建设事业和世界社会主义建设事业一定会迎来更加广阔、光明的发展前景。

参考文献

一、中文文献

1.《马克思恩格斯文集》(第一至十卷),人民出版社,2009 年。

2.《马克思恩格斯选集》(第一至四卷),人民出版社,1995 年。

3.《列宁专题文集:论社会主义》,人民出版社,2009 年。

4.《列宁全集》(第 34 卷),人民出版社,2017 年。

5.《邓小平文选》(第一、二卷),人民出版社,1994 年。

6.《邓小平文选》(第三卷),人民出版社,1993 年。

7. 江泽民:《论"三个代表"》,中央文献出版社,2001 年。

8.《江泽民文选》(第二卷),人民出版社,2006 年。

9.《胡锦涛在庆祝中国共产党成立 90 周年大会上重要讲话精神学习问答》,党建读物出版社,2011 年。

10. 习近平:《决胜全面建成小康社会 夺取新时代中国特色社会主义伟大胜利——在中国共产党第十九次全国代表大会上的报告》,人民出版社,2017 年。

11.《习近平谈治国理政》(第二卷),外文出版社,2017 年。

12. 中共中央宣传部:《习近平总书记系列重要讲话读本》,学习出版社、人民出版社,2016 年。

13. 中共中央文献研究室:《习近平关于社会主义经济建设论述摘编》,中央文献出版社,2017 年。

14.《中国共产党第十六次全国代表大会文件汇编》，人民出版社，2002 年。

15.《中国共产党第十八次全国代表大会文件汇编》，人民出版社，2012 年。

16.《十三大以来重要文献选编》(中)，人民出版社，1991 年。

17.《十八大以来重要文献选编》(中)，中央文献出版社，2016 年。

18.《改革开放以来历届三中全会文件汇编》，人民出版社，2013 年。

19. 中共中央党史研究室：《中共党史大事年表》，人民出版社，1987 年。

20.《〈中共中央关于坚持和完善中国特色社会主义制度、推进国家治理体系和治理能力现代化若干重大问题的决定〉辅导读本》，人民出版社，2019 年。

21.［美］阿瑟·奥肯：《平等与效率：重大的抉择》，陈涛译，中国社会科学出版社，2013 年。

22.［英］安东尼·吉登斯：《第三条道路——社会民主主义的复兴》，郑戈译，北京大学出版社，2000 年。

23.［波兰］奥斯卡·兰格：《社会主义经济理论》，王宏昌译，中国社会科学出版社，1981 年。

24.［捷］奥塔·希克：《第三条道路》，张斌译，人民出版社，1982 年。

25.［美］伯特尔·奥尔曼：《市场社会主义——社会主义者之间的争论》，段忠桥译，新华出版社，2000 年。

26.《不列颠百科全书》(第七卷)，中国大百科全书出版社，1994 年。

27. 陈惠华：《变革：市场中的政府角色》，刘阿钢译，北京大学出版社，2014 年。

28. 陈锦华、江春泽等：《社会主义与市场经济兼容》，人民出版社，2005 年。

29. 陈君、洪南：《江泽民与社会主义市场经济体制的提出》，中央文献出版社，2012 年。

30. 陈平：《新自由主义的兴起与衰落》，世界知识出版社，2008 年。

31. 陈学明:《全球视野下的中国道路》,重庆出版社,2014 年。

32. 陈学明:《西方马克思主义教程》,高等教育出版社,2001 年。

33. [美]戴维·施韦卡特:《反对资本主义》,李智、陈志刚等译,中国人民大学出版社,2002 年。

34. [波兰]弗·布鲁斯:《社会主义经济的运行问题》,周亮勋、荣敬本、林青松译,中国社会科学出版社,1984 年。

35. 复旦大学社会科学基础部:《社会主义:理论与实践》,复旦大学出版社,2005 年。

36. [俄]戈尔巴乔夫、勃兰特等:《未来社会主义》,中央编译局国际发展与合作研究所编译,中央编译出版社,1994 年。

37. 顾钰民:《社会主义市场经济论》,复旦大学出版社,2012 年。

38. 胡绳:《中国共产党的七十年》,中共党史出版社,1991 年。

39. 纪军:《匈牙利市场社会主义之路》,中国社会科学出版社,2000 年。

40. 姜国权:《市场社会主义劳动产权理论研究》,首都师范大学出版社,2009 年。

41. 景维民、孙景宇、张慧君等:《经济转型的理论假说与验证——市场社会主义的传承与超越》,经济科学出版社,2011 年。

42. 景维民、田卫民等:《经济转型中的市场社会主义——国外马克思主义的分析与实践检验》,经济管理出版社,2009 年。

43. [英]克里斯托弗·皮尔森:《新市场社会主义:对社会主义命运和前途的探索》,姜辉译,东方出版社,1999 年。

44. 李惠斌、叶汝贤:《当代西方社会主义研究》(第四卷),社会科学文献出版社,2006 年。

45. 厉以宁:《中国经济双重转型之路》,中国人民大学出版社,2013 年。

46. 刘洪潮:《外国要人名人看中国》,中共中央党校出版社,1993 年。

47. 刘林元等:《跨越世纪的征途》,南京大学出版社,2001 年。

48. [奥地利]路德维希·冯·米瑟斯:《社会主义:经济与社会学的分析》,王建民等译,中国社会科学出版社,2008 年。

49.［英］罗纳德·哈里·科斯、王宁:《变革中国——市场经济的中国之路》,徐尧、李哲民译,中信出版社,2013 年。

50.《新帕尔格雷夫经济学大辞典》(第三卷),经济科学出版社,1996 年。

51. 蒲国良:《当代国外社会主义概论》,中国人民大学出版社,2006 年。

52.［美］乔舒亚·库珀·雷默等:《中国形象:外国学者眼里的中国》,沈晓雷等译,社会科学文献出版社,2006 年。

53. 上海市社会科学界联合会编:《中国经济 60 年:道路、模式与发展》,上海人民出版社,2009 年。

54. 石冀平:《市场化改革的社会主义价值取向问题研究》,中国广播电视出版社,2012 年。

55.［英］索尔·埃斯特林、尤里安·勒·格兰德:《市场社会主义》,邓正来、徐泽荣译,经济日报出版社,1993 年。

56. 王文臣、曹明贵等:《市场社会主义与人本社会主义研究》,经济科学出版社,2004 年。

57.［波兰］W.布鲁斯:《社会主义的所有制与政治体制》,郑秉文、乔仁毅、王宏民译,华夏出版社,1989 年。

58. 肖文海、彭新万:《中国社会主义市场经济理论》,经济管理出版社,2011 年。

59. 徐世澄:《拉丁美洲的社会主义思潮与实践》,社会科学文献出版社,2012 年。

60.［匈牙利］雅诺什·科尔奈:《社会主义体制——共产主义政治经济学》,张安译,中央编译出版社,2007 年。

61.［匈牙利］亚诺什·科尔内:《短缺经济学》(上卷、下卷),张晓光、李振宁等译,经济科学出版社,1986 年。

62.《易经》,梁海明译注,山西古籍出版社,1999 年。

63. 余文烈等:《市场社会主义:历史、理论与模式》,经济日报出版社,2008 年。

64. 俞可平主编:《全球化时代的"社会主义"》,中央编译出版社,1998 年。

65. [美]约翰·罗默:《社会主义的未来》,余文烈等译,重庆出版社,1997 年。

66. [美]约瑟夫·E.斯蒂格利茨:《社会主义向何处去——经济体制转型的理论与证据》,周立群、韩亮、于文波译,吉林人民出版社,2011 年。

67. 张彬等:《当代中国科学社会主义思想研究》,人民出版社,2005 年。

68. 张传平:《市场逻辑和社会主义》,人民出版社,2002 年。

69. 张维为:《中国触动》,上海人民出版社,2012 年。

70. 张维为:《中国震撼》,上海人民出版社,2011 年。

71. 张维迎:《通往市场之路》,浙江大学出版社,2012 年。

72. 张宇:《市场社会主义反思》,北京出版社,1999 年。

73. 张志忠:《当代西方市场社会主义思潮:模式、理论与评价》,内蒙古大学出版社,2006 年。

二、英文文献

1. David Miller, A Vision of Market Socialism: How It Might Work And Its Problems, in *Why Market Socialism*: *Voices From Dissent*, Edited by Frank Roosevelt and David Belkin, Armond: M. E. Sharpe Inc. 1994.

2. David Miller, Equality and Market Socialism, in *Market Socialism*: *The Current Debate*, Edited by Pranab Bardhan and John Roemer, New York: Oxford University Press, 1993.

3. David Schweickart, *Against Capitalism*, Cambridge University Press, 1993.

4. Edited by Erik Olin Wright, *Equal Shares——Making Market Socialism Work*, Published by Verso, New York, 1996.

5. James A. Yunker, *Economic Justice*: *the Market Socialism Vision*, Lanham, Maryland: Rowman & Littlefield Publishers, 1997.

6. James A. Yunker, *Capitalism Versus Pragmatic Market Socialism*: *A General Equilibrium Evaluation*, Massachusetts: Kluwer Academic Publishers, Boston, 1993.

7. James A. Yunker, A New Perspective on Market Socialism, in *Comparative Economic Studies*, 30(2), 1990.

8. John Bellamy Foster, The Renewing of Socialism, *Review of the Month*, New York, July – August, 2005.

9. Joel Anderas, A Shanghai Model? *New Left Review*, London, September – October, 2010.

10. Lin Chun, *The Transformation of Chinese Socialism*, Duke University Press, Durham and London, 2006.

11. Marc Fleurbaey, Equality of Resources Revisited, *Ethics*, Vol. 113, No. 1, Chicago: The University of Chicago Press, October, 2014.

三、参考网址

1. http://www. ce. cn/ztpd/xwzt/guonei/2003/sljsanzh/szqhbj/t20031009_1763196. shtml.

2. http://www. xpc. edu. cn/web/show. aspx? cid = 13&id = 2387.

3. http://phycjy. pinghu. gov. cn/readnews. asp? id = 3121.

4. http://www. xinhuanet. com/2018 – 02/01/c_1122354105. htm.

5. http://blog. sina. com. cn/s/blog_4c44e3f40102efq0. html.

6. http://www. offcn. com/shizheng/2018/0323/29350. html.

7. http://cpc. people. com. cn/GB/64162/64168/64566/65447/4526368. html.

后　记

　　本书是我的第六本个人学术著作，坐在满屋温暖的阳光里写这篇后记的时候，我的内心洋溢着喜悦。记得有次接受采访，被问到倘若不做学者将会从事何种职业，我给出的答案是成为商人。浙江人历来重视经商，我的父亲早年一直在经商，到重庆、石家庄等地做过服装生意，后来主要在上海做生意，我的母亲也曾经到徐州、南京做过袜子生意。他们之所以能够顺利经商，得益于改革开放以来的一系列国家政策。在这样的家庭氛围熏陶下，我小学时就上街卖过菜，后来在上学之余推销过袜子，在读硕士期间曾到饭店、工厂打过工，读博士期间则自己办辅导班挣钱。这些经历使我明白生活的不易，每次回归校园后在学业上就会更加用功。工作以后，由于专业研究的需要，这些年来我出访过 15 个国家，这些国家对中国道路、中国模式的关注，首要的一点是基于改革开放以来中国在经济发展上取得的一系列辉煌成就，在此基础上才会进一步关注中国政治制度的特点和中国传统文化的深厚底蕴等。当然，在抗击新冠肺炎疫情的过程中，中国社会主义制度的巨大优越性再次受到世界的瞩目。

　　本书旨在对市场与社会主义的关系问题进行初步的探讨，主要从西方市场社会主义和中国社会主义市场经济两个学术视野来展开分析。前者侧重理论模式的建构，后者侧重实践层面的探索。西方市场社会主义的相关理论给了我们很多启迪。改革开放以来，我国对市场与社会主义两者关系问题的探究一直没有停止过，实践的创新过程伴随着理论的凝练与提升，两者相辅相成，共同造就了我国经济不断呈现的繁荣昌盛局面。虽然新冠肺炎疫情的出现使全球经济遭受重创，但是中国社会主义市场经济的发展依然具有极大的活力和无限的潜力。

深深感谢我的父亲金福明先生和我的母亲李桂英女士，感谢他们对我的养育和教导！父母之恩，无以为报，希望自己每一天都能积极进取，在他们的期望中成为更好的自己！此外，本书得到了国家社科基金一般项目、上海市哲学社会科学规划一般课题和上海理工大学马克思主义学院出版基金的资助，在此一并表示感谢！

金瑶梅

2021 年 11 月 18 日于上海

今日马克思主义研究丛书